Till Weber

TOKYO

Eine Biografie

Von Edo und dem Stadtgründer Ōta Dokan
bis Kaiser Hirohito und
dem Ende der alten Stadt Tōkyō

Nünnerich-Asmus
Verlag & Media

Für meine Lehrer
Dr. Michael Toepfer (†) und Prof. Knut Schulz

208 Seiten mit 11 Abbildungen und 2 Karten

Titelbild: Abb. 1 bis 3. von links: Samurai in Rüstung, Bürgerliche Dame mit Schirm, Dienerin beim Tee servieren © Sammlung R. Johnson; Abb. 4 rechts: Fahrender Händler oder Träger, © Aufnahme von Felice Beato (1870er-Jahre), Public Domain.

Bibliografische Information der Deutschen Nationalbibliothek
Die Deutsche Nationalbibliothek verzeichnet diese Publikation in der Deutschen Nationalbibliografie; detaillierte bibliografische Daten sind im Internet über http://dnb.d-nb.de abrufbar.

ISBN: 978-3-945751-38-1

Autor: Till Weber
Lektorat: Natalia Thoben, Nina Jourdan
Satz: TypoGraphik Anette Klinge, Gelnhausen
Druck: Beltz Bad Langensalza GmbH

Printed by Nünnerich-Asmus Verlag & Media GmbH.

Weitere Titel unseres Verlagsprogramms finden Sie unter: www.na-verlag.de

INHALT

Grundgerüst an Shōgunen und Kaisern kaum ein »Pflichtprogramm« an Persönlichkeiten abzuarbeiten gab, konnte die ganze Vielfalt und Verschiedenheit des städtischen Lebens an Einzelschicksalen dargestellt werden. Diese Stadt, die als erste der Neuzeit die Ein-Millionen-Einwohner-Marke überschritt und seit dem frühen 17. Jh. das Zentrum Japans auf nahezu allen Gebieten ist, bietet eine ganze Fülle an spannenden, tragischen, skurrilen und inspirierenden Lebensgeschichten von Japanern und Nicht-Japanern, Männern und Frauen, Schurken und Helden, Herrschern und Ausgeschlossenen.

Bei der Vorstellung der einzelnen Personen wurde darauf geachtet, sie möglichst oft selbst zu Wort kommen zu lassen. Die Genres Autobiografie und Tagebuch sind vertreten, typischer aber noch bis ins 20. Jh. hinein war es, seine Ansichten und Empfindungen in Poesie zu verpacken, die uns Einblicke gewährt. So hat Kaiser Meiji (1852–1912) kaum ein eindeutiges Selbstzeugnis in Prosa, etwa selbst verfasste Reden oder politische Korrespondenz, hinterlassen, dagegen aber rund 100.000 Kurzgedichte.

Ebenfalls wurde Wert darauf gelegt, die einzelnen Geschichten möglichst genau in der sich entwickelnden Stadttopografie zu verorten und Hinweise auf erhaltene Spuren zu geben. Die beiden von Sascha Lunyakov gestalteten Karten »Edo um 1700« und »Tōkyō in den 1920er-Jahren« sollen dem Leser zur Orientierung dienen.

Beim Schreiben über Japan auf Deutsch ist es immer ein Problem, wie japanische Namen wiedergegeben werden. Ich habe mich entschieden, die japanische Eigenart konsequent beizubehalten, also den Familiennamen vor dem persönlichen Namen zu nennen. Tokugawa Ieyasu war also ein Mann mit dem persönlichen Namen Ieyasu aus der Familie der Tokugawa. Vielen Frauennamen war früher ein sog. Verschönerungs-O vorangestellt, so wurde aus Shichi O-Shichi und aus Yuki O-Yuki, bevor gegen Ende des betrachteten Zeitraums das »O« außer und das an den weiblichen Namen angehängte »-ko« in Mode kam. Was die Aussprache japanischer Namen und Begriffe angeht, so sind alle Vokale kurz bis auf diejenigen, die mit einem Längungsstrich versehen sind (ā, ō, ū). »S« wird scharf ausgesprochen wie in »essen«, »z« bezeichnet einen weichen Zischlaut wie bei »Sonne«. Bei Silben wie »-ku« und »-su« bleibt das »u« oft stumm. Die Aussprache des japanischen »r« liegt in der Mitte zwischen dem deutschen Reibelaut »r« und unserem »l«.

Das Buch endet mit der Zerstörung Tōkyōs 1945, doch die Prägung der Stadtkultur durch die vorgestellten Personen ist bis heute wirksam geblieben. So spazieren die historischen Bewohner aus alten Fotografien auf dem Bucheinband nicht von ungefähr auf der modernen Skyline eines Tōkyōter Innenstadtviertels umher: Unter der ultramodernen Glitzerfassade liegt die Geschichte der Stadt Schicht um Schicht. Für sie Edo/Tōkyō ein wenig besser greifbar zu machen, ist das Anliegen dieses Buchs.

Sehr zu Dank verpflichtet für Unterstützung und guten Rat in verschiedenen Phasen der Arbeit bin ich vielen; besonders aber Petra Balmus, Werner David, Masuo Kataoka, Rodney Johnson, Wolfgang Ettig, dem Team vom Nünnerich-Asmus-Verlag sowie meiner lieben Frau Sumie Ishii-Weber für ihre Mühe bei der Beantwortung meiner zahlreichen, sicher manchmal merkwürdig anmutenden Fragen über ihre Heimatstadt.

Okinawa, im Dezember 2015 Till Weber

Edo um 1700

1 Burg Edo (mit dem Wappen der Tokugawa)
2 Ōtemon-Tor
3 Hanzōmon-Tor
4 Viertel Shimbashi
5 Tsukiji
6 Insel Tsukishima
7 Zōjōji-Tempel
8 Viertel Shiba
9 Tameike-Reservoir
10 Viertel Nihonbashi
11 Nakasendō-Überlandstraße
12 Tōkaidō-Überlandstraße
13 Shinagawa (Poststation)
14 Yotsuya
15 Senkakuji-Tempel
16 Ryōgoku-Brücke
17 Viertel Asakusa
18 Viertel Kanda
19 Viertel Hatchōbori
20 Ginza
21 Yūrakuchō
22 Poststation Naitō-Shinjuku
23 Hongo
24 Viertel Ueno
25 Kan'eiji-Tempel
26 Marunouchi
27 Kasumigaseki
28 Viertel Honjō
29 Viertel Ōtemachi
30 Yaesu
31 Tōkaiji-Tempel (südlich des Ausschnitts)
32 Viertel Shitaya
33 Vergnügungsviertel Yoshiwara
34 Viertel Fukagawa
35 Hinrichtungsstätte Suzugamori (südlich des Ausschnitts)
36 Koishikawa

Graphik: Sascha Lunyakov, Konzeption: Till Weber

EDO

江戸

Die Burg von Edo auf einem bemalten Raumteiler aus dem 17. Jh. *(Edo-zu byōbu)*. Zu sehen ist der Haupthof mit dem *tenshu* (Donjon), der 1657 abbrannte und bis heute nicht mehr errichtet wurde.

Edo, vom Fischerdorf bis zur Burgstadt

Am Anfang flog ein Kopf – Die Geschichte von Taira Masakado (? – 940)

Eingekeilt zwischen Geschäftshochhäusern befindet sich im Tōkyōter Innenstadtviertel Ōtemachi ein kleines Monument, vor das seit vielen hundert Jahren regelmäßig frische Blumen und kleine Gaben gestellt werden, heutzutage meistens von jungen Angestellten der Firmen, deren Büros angrenzen. Das Monument ist das Schädelgrab des Taira Masakado (gest. 940), den sein Biograph Karl Friday als den »ersten Samurai« bezeichnet hat.

Im 10. Jh. gab es an dieser Stelle weder Tōkyō, noch Edo, sondern ein kleines Fischerdorf namens Shibazaki, welches an die heutige Bucht von Tōkyō grenzte, die damals noch nicht durch Landauffüllungen verkleinert worden war. Japan wurde zentralistisch vom kaiserlichen Hof in Kyōto aus regiert und je weiter eine Provinz von der Hauptstadt entfernt lag, als desto primitiver galt sie; Shibazaki und die ganze Kantō-Region lagen sehr weit entfernt von Kyōto.

Wie uns die möglicherweise noch im 10. Jh. verfasste Chronik *Shōmonki* berichtet, stammte Taira Masakado aus guter Familie, hatte am Kaiserhof gedient und lebte schließlich auf dem Lande in der Gegend des heutigen Tōkyō. Sein Aufstand 939/940 war eine historisch sehr frühe Dokumentation des Machtanspruchs der neuen Samurai-Klasse. Diese waren waffentüchtige, damals noch sozial weniger geachtete Clans, die von mächtigen Hofadligen rekrutiert worden waren, um in weit entfernten Provinzen für sie die Schmutzarbeit zu machen. Sie hatten vor allem dafür zu sorgen, dass die Einnahmen aus Gütern und Abgaben regelmäßig in die Hauptstadt flossen. Samurai leitet sich von dem alten Wort *saburai* ab, was ursprünglich einen »Gefolgsmann« bezeichnete. Zu Masakados Zeiten war das Selbstbewusstsein dieser waffenerprobten Lokalherren bereits im Anstieg. Es dauerte aber bis 1185 bis tatsächlich ein Samurai, Minamoto Yoritomo, als *Shōgun* dem Kaiserhof die Macht dauerhaft entriss. Interessanterweise wählten die Minamoto mit Kamakura einen Ort als ihre Hauptstadt, der ebenfalls in den östlichen Kantō-Provinzen liegt, keine 60 km von Masakados Schädelgrab in Tōkyō entfernt.

935 war es ebenfalls ein Minamoto, ein Landadliger im Osten wie Masakado, der diesen attackierte, was an sich so wenig bemerkenswert war wie eine lokale Ritterfehde im deutschen Mittelalter. Es wurde jedoch eine Kette von Ereignissen ausgelöst, die den zunächst gegen seine Lokalrivalen siegreichen Masakado in Konflikt mit dem Kaiserhof brachte, als er 939 aus nicht ganz geklärten Gründen den Sitz des kaiserlichen Gouverneurs der Provinz Hitachi, nördlich des heutigen Tōkyō, stürmte. Nun war der Rubikon überschritten, Taira Masakado war zum Rebellen gegen seinen Kaiser geworden.

In typischer Samuraimanier entschied sich Masakado für die offensive Variante: Anstatt in seiner Provinz sitzen zu bleiben und auf das Erscheinen einer kaiserlichen Strafexpedition zu warten, eroberte er die Hauptquartiere von acht weiteren kaiserlichen Provinzen, die schon im Wesentlichen das Gebiet des heutigen Kantō ausmachten. Wer A sagt, sollte auch B sagen, also ließ Masakado sich zum »Neuen Kaiser« ausrufen und begann, einen Hof mit Palast in Shimōsa aufzubauen, so berichtet jedenfalls die Quelle *Shōmonki*. Ob sich eine Usurpation wirklich in dieser dramatischen Zuspitzung vollzog oder Masakado einfach eine starke Position aufbaute, um einen günstigen Pardon aushandeln zu können, muss dahingestellt bleiben. In jedem Fall wurde der Kaiserhof auf dem falschen Fuß erwischt, denn er hatte bereits gleichzeitig mit den Folgen von Naturkatastrophen, Piratenangriffen und anderen Aufständen zu kämpfen.

Masakados »Kaisertum« währte trotzdem nur wenige Monate, denn schon im Frühjahr 940 erschien eine starke kaiserliche Armee, die seine Truppen schlug. Taira Masakado fiel in der Schlacht, auch dies gehört zum Konzept des wahren Samurai. Am 10. Tag des 5. Monats wurde sein abgeschlagener Kopf am Ostmarkt der Hauptstadt öffentlich zur Schau gestellt. Dort verblieb er allerdings nicht auf Dauer, denn, so berichten die Legenden, der Kopf flog nach drei Monaten weg und landete in Shibazaki, dem späteren Edo/Tōkyō, immerhin fast 500 km weiter im Osten Japans. Die erschrockenen Fischer und Bauern dort schufen ihm ein Schädelgrab und begannen sich Sorgen zu machen, welches Unheil der Geist dieses Rebellen wohl anrichten könnte. Außerdem gab es anscheinend auch ein Gefühl der Anerkennung für den tapferen Aufstand gegen die ferne, ungeliebte Machtzentrale durch einen

Mann aus der eigenen Region (Auch viel später, als Edo/Tōkyō längst selbst zum Machtzentrum des Landes geworden war, empfand man Freude in mancher Provinz, »denen da« in der Hauptstadt einmal eins auswischen zu können).

In Japan geht man davon aus, dass unbillig aus dem Leben Geschiedene böse Geister werden können, die sich an später Lebenden rächen. Nun ist das Schädelgrab von Tōkyō-Ōtemachi zwar leer, wie man seit 1923 weiß; aber man kann ja nie wissen. Tatsächlich wurden im Laufe der auf den Schädelflug folgenden Jahrhunderte immer wieder Zusammenhänge zwischen Phasen der Vernachlässigung des Grabes und ungünstigen Ereignissen wie Naturkatastrophen beobachtet. Besonders heftig spielte Masakado dem Finanzministerium mit, dessen Gebäudeneubau nach dem großen Erdbeben von 1923 auf Kosten des Schädelgrabs ging. Plötzlich gab es eine große Zahl unerklärlich versterbender oder bei Unfällen umkommender Mitarbeiter, darunter der Finanzminister Sasoku Seiji selbst – insgesamt 14 Tote in zwei Jahren. 1928 ließ man sicherheitshalber das Finanzministerium an dieser Stelle abreißen und das Schädelgrab restaurieren, woraufhin die Unfälle zunächst endeten, bis 1940, fast auf den Tag genau 1.000 Jahre nach Taira Masakados Tod, ein Blitz in einem Regierungsgebäude in Ōtemachi einschlug. Der folgende Großbrand zerstörte neun Regierungsbehörden, darunter das Finanzministerium.

Der entsetzte Finanzminister rief Shintō-Priester zu Pazifizierungsritualen herbei und ließ das Schädelgrab aufwändig in seinen Originalzustand von vor 1923 versetzen. Darüber hinaus verlegte er das Finanzministerium in das heutige Regierungsviertel Kasumigaseki in sicherer Entfernung. Das Land mit dem Schädelgrab fiel an die Stadt Tōkyō und bis heute hat sich hier ein vornehmes Geschäftsviertel entwickelt. Es sind die Firmen in den besonders gefährdeten Nachbargebäuden, die kein Risiko eingehen wollen und immer wieder Angestellte abstellen, um das Schädelgrab zu pflegen und zu schmücken, damit der rebellische Geist des Taira Masakado besänftigt wird.

Der erste Stadtgründer Ōta Dōkan (1432–1486)

In den Jahrhunderten vor und nach Taira Masakado galten die Provinzen »östlich der Bergkette« (Kantō) als zurückgeblieben und für einen kultivierten Menschen aus dem Kansai-Gebiet (den Provinzen »westlich der Bergkette« einschließlich der Hauptstadt Kyōto) als unerträglich. Die Bewohner des Kantō-Gebiets wurden als *azuma ebisu* (»östliche Barbaren«) bezeichnet, und das *waka*-Gedicht des aus Kyōto stammenden Adligen Ariwara Narihira (825–880) wurde zu einem Klassiker, der die Einsamkeit eines gebildeten Reisenden in dieser Region ausdrückte. Er hatte einen ihm unbekannten Vogel gesehen und von den Einheimischen erfahren, dass man diesen »Hauptstadtvogel« nannte.

»Wenn, wie dein Name sagt,
Du ein Vogel der Hauptstadt bist,
Dann sag mir bitte dieses:
Ist die Person, die ich zuhause liebe,
Noch am Leben oder nicht?«

Diese trostlose Momentaufnahme kontrastiert mit einem anderen *waka*-Gedicht, das in derselben Region 1486 als Sterbegedicht von Ōta Dōkan verfasst wurde:

»Hätte ich nicht gewusst,
Dass ich schon
Tot bin,
Beklagte ich den Verlust
Meines Lebens.«

Was war es, dass das Leben im Osten so viel lebenswerter gemacht hatte für Ōta Dōkan? In der Tat hatte sich seit dem 9. und 10. Jh., den Zeiten von Ariwara Narihira und Taira Masakado, viel verändert in der Region. Dazu gehörten das Auftreten des Ortsnamens »Edo« und ein bedeutender zivilisatorischer Aufschwung.

Ariwaras Kantō war noch im Wesentlichen eine einzige Graswüste mit vielen Sümpfen, die den größten Teil der Musashi-Ebene einschließlich des heutigen Stadtgebiets von Tōkyō bedeckte. Nur zwei Überlandstraßen führten vom Landeszentrum im Westen hierher, die Tōkaidō am Pazifik entlang sowie die Tosandō über die Bergketten, die man heute auch als die Japanischen Alpen bezeichnet. Es gab reichlich Wasser von Flüssen, allen voran vom Arakawa und dem mächtigen Tonegawa, der den Kantō in einen Nord- und Südteil teilt. Häufige Überschwemmungen weiter Teile der Ebene erschwerten das Leben der wenigen Bauern, und auch von Mückenplagen wird berichtet. Am Meer gab es Fischer, außerdem wohnten Gruppen rauer Krieger vom Schlage des Taira Masakado und seiner Rivalen auf ihren Anwesen. Einer von diesen war der lokale Machthaber Edo Shigenaga, der ein Parteigänger der Minamoto war, die 1185 ihre neue Hauptstadt und den Sitz des Shōgun, also des faktischen Machthabers des Landes, nach Kamakura im Süd-Kantō verlegten. »Edo« bedeutet »Tor zur Bucht«, und bezog sich auf den von der gleichnamigen Familie kontrollierten Landstrich an der heutigen Bucht von Tōkyō. Die Stelle lag strategisch günstig am weiten Delta des Tonegawa. In der Nebenbucht von Hibiya gab es reichlich Fisch zu fangen, der Hirakawa-Fluss gab Frischwasser und die Kōjimachi-Hügel boten Schutz vor Überschwemmungen und Feinden. Zudem gab es einen Weg entlang der Küste nach Kamakura. Edo Shigenaga errichtete auf den nördlichen Hügeln eine Befestigungsanlage, das erste Fort Edo.

Im späten 15. Jh. wurde der größte Teil des südlichen Kantō-Gebiets vom Fürsten Uesugi Sadamasa (1443–1494) kontrolliert, der als sechste Person vom Shōgun zum *Kantō kanrei* ernannt worden war, also zu seinem offiziellen Stellvertreter in dieser Region. Das Shōgunat war zur Familie Ashikaga gewechselt, die in Kyōto residierte, und der *Kantō kanrei* hatte Kamakura zu seiner Regionalhauptstadt gemacht. Einer der Hauptvasallen der Uesugi war der 1432 geborene Ōta Sukenaga, ein robuster Kriegsmann. Ōta war vor allem als Stratege bekannt und erkannte die günstige Lage des alten Forts Edo. 1457 begann er umfangreiche Bauarbeiten und es entstand eine neue Burg, welche die Keimzelle der späteren Burg der Tokugawa-Shōgune und auch die Stätte des heutigen Kaiserpalastes werden sollte.

Ōtas Burg Edo dürfen wir uns nicht vorstellen wie die großen japanischen Schlossanlagen wie Himeji oder Ōsaka mit meterhohen Steinsockeln, riesigen Grabenanlagen und weißverputzten Aufbauten mit schweren Dachziegeln aus Ton. Diese Anlagen entstanden in ihrer Mehrzahl erst an der Wende vom 16. zum 17. Jh. Im 15. und größtenteils noch im 16. Jh. wurden Erdwälle aufgeschüttet und Palisaden und Gebäude aus Holz ausgeführt. Statt einer Lage in der Ebene mit weiten Gräben wählte man Lagen auf Hügel- oder Bergkuppen, deren topografische Merkmale geschickt in den Verteidigungsplan einbezogen wurden. Von Ōtas Edo ist bekannt, dass die Burg fünf »steinerne« Tore aufwies, was höchstwahrscheinlich nur bedeutete, dass die Tore steinerne Sockel besaßen. Dennoch demonstrierte das im damaligen Kantō-Gebiet erhebliche Stärke. Das Areal war in einen Haupthof, einen zweiten Hof und einen äußeren Hof dreigeteilt; hier liegt der Ursprung der späteren Höfe Honmaru, Ninomaru und Sannomaru der Burg der Tokugawa, wie sie heute noch in Tōkyō existieren. An Bauwerken gab es Wirtschafts- und Lagergebäude, Unterkünfte, zwei Türme sowie eine Residenz für Ōta selbst, der außerdem auch in Kamakura eine Residenz besaß.

Als der Ōnin-Krieg von 1467–1477 die ferne Hauptstadt Kyōto verwüstete, erwies sich das als Glücksfall für den Herrn von Edo. Viele Flüchtlinge mit spezialisierten Berufen oder sogar von Adel erreichten die Region und sorgten für einen wirtschaftlichen wie kulturellen Aufschwung. Das Dorf Hirakawa am gleichnamigen Fluss unterhalb der Burg entwickelte sich zu einer aufblühenden kleinen Burgstadt *(jōkamachi)*, in die jetzt auch Händler kamen, die Fisch, Reis, Tee und sogar Importwaren aus anderen Ländern Asiens mitbrachten. Die weite Brücke Takahashi über die Mündung des Hirakawa wurde zu einem frühen Wahrzeichen von Edo, so wie der von Ōta Dōkan gegründete Sannō-Hie-Schrein zu einem der drei bedeutendsten Shintō-Heiligtümer Tōkyōs wurde. Die Stadtgestalt wurde auch durch die Umleitung eines Teils des Hirakawa-Flusses verändert, wodurch östlich der Kanda-Brücke ein neuer Fluss entstand, der heute von der zentralen Brücke Nihonbashi überquert wird, dem Ausgangspunkt der bedeutendsten Straßen des Landes. In den Jahrhunderten nach Ōta wurden weitere Flüsse umgeleitet und kanalisiert, Hügel abgetragen und Teile der Bucht aufgefüllt, bis sich die Stadttopographie zur heutigen entwickelte.

Ōta Sukenaga schor sich schon 1458 den Kopf und wurde Laienpriester. Dabei nahm er den buddhistischen Namen Dōkan an. Solche Konversionen waren unter Samurai nicht selten und sie bedeuteten in der Regel kein völliges Entsagen von der Welt. Sie konnten aber Entlastung von den Tagesgeschäften und von familiären Pflichten bringen.

Tokugawa Yoshinobu (1837–1913), der letzte der 15 Shōgune aus seinem Hause, aufgenommen 1867 in Ōsaka in höfischer Tracht von Frederick Wiliam Sutton aus der königlich-britischen Marine. In diesem Jahr gab der letzte Shōgun sein Amt an den Kaiser zurück und wurde zum Privatmann.

Ōta Dōkans Persönlichkeit ging weit hinaus über die eines erfolgreichen Militärs und Burgstadtgründers. Von ihm erzählt man sich eine Geschichte, wie er sich seiner mangelnden Bildung bewusst wurde. Eines Tages weilte er auf der Jagd, als ein plötzlicher Regen über ihn hereinbrach. Er hielt an einer einfachen Hütte an und fragte das dort lebende Mädchen, ob sie ihm einen Regenumhang aus Reisstroh leihen könnte. Wortlos brachte sie ihm ein Japanisches Goldröschen *(yamabuki)*. Ōta Dōkan zog verwirrt und durchnässt von dannen. Erst später in seiner Residenz machte ihn ein Gefolgsmann auf die Bedeutung der Blumengabe aufmerksam. In einem alten Gedicht des Prinzen Kaneakira heißt es, das Goldröschen blühe sehr schön, aber brächte nichts hervor. Letzteres kann im Japanischen ein Wortspiel mit »hat keinen Regenmantel« bedeuten. Das beschämte Mädchen hatte ihm also »durch die Blume« zu verstehen gegeben, dass es zu arm war, um einen Regenmantel zu besitzen.

Von nun an arbeitete Ōta Dōkan an seiner Bildung und schrieb bald selbst Gedichte. Eines seiner berühmtesten, neben seinem Sterbegedicht, beschreibt die Lage seiner Burg Edo:

»Meine Behausung
Grenzt an einen Kiefernhain
An der blauen See.
Von ihrer bescheidenen Traufe aus
Kann man den sich erhebenden Fuji sehen.«

Auch für dieses Gedicht wird Ōta Dōkan bis heute geschätzt und geliebt, fasst es doch die über die Jahrhunderte andauernde Freude der Japaner und ihrer Besucher zusammen, wenn sie den majestätischen Berg Fuji von Edo/Tōkyō aus zu Gesicht bekommen.

Ōta Dōkan war jedoch kein langer Lebensabend vergönnt. Er musste weiterhin die Pflichten eines Vasallen gegenüber Uesugi Sadamasa erfüllen, der in erbitterten Auseinandersetzungen mit regionalen Rivalen stand. Eine dieser Familien, die Hōjō, sollten die Region einschließlich Edo für den größten Teil des 16. Jhs. beherrschen. 1486 wurde Ōta von seinem Herrn fälschlich der Illoyalität beschuldigt und kam in Sagami ums Leben. Vermutlich geschah dies, wie unter Samurai üblich, durch die förmliche Übermittlung einer »Einladung« zum Seppuku, dem rituellen Selbstmord durch das eigene

Schwert. Ōta Dōkans eingangs zitiertes Sterbegedicht drückt gleichzeitig das Bedauern über das Ende eines so reichhaltig gewordenen Lebens aus, ohne die Haltung der Todesverachtung aufzugeben, die von einem wirklichen Samurai zu erwarten war. Ōta Dōkan ging, aber Burg und Stadt Edo blieben auf der Landkarte. Sie waren zu Orten geworden, in denen es sich zu leben lohnte.

Ōta Dōkan wird, neben Tokugawa Ieyasu, heute als zweiter Stadtgründer von Tōkyō gefeiert, besonders am 1. Oktober, dem offiziellen Stadtgründungstag. 1956 war er sogar die Hauptperson des Gedenkens im Rahmen der offiziellen 500-Jahresfeier des Großraums Tōkyō. Sich auf den Burgbaubeginn unter Ōta Dōkan zu beziehen, mochte günstig sein, um nach den Verwüstungen des Zweiten Weltkriegs den historischen Bogen weiter zurück zu spannen und der Hauptstadt ein ehrwürdiges Alter zu geben. Seit 1956 also nimmt Ōta Dōkan einen vorderen Platz ein unter den regionalen Heldenfiguren Japans. Zahlreiche Denkmäler, Bücher, Filme und andere Medien legen davon beredtes Zeugnis ab.

Die 15 Shōgune von Edo

Auf dem Weg nach Edo – Tokugawa Ieyasu (1543–1616)

Im 16. Jh. wurde das südliche Kantō-Gebiet von mehreren aufeinanderfolgenden Generationen der Familie Hōjō beherrscht. Während das japanische »Zeitalter der kämpfenden Reiche« *(Senjoku-jidai)* im ganzen Land seinem Höhepunkt zustrebte, gab es im Osten lange ein Patt zwischen den rivalisierenden Fürstenhäusern Hōjō, Uesugi, Takeda und Imagawa. Solche regionalen Fürsten, *daimyō*, regierten ihre Territorien faktisch unabhängig von Kaiser und Shōgun, deren tatsächlicher Machtbereich kaum noch über die Hauptstadt Kyōto hinausreichte. Schon um das eigene Gebiet zu schützen waren viele jederzeit zum Angriff auf Nachbarn bereit und die Großen fraßen die Kleinen. Als sich ab 1543 die von einigen gestrandeten Portugiesen vorgestellten Feuerwaffen in Japan verbreiteten, beschleunigte sich der Prozess des Fressens und Gefressen-Werdens: Diejenigen Fürsten, die genug Mittel hatten, sich die neue Waffengattung und vor allem das knappe Schießpulver leisten zu können, schalteten immer mehr Rivalen aus und vergrößerten den eigenen Machtbereich, was wiederum ihre Ressourcen vermehrte.

Die Hōjō gehörten dabei zu den größten Fischen im Haifischbecken und wahrten ihre Unabhängigkeit bis 1590. Sie hatten nicht das altehrwürdige Kamakura, sondern das ca. 80 km westlich von Edo/Tōkyō liegende Odawara zu ihrer Residenz und wichtigsten Burgstadt erwählt. Ihr mehrere Provinzen des Kantō umfassendes Territorium sicherten sie durch ein Netzwerk von Nebenburgen, die wiederum eigene Netzwerke mit Satellitenforts und Grenzposten hatten. Edo war eine solche Nebenburg mit eigenem Netzwerk, gehalten von lokalen Vasallen der Hōjō. Augenscheinlich entwickelte sich die Stadt Edo nicht weiter in dieser Zeit, aber der Burg verblieb eine gewisse Bedeutung bei der Sicherung und Verwaltung eines Teils des Hōjō-Landes.

Die Hōjō waren eher nur entfernte Zuschauer, als ein relativ unbedeutender Daimyō namens Oda Nobunaga (1534–1582) sich von seiner Heimatprovinz Owari (das Gebiet um die heutige Großstadt Nagoya) aus aufmachte, eine

Provinz nach der anderen in Zentral- und Westjapan zu erobern. 1573 setzte Oda Nobunaga in Kyōto den 15. und letzten Shōgun aus dem Hause Ashikaga ab, wonach dieses Amt 30 Jahre lang unbesetzt blieb. Nach Nobunagas dramatischer Ermordung durch einen unzufriedenen Untergebenen 1582 führte ein anderer vormaliger General des Nobunaga die gewaltsame Landeseinigung fort, Toyotomi Hideyoshi (1536 o. 1537–1598). Nach der Eroberung und Umgestaltung von Zentral- und Westjapan fielen 1585 Shikoku und 1587 Kyūshū im Süden. Die Hōjō verpassten den richtigen Zeitpunkt, sich Hideyoshi formell zu unterwerfen und so wenigstens einen Teil ihrer Herrschaft zu retten. Hideyoshis gewaltige Militärmaschinerie setzte sich 1590 mit über 200.000 Mann nach Osten in Bewegung. Burg um Burg fiel. Odawara selbst war zu schwach, die Angreifer zur Feldschlacht zu stellen, aber doch zu zahlreich bemannt, um alle Eingeschlossenen lange genug ernähren zu können. So endete die Zeit der Hōjō mit der Kapitulation und dem erzwungenem Selbstmord des regierenden Fürsten.

Das Jahr 1590 kann auch als das folgenreichste in der bisherigen Stadtgeschichte von Edo angesehen werden, denn am 1. Tag des 8. Monats nach dem alten Mondkalender, also zur Mitte des Herbstes, nahm Fürst Tokugawa Ieyasu (1543–1616) offiziell Besitz von seinem neuen Lehen, zu dem die Burg Edo gehörte. Ieyasu tauschte auf Wunsch des Hegemons Toyotomi Hideyoshi seine eigenen, weiter westlich entlang der Tōkaidō-Straße gelegenen fünf Provinzen, darunter sein Stammland Mikawa, gegen die acht Provinzen des Kantō ein. Diese waren: Musashi (heute Tōkyō und die Präfektur Saitama), Sagami (Präfektur Kanagawa), Awa (Chiba), Kazusa (Chiba), Shimōsa (Chiba und Ibaraki), Hitachi (Ibaraki), Kōzuke (Gunma) und Shimotsuke (Tochigi).

Die ganze Region war immer noch weniger entwickelt als der Westen, vor allem aber weit entfernt von Kyōto und Ōsaka, der Hauptburg der Toyotomi. Hideyoshi wollte damit den zweitmächtigsten Mann des Landes und potenziellen Rivalen Tokugawa Ieyasu geografisch von sich entfernen und ihn gleichzeitig auf Jahre hinaus mit Aufbau- und Entwicklungsarbeit beschäftigen. Hätte er gewusst, dass Ieyasu nach Hideyoshis Tod 1598 von seiner neuen Machtbasis Edo aus den Weg zum Alleinherrscher antreten und Hideyoshis Erben 1615 endgültig ausschalten würde, hätte er ihn wohl kaum 1590 als neuen Herrn dort einziehen lassen. Natürlich erkannte Ieyasu Edos strategischen Wert sofort. Er wählte den kleinen Ort mit seiner heruntergekommenen Burg statt des alten Kamakura oder Odawara als Hauptstadt, um völlig neu und in grandiosem Maßstab anfangen zu können. Sein bisheriges Leben hatte ihn vieles gelehrt, das er nun umsetzte.

Genauso wenig wie bei Oda Nobunaga und Toyotomi Hideyoshi war in Ieyasus frühen Lebensjahren abzusehen gewesen, dass er einer der »Drei Reichseiniger« Japans werden und seiner Familie die Herrschaft auf 250 Jahre hinaus sichern würde. Zwar war Ieyasu von adliger Abkunft, seine Anfänge waren aber bescheiden. Das kleine Territorium seines Vaters drohte zwischen den Oda und den Imagawa aufgerieben zu werden, und der Hinwendung zu den Imagawa begegneten die Oda 1548 mit der Entführung des sechsjährigen Ieyasu, den sie mit der Exekution bedrohten, falls sein Vater nicht von den Imagawa zu den Oda wechselte. Dieser erwiderte, der Tod seines Sohns würde nur die Ernsthaftigkeit seines Pakts mit den Imagawa unterstreichen. Ieyasu kam drei Jahre später von den Oda los und verbrachte sein 9. bis 15. Lebensjahr als Geisel der Imagawa in deren Hauptstadt Sumpu, die ihm eine standesgemäße Erziehung angedeihen ließen. Tatsächlich schlug der junge Ieyasu von 1555 bis 1560 mehrere Schlachten für die Imagawa, bevor er nach deren Debakel bei Okehazama 1560 Verbündeter, nicht Vasall, des Siegers Oda Nobunaga wurde.

Es verging kaum ein Jahr, das die beiden nicht auf dem Schlachtfeld sah, und im Schatten des Nobunaga wuchs auch die Macht des Juniorpartners Tokugawa Ieyasu. Für dessen eiserne Entschlossenheit, sich und sein Haus nach oben zu bringen und dort zu halten, spricht auch seine Entscheidung 1579, auf Oda Nobunagas Verlangen hin seine eigene, vielleicht zu Unrecht der Konspiration mit dem Feind bezichtigte Frau sowie seinen ersten Sohn Nobuyasu hinrichten zu lassen.

Toyotomi Hideyoshi als neue Nummer eins ab 1582 zu respektieren, fiel Ieyasu allerdings deutlich schwerer und nach einem unentschiedenen Waffengang 1584, bei dem die kleinere Armee des Ieyasu der größeren des Hideyoshi erfolgreich getrotzt hatte, konzentrierte sich Ieyasu auf den Ausbau seiner eigenen Gebiete. Vielleicht war es den Jahren als Geisel in seiner Jugend zu verdanken, dass Ieyasu warten konnte. Die japanische historische Erinnerung konfrontiert die drei Reichseiniger gern mit der Frage »Was tun, wenn ein Vogel nicht singen will?« Der erste, Nobunaga, würde befehlen, den Vogel zu töten. Hideyoshi, der zweite, würde versuchen, den Vogel zum Singen zu überreden, während Ieyasu, der Dritte, einfach abwarten würde. Noch plastischer ist das Bild der drei, wie Nobunaga mühevoll Reis zur Herstellung der Süßigkeit *mochi* zu Brei schlägt, Hideyoshi ihn gründlich durchknetet und Ieyasu die fertige Süßigkeit schließlich genüsslich verspeist.

1590 lieh Tokugawa Ieyasu dem inzwischen weiter erstarkten Hideyoshi seinen Arm während des Odawara-Feldzugs gegen die Hōjō und vollzog danach den Wechsel nach Edo. Zu Hideyoshis verschwenderischen und letztlich erfolglosen Feldzügen gegen Korea 1592–1598 steuerte Ieyasu kaum etwas bei, sondern trieb den Landesausbau im Osten zielstrebig voran. Als der alternde Potentat Hideyoshi 1598 verstarb, als sein Sohn gerade fünf Jahre alt war, wurde Tokugawa Ieyasu zum mächtigsten Mann im Fünferrat, der die Geschicke des Landes für das Kind lenken sollte. Keiner seiner Gegner glaubte, dass Ieyasu wirklich einen weiteren Toyotomi an der Macht sehen wollte, und sie hatten Recht. Die Spannungen entluden sich 1600 im Feldzug von Sekigahara, bei dem Ieyasus hauptsächlich aus dem Osten stammende Armee die im Namen der Toyotomi kämpfende West-Armee zerschlug.

Der zweite Stadtgründer von Edo – Tokugawa Ieyasu (1543–1616)

Tokugawa Ieyasu ergriff im Herbst 1590 Besitz von Edo und begann den Ausbau zu seiner neuen Hauptstadt. Die Burg war in schlechtem Bauzustand und zu klein, es war eine komplette Neuplanung vonnöten. Genau wie bei der Hauptstadt Kyōto waren die geomantischen Voraussetzungen günstig. Wie erforderlich gab es im Osten einen Fluss, im Süden die See, im Westen eine große Straße (die Tōkaidō) sowie im Norden Berge. Das geomantisch bedeutende Problem der spirituellen Sicherung der gefährlichen Nordostecke lösten Ieyasus Nachfolger durch den Bau des Kan'ei-ji-Tempels auf dem Hügel von Ueno (s. Die großen Tempel von Edo – Tenkai, S. 78). Zwar gab es in der Bucht von Edo keine Möglichkeit einen großen Hafen zu erbauen, aber die zahlreichen in sie mündenden Flüsse und Kanäle erlaubten es, an ihnen entlang Anlege- und Umschlagplätze sowie reihenweise Lagerhäuser zu errichten. Die Flüsse von den nördlichen Bergen sicherten die Trinkwasserversorgung, auf der weiten Musashi-Ebene konnten die zur Versorgung von Edo nötigen Lebensmittel erzeugt werden. Verfeinerte Produkte, vor allem Sake, sowie Baumaterialien konnten per Schiff aus dem Westen, besonders aus Ōsaka, herangebracht werden. Ieyasu ernannte zügig Verantwortliche für den Bau und die Bauaufsicht, ließ alles vermessen und die Arbeiten am Kanalsystem von Edo beginnen. Zuerst wurde der Dōsanbori-Kanal zwischen dem Hirakawa-Fluss und dem Haupttor der Burg, dem Ōte-mon, angelegt. Für eine leistungsfähige Trinkwasserversorgung sorgten der Tameike-Teich und die Wasserwerke von Kanda Jōsui. Gleichzeitig entstanden Straßen, Brücken und weitere Kanäle, wobei die Infrastruktur von Anfang an auf Wachstum ausgelegt war. So wurden für herbeiströmende bürgerliche Zuwanderer große Blocks von gut 120 × 120 Metern mit zweistöckigen Häusern nach dem Vorbild von Kyōto angelegt. Die Straßen waren bis zu 18,2 Meter breit, was schon damals zu Diskussionen im Handel führte, ob die große Breite nicht eher vom Shoppen abhalten, als es fördern würde.

Ieyasu war in seinen Entscheidungen von zwei gegensätzlichen Prinzipien geprägt: Einerseits hatte er stets pragmatisch und flexibel agiert und sich rechtzeitig Neuem geöffnet. Dies war in den Turbulenzen des 16. Jhs. notwendig gewesen, um seinem Haus das Überleben zu sichern. In den Jahren ab 1600 stand Tokugawa Ieyasu dann als der mächtigste der Fürsten Japans ganz oben, 1603 wurde er Shōgun und damit der offiziell vom (machtlosen) Kaiser mit der Führung des Landes Beauftragte. Es ging nun nicht mehr darum, die Macht zu erringen, sondern sie zu sichern. Dies tat er mit konservativen Mitteln, um gesellschaftliche Umstürze und den schnellen Aufstieg potenzieller Rivalen zu verhindern. Von nun an sollte jeder in der Gesellschaft seinen Platz kennen und dort verbleiben. Die Teilung der damaligen Gesellschaft in Adel (Samurai), Bauern, Bürgerliche (Kaufleute und Handwerker) sowie Geistliche (Buddhisten und Shintō-Priester) spiegelte sich deutlich in der Zuweisung von Siedlungsbereichen in der Stadt Edo wider. Ieyasus alte Gefolgsleute errichteten ihre Anwesen an strategisch wichtigen Stellen, wie vor dem Haupttor der Burg oder an Flussufern. Andere Samurai ließen sich im Norden und Westen nieder, wo es hügeliger war. Bis heute hat sich die grobe Unterteilung von Edo/Tōkyō in die Bereiche »Yamanote« und »Shitamachi«, erhalten.

Yamanote bezeichnet die etwas erhöht liegenden Viertel vorwiegend im Westen, während sich die »Untere Stadt«, das bürgerliche Shitamachi, im Osten zur Bucht hin erstreckt. Beide sind durch eine Nord-Süd-Linie etwa von Ueno bis Meguro abgegrenzt, aber wegen des hügeligen Terrains gab es von Anfang an auch kleinere Shitamachi-Viertel mitten im Yamanote-Gebiet. Die bürgerlichen Viertel von Shitamachi entstanden im zentralen und südöstlichen Stadtgebiet, bevorzugt an Brücken, Kanälen und an der Bucht. Das zentrale Viertel Honchō lag östlich der Tokiwa-Brücke und differenzierte sich schnell nach Funktionen, etwa in Blöcke für die Holzversorger, andere für die Menschen im Wassertransport-Gewerbe und auch in Märkte. Die Bürgerlichen errichteten an den vier Seiten ihrer Wohnblocks ihre Stadthäuser *(machiya)*, die typischerweise sowohl dem Wohnen als auch dem Erzeugen und Verkaufen von Waren dienten. Auf der Innenseite der Blocks standen Nebengebäude und geschützte Lagerhäuser, ganz in der Mitte des Blocks dann ein kommunaler Bereich mit Latrinen und einem Müllsammelplatz. Tempel und Schreine bekamen oft Areale zugewiesen, die an Hauptstraßen lagen, also gut zu erreichen waren. Diese Areale waren teilweise so groß, dass auch nach der Bebauung Freiflächen übrig blieben, welche die Funktionen zentraler Plätze in europäischen Städten übernehmen konnten, also zum Handel, zu Versammlungen und nicht zuletzt als Rückzugsraum bei Naturkatastrophen dienten. Tagsüber gab es relativ freie Bewegungsmöglichkeiten, nachts aber wurden die Aus- und Zugänge zu den Bürgervierteln geschlossen.

Nach und nach begann ein dichtes Netz von Kanälen die Stadt zu durchziehen. Nach einigen Jahren ging man vom rasterförmigen Stadtplan ab und ordnete alle Viertel spiralförmig an, ausgehend vom Herzen Edos, der gewaltigen Burg. Die Spirale und das Kanalsystem konnten sich immer weiter nach außen entwickeln und die Stadt immer weiter wachsen lassen, selbst in die Bucht von Edo/Tōkyō hinein, wo Landauffüllungsprojekte bis heute immer wieder Neuland schaffen.

Die Burg war das zentrale Element der Stadt, von der aus Shōgun Tokugawa Ieyasu und seine Nachfolger Stadt und Land beherrschten. Ieyasu hätte sich wohl auch für Kyōto als Amtssitz entscheiden können, hielt aber an seiner im Entstehen begriffenen eigenen Hauptstadt fest. Hier lag seine Burg, nicht der Kaiserpalast, im Mittelpunkt, alles richtete sich nach ihr und ihrem ranghöchsten Bewohner aus. Die Viertel der anderen Gruppen der Stadtbewohner lagen um die Burg herum angeordnet, wobei die vielen Kanäle und Gräben primär Teile des Sicherheitssystems der Burg, und erst in zweiter Linie Transportadern für die Wirtschaft waren. Wo ein Brückenbau die Sicherheit der Burg geschwächt hätte, unterblieb er und die Bürger mussten mit Fähren übersetzen. Die Betonung des herrschaftlichen Aspekts in der Stadttopographie entspricht dem patriarchalischen Staatsverständnis der Tokugawa. Die Trennung der sozialen Gruppen verdeutlicht die Ideologie, dass ein jeder an seinen Platz gehöre und soziale Mobilität nicht mehr erwünscht sei. Rangunterschiede zwischen den sozialen Gruppen wurden schon durch die Größe des zugewiesenen Platzes sichtbar: Insgesamt 70 % der zunehmend knapper werdenden Stadtfläche war Fürsten und anderen Samurai vorbehalten, 14 % verschiedenen Tempeln und Schreinen und nur 16 % den Bürgern.

So wurden in den Jahren um 1600 bereits die Grundlagen der Stadttopographie gelegt, die Edo prägen sollte, bis es 1868 zu Tōkyō wurde und die Moderne Einzug zu halten begann.

Als Tokugawa Ieyasu am 01.06.1616 im Alter von 73 Jahren starb, vermutlich entweder an Magenkrebs oder an den Spätfolgen einer 1615 vor Ōsaka erlittenen Wunde, hatte er alle seine Rivalen besiegt und überlebt. Bis zur Mitte des 19. Jhs. wagte es niemand die Tokugawa-Shōgune ernsthaft herauszufordern und keine Stadt Japans konnte mit der Hauptstadt Edo gleichziehen, obwohl sich viele Fürsten beim Ausbau ihrer Burgstädte in der Provinz am großen Vorbild Edo orientierten.

Denn sie bauten eine Burg – Tōdō Takatora (1556–1630) und Katō Kiyomasa (1561–1611)

Der Fürst *(daimyō)* Tōdō Takatora war genau wie Toyotomi Hideyoshi und Tokugawa Ieyasu ein Produkt des wilden 16. Jhs. Obwohl nur der Sohn eines einfachen Fußsoldaten, arbeitete sich Takatora im Dienste von nicht weniger als zehn aufeinanderfolgenden Herren nach oben. Seine bewiesene Fähigkeit, zu erkennen, wer der Sieger sein würde, führte ihn vor Sekigahara 1600 in das Lager Tokugawa Ieyasus, der vor allem seine Talente als Festungsarchitekt schätzte. In der zweiten Hälfte des 16. Jhs. hatten Heeresvergrößerungen, Arkebusen und schließlich auch schwere Artillerie die herkömmlichen Anlagen aus Holz und Erde obsolet werden lassen. Man brauchte nun weit größere Festungen mit einem mehrere Kilometer langen äußeren Perimeter, um den inneren Kern der Burg außer Schussweite zu halten. Solche Bauten konnten nur in der Ebene entstehen, wo Wasserwege als Gräben umgeleitet werden konnten. Die Mauern wuchsen und wuchsen und wurden nun zunehmend mit großen Steinen eingekleidet. Viele dieser Mauern haben - auch in Tōkyō - Erdbeben und Luftangriffe bis heute überstanden. In Tōdō Takatoras eigener Burg Iga-Ueno waren die Mauern 28 Meter hoch; der Graben seiner Burg Tsu war 100 Meter breit. Takatora war ein Spezialist, der im Laufe seiner langen Karriere am Bau von rund 20 Festungen beteiligt war. Ieyasu und sein Sohn, der zweite Tokugawa-Shōgun Hidetada, vertrauten ihm nacheinander Edo, später die Tokugawa-Residenz Nijo in Kyōto und ab 1620 den Neubau von Ōsaka an.

Tōdō Takatora kannte die bedeutendsten Steinmetze des Landes und verpflichtete sie; gleichfalls schickten die Fürsten des Landes Fachleute, Helfer, Geld und Baumaterialien, wozu sie als Lehnsleute des Shōgun verpflichtet waren. Alle diese Leute mussten untergebracht und versorgt werden, und die Stadt Edo wuchs weiter. Die Arbeiten waren gigantisch, selbst für einen Meister wie Takatora, denn der Untergrund bestand nicht aus Fels, sondern aus Marschland. Immer wieder fielen fertige Mauersegmente ein und begruben die Arbeiter unter sich. Schließlich kam Fürst Katō Kiyomasa, wie Takatora eine Art lebende Legende der vorangegangen Sengoku-Zeit, auf die rettende Idee: Er ließ Arbeiter große Mengen von Schilf auf dem sumpfigen Untergrund anpflanzen und lud dann immer wieder Kinder ein, auf dem Schilf zu spielen. Nach und nach wurde das Schilf lagenweise niedergetrampelt und bot einen besseren Baugrund für die Mauern. Eine bemerkenswert feinfühlig anmutende Lösung für einen alten Haudegen wie Katō Kiyomasa, der Dichtkunst als verweichlicht abtat und Aussprüche tätigte wie den folgenden: *»Die Pflicht des Samurai ist einfach, das Schwert in die Hand zu nehmen und zu sterben«.*

Der Bauplan der Burg sah eine spiralförmige Anlage wie bei der Stadt selbst vor. Innen bzw. oben lag der Haupthof mit dem größtem Bergfried-Komplex (*daitenshu* mit mehreren Nebentürmen), der je in Japan geplant wurde. Der Plan war revolutionär. Der sechsstöckige Hauptturm sollte 44,3 Meter in der Höhe messen und auf einer 20 Meter hohen Basis aus Steinen ruhen. Diese Bergfriede waren die weithin sichtbaren Symbole der Macht ihrer Besitzer, vielleicht vergleichbar mit der Demonstration der göttlichen Macht durch hohe Kirchtürme im mittelalterlichen Europa. Gebaut wurde bis 1622 eine mehr den Friedenszeiten angepasste etwas kleinere Version des Hauptturms, die noch im 17. Jh. einem Feuer zum Opfer fiel, aber die Macht des Shōgun war auch so weithin sichtbar. Inzwischen überlegt man in Tōkyō, den hölzernen Hauptturm zur Olympiade 2020 originalgetreu wieder aufzubauen. Mehrere befestigte, größtenteils erhaltene Höfe, die jeweils die Größe einer eigenen Burganlage hatten, Palastbauten sowie Büros, Unterkünfte, Ställe und Magazine beherbergten, gruppierten sich um den eigentlichen Haupthof herum. Das Gelände war von 16 Kilometern Außenmauer umfasst und hatte 36 befestigte Tore an Kanälen und Gräben. Die Mehrzahl der bürgerlichen Bewohner von Edo konnte nicht hoffen, jemals in ihrem Leben in das Innere der Burg hineinzugelangen.

Erst 1640 wurde unter dem dritten Shōgun Iemitsu, 50 Jahre nach Beginn, der Bau der Burg Edo abgeschlossen. Die meisten Planer und Handwerker der ersten Generation waren gar nicht mehr am Leben. So war Tōdō Takatora 1630 nach weiteren Bauprojekten als wohl dotierter Fürst von Tsu gestorben. Katō Kiyomasa war als Fürst von Kumamoto sogar noch wohlhabender gewesen, aber wie ein Vorbote der kommenden friedlicheren Zeiten war ihm ein Tod auf dem Schlachtfeld nicht vergönnt. Er starb 1611 etwas überraschend nach einer kurzen Krankheit.

Der Ausbau von Edo und die Festigung der Macht – von Ieyasu bis zum vierten Shōgun Ietsuna (1641–1680)

Auf Tokugawa Ieyasu folgte schon 1605 sein Sohn Hidetada im Amt des Shōgun, der 1621 von seinem Sohn Iemitsu abgelöst wurde. Als Tokugawa Yoshinobu 1867 zum Rücktritt gezwungen wurde, war er als fünfzehnter Tokugawa-Shōgun zugleich der letzte Shōgun überhaupt.

Von Ieyasus Nachfolgern existieren zwar einige, aber oft nicht wirklich biographisch erhellende Zeugnisse. Sie lebten in der Burg Edo und standen an der Spitze aller Samurai und damit des ganzen Landes. Ihre Macht war im Prinzip so groß, dass europäische Besucher sie oft mit dem Kaiser in Kyōto verwechselten, dessen Bedeutung sich praktisch in seiner Funktion als Quelle der Legitimität erschöpfte. Buchstäblich zu Gesicht bekamen nur wenige einen Shōgun, weil fast alle Menschen sich tief vor ihm zu verneigen hatten und der Herrscher meistens hinter Vorhängen vor den Blicken der Besucher verborgen blieb. Die konfuzianisch geprägten Regeln des Tokugawa-Staats verboten es japanischen Autoren sich in irgendeiner Weise kritisch oder auch nur pointiert zu politischen Fragen oder gar der Person eines Shōgun zu äußern. Die offiziellen Chroniken, die *Tokugawa jikki*, enthalten natürlich entsprechend regierungsamtlich geprägtes Material. Glücklicherweise waren ausländische Besucher in ihren Briefen, Tagebüchern und gewichtigeren Werken freier in ihren Äußerungen. Nach Lage der Dinge kamen unter den Europäern seit der Mitte des 17. Jhs. nur Mitarbeiter der VOC, der Vereinigten Niederländischen Ostindien-Kompanie, im Rahmen regelmäßiger offizieller Besuchsreisen nach Edo, die der jeweilige Leiter der VOC-Faktorei von Nagasaki aus mit Begleitern durchführte.

Zu den gebildetsten dieser Männer gehörte Isaac Titsingh (1745–1812; 1779–1784 in Japan), der nicht nur zweimal zum Hof nach Edo reiste, sondern dank guter japanischer Kontakte viel einheimisches Material sammeln konnte, aus dem er ein kolossal anmutendes Standardwerk über das damals im Westen relativ unbekannte Japan machen wollte. Seine weitere Karriere und sein dandyhaftes Leben verhinderten dies, aber nach Titsinghs Tod erschien unter Mitwirkung des Berliner Professors Julius Heinrich Klaproth in Paris ein Destillat, das, zuletzt als *Secret Memoirs of the Shōguns* auf Englisch herausgegeben, interessante und einmalige biographische Angaben bis hin zum elften Shōgun Ienari enthält.

Auf die übermächtige, schließlich definierte Dynastiegründergestalt Tokugawa Ieyasu folgte, wie bereits erwähnt, sein dritter Sohn Hidetada (1605–1623). Hidetadas Regentschaft wurde vom dauernden Einfluss seines übermächtigen Vaters überschattet, dessen Vertrauen in den Sohn angeschlagen war, seit dieser zur Entscheidungsschlacht von Sekigahara 1600 zu spät erschienen war. Andererseits konnte Ieyasu als noch lebender Ex-Shōgun und sogar als Verstorbener zur Sicherung seiner Dynastie beitragen. In Hidetadas Regentschaft fällt der weitere konsequente Ausbau von Edo. Auch Hidetada (gestorben 1632) dankte vorzeitig ab, um seinem neunzehnjährigen Sohn Iemitsu (1623–1651) als *ōgosho* (Ehemaliger Shōgun) den Rücken zu stärken. Dessen Regierungsjahre fallen zusammen mit der Beschränkung der europäischen Präsenz auf die Holländer in Nagasaki (Sakoku-Edikte) sowie einer drakonischen Christenverfolgung im ganzen Land. In Edo wurde ein *kirishitan yashiki* (etwa: Christen-Residenz) genanntes Gefängnis errichtet für insgesamt zehn Missionare, die trotz der Verbote noch in Japan waren oder neu kamen. Die Lebensverhältnisse in diesem Gefängnis müssen erträglich gewesen sein, Pater Giuseppe Chiara etwa lebte dort von 1646 bis 1685 und Giovanni Battista Sidotti (1668–1715) war dort Gesprächspartner des berühmten Gelehrten und Staatsmanns Arai Hakuseki (s. Der Historiker Arai Hakuseki, S. 82). 1792 wurde das Gefängnis aufgelöst, heute erinnern ein Straßenname und eine Gedenktafel in Kohinata im Bezirk Bunkyo-ku an die Einrichtung.

Weniger glimpflich kamen die japanischen Konvertiten von Edo davon. Schon zu Amtsantritt von Iemitsu wurden 50 Christen öffentlich verbrannt. Spitzel des Shōgunats forschten Samurai und Bürger aus, und alle Stadtbewohner mussten sich in die Gläubigenregister der buddhistischen Tempel eintragen. Blieb ein Verdacht, wurden sie gezwungen, auf Christus- oder Marienbilder, die meistens aus Metall waren und in ihrem abgetretenen Zustand heute noch zu den Sammlungen einiger japanischer Museen gehören, herumtrampeln. Diese Praxis nannte man *fumie.* Wer sich weigerte, wurde, oft unter der Aufsicht ehemaliger Christen, Verhören und äußerst grausamen Folterungen unterworfen. Zahlreiche Gläubige wurden hingerichtet.

Die Ausrottung des Christentums war so drastisch, dass der amerikanische Historiker George Elison 1973 das Wort »Endlösung« *(final solution)* als Überschrift für das sie betreffende Kapitel in seinem Buch *Deus Destroyed* wählte.

Der vierte Shōgun Ietsuna (1651–1680) folgte seinem Vater als Zehnjähriger auf den Thron. Obwohl insgesamt fünf Regenten die Staatsgeschicke lenkten, kam die Tokugawa-Dynastie in Bedrängnis. In Edo hatte sich ein Problem mit herrenlosen Samurai, den *rōnin*, entwickelt. Die häufigen Machtwechsel und Enteignungen in den Fürstenhäusern hatten jedes Mal Hunderte, wenn nicht Tausende von stellungslosen Samurai produziert, von denen viele in der Hauptstadt ihr Glück suchten, und dies keineswegs immer auf gewaltlose Art. Zu Beginn von Ietsunas Amtszeit verdichteten sich die Unruhen zum sog. Keian-Aufstand, auch als Tosa-Verschwörung bekannt. Eine Gruppe von Rōnin unter Führung von Marubashi Chūya und Yui Shosetsu plante, die Stadt Edo anzuzünden, um in der folgenden Konfusion in die Burg des Shōgun einzudringen und diesen zu ermorden. Neben der Not der Rōnin war auch eine alte Rachegeschichte, die einen ehemaligen Fürsten der Provinz Tosa betraf, mit im Spiel. Stümperhafte Ausführung und Verrat erlaubten den Machthabern, den Plan zu entdecken und die Beteiligten hinrichten zu lassen.

Wenige Jahre später brannte Edo aber wirklich. Im ersten Monat des Jahres 1657, als Trockenheit und Wind den Funkenflug begünstigten, verwüstete die als Meireki-Feuer bekannte Katastrophe die Stadt des Shōgun. Zerstört wurden weite Teile der Burg, 160 fürstliche Residenzen, 770 Residenzen von hochrangigen Samurai der Tokugawa (Hatamoto), 350 Tempel und Schreine sowie rund 50.000 Bürgerhäuser – mehr als die Hälfte der Stadt, deren Einwohnerzahl gleichzeitig um 108.000 Brandopfer sank. Erstaunlicherweise konnte Shōgun Ietsuna nur zwei Jahre später schon einer Zeremonie zur Einweihung des Stadtneubaus beiwohnen. Diese kurze Spanne erklärt sich auch aus dem Übergang von der reichhaltig im Momoyama-Stil verzierten, eleganten Stadt des Tokugawa Ieyasu zu preiswerterem und weniger prunkvollem Bauen.

Die Straßen Edos waren nun von den dunklen Farbtönen nicht-bemalten Holzes, dem Weiß und Beige von Verputz sowie dem Graublau der Dachziegel geprägt. Auf den kostspieligen Wiederaufbau des Bergfrieds der Burg verzichtete man ganz, dessen steinerner Sockel bis heute leer steht. Während Fürsten und Samurai ihre Vasallen und Diener zur Wiederaufbauhilfe heranziehen konnten, hatten wohlhabendere Bürger ihren wichtigsten Besitz und ihr Vermögen als Startkapital in der Regel in feuerresistenten Lagerhäusern hinter ihrem Wohnhaus gesichert, den sogenannten *kura*, von denen heute noch viele in ganz Japan zu sehen sind. Da in Edo ohnehin jede Generation damit rechnen musste, dass ihr Viertel einmal abbrannte, war man vorbereitet und investierte nicht in Architektur, die für eine Ewigkeit gedacht war. Edo war eben, so der Historiker Nishiyama Matsunosuke, der Doyen der Edo-Forschung, *»eine Stadt von Kriegern, Bürgern, Feuern und erzwungenen Umzügen«*.

Engelbert Kaempfer aus Lemgo und der Hunde-Shōgun Tokugawa Tsunayoshi (1646–1709)

Der Pastorensohn Engelbert Kaempfer (1651–1716) stammte aus dem westfälischen Lemgo und war auf verschlungenen Wegen in den Privataudienzsaal des Shōgun Tokugawa Tsunayoshi (Regierungszeit 1680–1709) gelangt. Zur Schule und Universität war er in Lüneburg, Lübeck, Danzig, Krakau, Königsberg und Uppsala gegangen und hatte Philosophie, Sprachen, Geschichte, Naturgeschichte und Arzneikunde (Medizin) belegt. Diese umfassende Bildung war die Grundlage für sein vielfältiges, ja universales Interesse, das es ihm ermöglichten sollte, Autor des bis ins 19. Jh. unbestritten bedeutendsten westlichen Standardwerks über das geheimnisvolle Japan zu werden. Nachdem Kaempfer in schwedischen, russischen und persischen Diensten gewesen war, trat er 1690 die Stelle als Faktoreiarzt bei den Niederländern in Nagasaki auf der künstlichen Insel Deshima an. 1691 und 1692 reiste er zweimal mit dem Leiter der Faktorei nach Edo, um dem Shōgun die Aufwartung zu machen. Kaempfer verdanken wir einen sehr raren Einblick in den Palast des Shōgun. Zunächst wurde der Faktoreileiter Hendrik van Buijtenhem hereingerufen.

Kaempfer berichtet: *»Kaum wahr er verschienen, alß man überlaut rieffe: Hollanda Capitain! zu einem Zeichen, daß er herbeÿ treten und die Reverentz des Homagii ablegen sollte; worauf er zwischen den Ort der rangierten Geschencke und dem hohen Sitzplatz seiner Majestät, so weit man ihme anwiese, auf händen und Knieen herbeÿ kroche, und auf dem Knie liegende, das haupt auf den boden neigte, und in selbiger positur wie ein Krebß, ohne die geringste wortwechselung wieder zurück kroche... Nicht anders geht es zu mit der jährlichen Audientz grosser landesherren, welche ebenfalles nach abgeruffen ihren Nahmen, mit stillschweigen einen gleichen reverentz zu bezeugung Ihrer demut und gehorsams ablegen, und wieder rücklings davon kriechen müssen.«*

Damit endete die formelle Audienz, ohne des Shōguns Gesicht gesehen oder seine Stimme gehört zu haben. Anschließend wurden die Holländer aber ungewöhnlicherweise zu einer zweiten, privaten Audienz geführt, wo sie auch *dem »kaiserlichen frauen Zimmer«* (Kaempfer schreibt aus Unkenntnis der Machtverteilung im Lande wie andere Europäer auch »Kaiser«) und *»curieusen Printzessinnen kaiserlichen Geblüets« »zur Speculation und ergötzlichkeit«* vorgestellt wurden. Shōgun, Frauen und Staatsräte saßen leicht erhöht und waren durch eine Jalousie verdeckt, während die Holländer zwei Stunden lang Fragen beantworten, singen, Tänze vorführen und sogar *»trunken Mann spielen«* mussten (Kaempfers Kommentar: *»Affenstreiche«*). Hier nun erheischt Kaempfer zweimal einen Blick auf die Gemahlin des Shōgun, *»dero Gesicht ich beÿ krümmung der Matten 2 mahl erblickte, als ich auf des Kaÿsers begehren dänzete, und beÿ Ihr eine braunliche runde schöne Gestalt mit Europæischen schwartzen Augen, voller feuer und vigeur wahrgenommen, und nach proportionen ihres haupts eine grosse Dame von etwa 36 Jahren zuseÿyn gemuhtmasset.«*

Von dieser Dame werden wir am Ende des Lebens von Shōgun Tsunayoshi noch einmal hören! Über den Shōgun selbst kann Kaempfer nur berichten, dass er *»mit gelinder Stimme hervor brachte, alß wolle Er nicht über laut gehöret seÿn.«*

Tokugawa Tsunayoshi, geboren 1646, Verantwortlicher für mehrere dieser ungewöhnlichen zweiten Audienzen mit den Holländern, war mit 34 Jahren seinem älteren Bruder Ietsuna als Shōgun gefolgt. Trotz der erhabenen Inszenierung seiner Majestät ist er in der japanischen kollektiven Erinnerung eher unvorteilhaft als der »Hunde-Shōgun« bekannt.

Dabei hatte seine Herrschaft vielversprechend begonnen. Belesen, in konfuzianisch-patriarchalischer Manier um das Wohlergehen seiner Untertanen besorgt, entzog er insgesamt 46 Fürsten ihre Lehen ganz oder teilweise wegen Missregierung, bannte die in Edo blühende Prostitution sowie Kleiderluxus und erteilte seiner Regierung den Auftrag, den allgemeinen Lebensstandard anzuheben. 1691, im Jahr von Kaempfers erstem Besuch, gründete er in Edo die neokonfuzianische Akademie Yushima Seidō, die Isaac Titsingh als »Universität« bezeichnet. Die fünf Werte Menschlichkeit, Gerechtigkeit, Ethisches Verhalten, Weisheit und Güte sowie die Betonung väterlicher Autorität sollten Regierungsmitarbeitern wie dem einfachen Volk nahegebracht werden. Doch übertrieb Tsunayoshi den religiös begründeten Eifer, als er ein »Gesetz zum Mitleid gegenüber Lebewesen« erließ, das zum Beispiel den Verkauf von Vögeln und Schildkröten als Nahrungsmittel untersagte und besonders Hunde geradezu zu »Heiligen Kühen« machte. Tsunayoshi selbst war im Jahr des Hundes geboren worden und ließ nun jede Grausamkeit gegenüber Hunden mit Strafen bis hin zum Tod belegen. Bald war die Stadt angefüllt von wilden Hunden, von denen 50.000 in ein Gehege in der Vorstadt transportiert wurden, wo sie auf Staatskosten mit Fisch und Reis gefüttert wurden (Bauern und Tagelöhner in Edo hatten oft nur Hirse als Hauptnahrungsmittel). Das Leben in Edo war hart genug für die meisten Bewohner und an Hunde gab es nichts zu verschenken. Die öffentliche Stimmung verschlechterte sich, weshalb es leicht war den erneuten, auch von Kaempfer bezeugten Brand von 1692, den Taifun von 1706 und den Ausbruch des Fuji 1707 als schlechte Zeichen zu deuten.

Tsunayoshis Ende kam aber infolge einer anderen Leidenschaft. Wie in vielen historischen Kriegergesellschaften war es zwar im feudalen Japan durchaus nicht unüblich, sexuelle Beziehungen zu Männern zu unterhalten, aber Tsunayoshi ging zu weit, als er sich 1709 entschloss, seinen aktuellen Liebhaber, den Sohn des Fürsten von Kai, zu seinem offiziellen Nachfolger zu ernennen. Die Legitimität der Tokugawa-Dynastie hing von der Erbfolge ab, und ein solcher Tabubruch hätte der Anlass zu einem neuen Bürgerkrieg werden können. Nachdem alle Überredungsversuche scheiterten, nahm es Tsunayoshis Frau, selbst die Tochter eines Kaisers, auf sich, ihn am Vortag der Proklamation im Ōoku, dem Frauenteil des Palastes in der Burg, zu erdolchen, bevor sie sich mit derselben Waffe das eigene Leben nahm. Ob es sich dabei um dieselbe Dame mit *»schwarzen Augen voller Feuer und Vigeur«* handelte, der Kaempfer begegnet war, wissen wir leider nicht genau. In Titsinghs dramatischer Schilderung weist Tsunayoshi die beschwörenden Bitten seiner Frau mit den Worten *»Das Reich gehört mir! Ich werde tun, was mir gefällt!«* zurück. Genau an dieser Stelle irrte der Hunde-Shōgun. Die meisten Shōgune nach Ieyasu hatten genauso wenig wie andere Fürsten persönlich absolute Macht. Sie standen der Regierung als Symbol und Quelle der Autorität vor und konnten gelegentlich eigene, sogar auch eher seltsame Ideen umsetzen. Letztlich lenkten die Geschicke des Reichs in der Regel hohe Regenten, Vorsteher des Haushalts und Verwandte des Shōgun, wie unter Tsunayoshi zuerst Hotta Masatoshi, später Yanagisawa Yoshiyasu und bis 1705 auch seine kluge Mutter Keishōin. Wenn der Shōgun den Kern seiner Pflichten – den Erhalt der Macht des Hauses Tokugawa – in Gefahr brachte, begab er sich auf dünnes Eis. In den drei Hauptlinien der weit verzweigten Familie Tokugawa war stets geeigneter Ersatz zu finden.

Einschränkend muss aber noch erwähnt werden, dass die Geschichte der Ermordung des Shōgun mit ihren spektakulären Details natürlich nicht in den offiziellen Geschichtsbüchern verzeichnet ist – sie gehörte wohl zu den Gerüchten, die Titsinghs japanische Gewährsleute berichteten; ein Gerücht allerdings, das sich den größeren Teil eines Jahrhunderts gehalten hatte.

Der gerechte Shōgun Yoshimune (1684–1751)

Der sechste Shōgun, Tokugawa Ienobu (geboren 1662, im Amt 1709–1712) war Tsunayoshis Neffe. Er beeilte sich, die Tierschutz-Gesetze seines Vorgängers zu widerrufen und eine große Amnestie zu verkünden. Ienobus Tutor, der berühmte Gelehrte Arai Hakuseki (s. Der Historiker Arai Hakuseki, S. 82), stand hinter mancher menschenfreundlichen, im besseren Sinne konfuzianischen Entscheidung des Shōgun.

Auf Ienobu folgte 1712 als siebter Tokugawa-Shōgun der vierjährige Ietsugu. Wie sein Vater Ienobu war er kränklich veranlagt und starb bereits 1716. Arai Hakuseki und Manabe Akifusa führten de facto die Regierung und gingen 1714 ein schon lange bestehendes Problem an: Die Erhöhung der landwirtschaftlichen Produktivität um rund 60 % in den letzten 100 Jahren hatte, außer bei Missernten, zu einem Überangebot an Reis geführt, das auf den Preis drückte. Samurai aller Ränge wurden aber auf Reisbasis bezahlt, meistens in einer Mischung aus Bargeld und Reis, für den sie seit langem immer weniger Geld oder Waren bekamen. Ihre kostspieligen gesellschaftlichen Pflichten waren aber die gleichen geblieben, was zu Verschuldung führte. Arai Hakuseki beschwor den kindlichen Shōgun mehrfach, seinen Finanzminister Ogiwara Shigehide zu entlassen, dessen Politik der wiederholten Geldentwertung durch Münzverschlechterung ihm ein Dorn im Auge war.

Einen Monat vor dem Tod des Shōgun hatte Arai Erfolg. Der Abfluss von Edelmetall durch den Handel mit Chinesen und Holländern sollte reduziert, die heimische Produktion von sonst importierten Gütern wie Seide und Arznei angekurbelt werden. Zu diesen merkantilistischen Maßnahmen trat eine Rückkehr zur guten Münze von früher, was den langfristigen und wohl eigentlich nicht erwünschten Effekt hatte, die finanzielle Position der bürgerlichen Kaufleute gegenüber den sozial weit höher gestellten Samurai zu stärken. Das 18. Jh. in Edo gehörte auch kulturell zunehmend den Bürgerlichen, während der Schwertadel mit Einkommensverlusten und Schulden zu kämpfen hatte.

Neben Tokugawa Ieyasu selbst wird der achte Shōgun Yoshimune (1716–1745) zu den bedeutendsten im Amt gezählt. Geboren 1684, war er ganz anders als seine drei direkten Vorgänger, die die Bedeutung von neokonfuzianischer Gelehrsamkeit für einen Shōgun und seine Regierung betont hatten. Yoshimune war Samurai durch und durch; und da es im 18. Jh. keine Kriegszüge mehr anzuführen gab, widmete er sich den Kampfkünsten, der Jagd und der Falknerei. Als ehemaliger Fürst von Kii, also Oberhaupt einer der drei Hauptlinien der Tokugawa (die anderen waren Owari und Mito), eilte ihm ein Ruf als Macher voraus. Ienobus und Ietsugus gelehrte Berater Arai und Manabe entließ er sofort, wodurch er den lähmenden Antagonismus zwischen den persönlichen Beratern der alten Shōgune sowie den fünf Mitgliedern des Großen Rats, dem traditionellen Herzstück der Tokugawa-Regierung, aufhob. Die Mitglieder des Großen Rats waren Fürsten aus der Gruppe der *fudai*, den »inneren« Fürsten, die den Tokugawa schon lange treu gedient hatten. Trotzdem überließ Yoshimune diesen Herrschaften die Regierung nicht allein; er sprach auch mit niederrangigen Würdenträgern, um sich selbst ein Bild von der Lage zu machen, falls ihm dies nicht sein eigener Geheimdienst, die 20 Männer des *oniwaban*, vermittelte. Seit 1721 ließ er dreimal pro Woche einen Zettelkasten für Verbesserungsvorschläge vor dem Obersten Gericht aufstellen, was den Bürgern von Edo das erste Mal seit langem das Gefühl gab, der Shōgun nehme Anteil an ihrem Los. Durch diese Eingaben erfuhr Yoshimune von Verfehlungen seiner Regierung und konnte einige korrigieren.

Keine Geschichte aus seiner Amtszeit verdeutlicht mehr den Geist der Gerechtigkeit seiner Herrschaft als die von Ōoka Echizen, dem legendären Stadtmagistraten von Edo (s. Edos legendärer Richter Ōoka Echizen, S. 129). Yoshimune revitalisierte die Verwaltung, indem er viele Positionen und mit ihnen verbundene Einkünfte nicht mehr nach feudalen Prinzipien vergab, also lebenslang und oft genug vererbbar, sondern auf Zeit und nur für diese mit den höheren Einkünften versehen – der erste Schritt in Richtung einer regulären Besoldung in einem neuen System, in dem die Begabtesten und nicht die Erbberechtigten gefördert werden. Effektivität und Professionalität hielten in einem gewissen Rahmen Einzug in die Burg Edo. Trotzdem blieben alle Posten in der Verwaltung weiterhin den Samurai vorbehalten. Über Mizuno Shobei, den Yoshimune bis zum Hauptmann der Wache in den Privatquartieren des Shōgun beförderte, erzählt Isaac Titsingh die Anekdote, dass eines Tages beim Shōgun getanzt wurde und einer der Staatsräte den Hauptmann der Wache fragte, ob einer seiner Männer sich mit Musik auskenne. Darauf erwiderte Mizuno: *»Meine Männer kennen sich mit militärischen Dingen aus, wie es ihr Beruf erfordert. Von Musik hat keiner eine Ahnung.«* Diese professionelle, wenn auch undiplomatische Aussage wurde mit Anerkennung aufgenommen.

Den Großen Rat, der selbst einem Shōgun seinen Willen aufzwingen konnte, ließ Yoshimune in den 1720ern einfach aussterben. Privater und auch staatlicher Luxus wurden bekämpft, wobei Yoshimunes Auffassung von notwendigem frugalen Lebensstil selbst den diesem eigentlich zugeneigten konfuzianischen Gelehrten zu weit ging. Immerhin gelang dem Shōgun dadurch die Rückkehr zur guten Münze binnen vier – nicht 20 – Jahren wie Arai Hakuseki es geplant hatte. Zwar musste 1736 die Gold- und Silberwährung erneut verschlechtert werden, das Prägen großer Mengen von Kupfermünzen stabilisierte die Lage aber langfristig. Hinzu kamen unter Yoshimune bedeutende Reformen im Rechtswesen und bei der Lokalverwaltung, die viele alte Zöpfe abschnitten. Die Staatsfinanzen wurden in den 1740ern saniert, indem Bauern in Westjapan höhere Abgaben zu zahlen hatten – in den Worten des Superintendanten des Finanzwesens, Kan'o Hirahide: *»Bauern und Ölsamen sind sich sehr ähnlich: je mehr man sie drückt, desto mehr geben sie her.«* Günstigerweise lebten diese Bauern fern der Hauptstadt Edo, der es im Allgemeinen wirtschaftlich gut ging.

Yoshimune verkörperte den Typ des wohlwollenden Tyrannen – er baute seine Macht konsequent aus in der Überzeugung, dass sie, wenn weise eingesetzt, das Beste wäre, was Stadt und Land widerfahren könnte. Die harschen Realitäten des Shōgunats, das letztendlich ein Militärregime war, überdeckte er durch patriarchalische Güte, die ihm Loyalität sicherte. Wiederum Titsingh berichtet, dass einer von Yoshimunes Leibwächtern tief beschämt und beunruhigt war, weil es ihm nie gelang, auf den Jagdexpeditionen seines Herren einen Vogel zu treffen. Dies blieb auch Yoshimune nicht verborgen, und nach einem letzten traurigen Versuch bei der Vogeljagd ließ er bei der Heimkehr den ganzen Zug auf der Neuen Brücke zum Tigertor *(Toranomon)* zur Burg anhalten. Der Shōgun hieß den unglücklichen Schützen, ihm mit seinem Bogen einen Karpfen im Burggraben zu schießen. Dieser wimmelte nur so von Fischen – der stolze Mann konnte dem Shōgun einen selbst erlegten Karpfen überreichen. An den Ort des Geschehens erinnert heute noch der Name der U-Bahn-Station Toranomon. Dieses Tor war das südlichste, und ist zusammen mit dem äußeren Perimeter der Burg schon vor langer Zeit der städtischen Entwicklung von Tōkyō zum Opfer gefallen.

Der gerechte Shōgun Yoshimune selbst ging 1745 in den Ruhestand. Die letzten sechs Jahre seines Lebens waren aber zunehmend von Krankheit überschattet.

Die unfähigen Shōgune Ieshige, Ieharu und Ienari und der »charismatische Bürokrat« Matsudaira Sadanobu (1759–1829)

Yoshimunes Sohn Ieshige (1711–1761, Regierungszeit 1745–1760) wurde als Fünfunddreißigjähriger der neunte Shōgun. Die Historie bezeichnet ihn als einen der am wenigsten fähigen Tokugawa-Shōgune, Isaac Titsingh als nicht gesund schon bei Amtsantritt wegen einer *»ungeordneten Leidenschaft für Frauen und stark alkoholhaltige Getränke«*. Die Bevölkerung sprach (hinter vorgehaltener Hand) über Ieshige als *anpontan*, was mehr oder weniger »Dummkopf« bedeutet. Auch dem zehnten Shōgun Ieharu (geboren 1737, Regierungszeit 1760–1786) wurde von einem Holländer, Jan Crans, Faulheit, Dummheit und Lüsternheit unterstellt. Trotzdem lief die vom achten Shōgun Yoshimune überholte Regierungsmaschine jahrelang gut weiter, bis sich kritische Stimmen und lokale Bauernaufstände zu häufen begannen. Die wirtschaftliche und soziale Dynamik des Landes hatte sich seit 1603, dem Beginn des Shōgunats, stark verändert. Nirgendwo war das stärker zu spüren als in der Metropole Edo, aber die konservative Obrigkeit fürchtete Neuerungen und reagierte daher zunehmend unzureichend.

Der Anfang der Regierung des elften Shōgun Tokugawa Ienari (1773–1841, Regierungszeit 1787–1837) war geprägt von der Dominanz des Fürsten Matsudaira Sadanobu (1759–1829), eines Verwandten des jungen Herrschers. Diesem Shōgun wird nachgesagt, im Frauenquartier der Burg Edo, dem abgeriegelten Ōoku, rund 900 Frauen gehabt zu haben, mit denen er mehr als 75 Kinder zeugte, die kostspielig versorgt werden mussten. Matsudaira Sadanobu war aus ganz anderem Holz geschnitzt. Geboren in der Burg Edo in eine Nebenlinie der Tokugawa, kam er aus einem Haus, das Wert auf männliches Auftreten und moralische Lebensführung legte. Sein Vater Munetake war ein Sohn des achten Shōgun Yoshimune, war aber zugunsten des dekadenten Ieshige übergangen worden. So bereitete Munetake seinen Sohn Sadanobu mit einer überaus gründlichen Erziehung darauf vor, die nächste Chance auf das höchste Staatsamt zu ergreifen. Doch auch Sadanobus erhoffte Adoption durch Shōgun Ieharu scheiterte. Stattdessen wurde Sadanobu von den Matsudaira von Shirakawa adoptiert.

Adoptionen von Söhnen als Ersatz für fehlende Erben waren in den besitzenden Familien weit verbreitet; eine Fürstenfamilie ohne Erben lief Gefahr, ihres gesamten Lehens verlustig zu gehen. Für die abgebende, söhnereiche Familie war das nicht selten mit handfesten Vorteilen verbunden. So wurde der ehrgeizige Sadanobu 1783 Fürst von Shirakawa, und 1787 war er ganz oben angekommen, als er noch vor seinem 30. Geburtstag unter dem gerade fünfzehnjährigen Shōgun Ienari den neuen Posten des Obersten der Großen Räte *(rōjū shūseki)* übernahm, also eine Art von Premierminister wurde, dazu offizieller Berater des Shōgun *(hōsa)*, ein Posten, der 150 Jahre vakant gewesen war. Alle Reformen mussten mit der verkrusteten Regierungsbürokratie beginnen, und hier war ein charismatischer Mann gefragt (*Charismatic Bureaucrat* ist der Titel von Sadanobus moderner Biographie von Herman Ooms). Sadanobu wurde zum Architekten der Kansei-Reformen. *Kansei* bedeutet in etwa »milde Regierung«, aber tatsächlich war seine Regentschaft das Gegenteil. Zuerst entledigte er sich seiner Gegner in der Regierung. Sein Geheimdienst nahm Edo und die Provinzen in den Griff und verbreitete Furcht. Informanten und Denunzianten konnten auf reichen Lohn hoffen. Matsudaira Sadanobu sah den Staat der Tokugawa fatal bedroht und kämpfte um dessen Überleben. Eine ungewöhnliche Häufung von Erdbeben, Vulkanausbrüchen, Missernten und Bränden hatte Japan in Unruhe versetzt. 1786 gab es 57 Bauernaufstände, 1787 Aufstände sogar in Edo und 1788 insgesamt 117 Revolten. Allein im Bezirk Kuramae in Edo, wo gut gefüllte Lagerhäuser standen, fielen hungrige Massen über fast 1.000 *kura* her und plünderten sie. Sadanobu ordnete an, dass die allzu lasch gewordenen Samurai der Tokugawa verstärkt Kampfkünste zu trainieren hätten und der ganzen Gesellschaft verordnete er zur »Gesundung« strikt orthodox konfuzianische Werte. Er ließ andere philosophische Richtungen als Häresie brandmarken und bannte »Pornographie«, was zur Verfolgung einer Reihe prominenter Autoren und Künstler in Edo führte, die sich vor den Zensoren der Regierung in Acht nehmen mussten.

Andere Maßnahmen, die Edo betrafen, erscheinen aus heutiger Sicht sinnvoller: So gab die Regierung Bauern aus verwüsteten Dörfern, die in der Hoffnung auf ein Auskommen in die Hauptstadt geflutet waren, Reisegeld, Werkzeug und teils sogar Land, wenn sie in die Provinz zurückkehrten, wodurch die Agrarproduktion gestärkt und die Spannungen in Edo gemindert wurden. Trotzdem zogen viele ehemalige Bauern eine marginale Existenz in der

Hauptstadt der Schufterei auf dem Lande vor. Für Wohnungslose richtete Sadanobu ein Wohn- und Arbeitshaus in Ishikawajima ein, das aber verhasst war selbst bei den Ärmsten wegen der Zwangsarbeit und ungenügenden Ernährung und Kleidung.

Auch am anderen Ende der Einkommensskala in Edo wurde Sadanobus Regierung aktiv, indem sie Gruppen von reichen Kaufleuten, die vorher wegen ihres geringen sozialen Status offiziell missachtet worden waren, mehr Anerkennung entgegenbrachte und gleichzeitig finanzielle Anforderungen an sie stellte. Dies waren zunächst die auch den Tuchhandel dominierenden Gold- und Silbergilden, dann der Verband aller Edo-Niederlassungen der wichtigsten Kaufleute des ganzen Landes und schließlich diejenigen Unternehmer aus Edo, die sich mit neuartigen Geschäften befassten. Schließlich arbeitete die Regierung mit zehn solchen Gruppen zusammen, der wirtschaftlichen Elite von Edo. Und tatsächlich ließ sich diese darauf ein, dass die Regierung einen generellen Schuldenerlass für alle Samurai verhängte, der natürlich die Kaufleute schädigte. Aber die fortgesetzte Unterstützung durch die Regierung machte diesen Verzicht erträglich, der wiederum dazu beitrug, die Lage in der Stadt zu entschärfen.

Bei fast allem, was er veranlasste, machte sich Matsudaira Sadanobu, der politisch Verantwortliche, unbeliebt. Zwischen 1791 und 1793 bat er den Shōgun drei Mal darum, von seinen Pflichten entbunden zu werden. Beim dritten Mal entsprach Ienari seinen Wünschen.

Matsudaira Sadanobu zog sich nach und nach aus der shōgunalen Politik zurück und widmete sich noch viele Jahre anderen Aufgaben. Anscheinend gehörte zu seinem wirklichen Wesen aber noch mehr als sein Ruf als drakonischer Reformer und konfuzianischer Modellgelehrter. Wie viele Japaner stand er im Spannungsfeld von *giri* (dem als Pflicht Empfundenen) und *ninjō* (dem menschlich Erwünschten). Unter dem Pseudonym Rakuō führte er geradezu ein zweites Leben als Autor zahlreicher gelehrter und anderer Texte, darunter auch eine Autobiographie und entschieden leichteres Material, dass er »zur eigenen Zerstreuung« geschrieben hatte. Viele dieser Texte verbrannte er selbst, weil sie seinem der Nachwelt zugedachten konservativen Image nicht entsprachen, aber seine Mitarbeiter kopierten einige Manuskripte rechtzeitig. 1784 hatte Matsudaira Sadanobu sogar eine satirische Schrift mit dem Titel *Daimyō Katagi* verfasst, in der die Fürsten des Landes – seine Standesgenossen! – geistreich auf die Schippe genommen wurden. In der schwungvoll und teils in der Mundart von Edo erzählten Geschichte verfällt ein Fürst zuerst den Kampfkünsten, dann der Literatur und schließlich dem Kabuki-Theater, was jedes Mal Mühe und Erschöpfung für seine gestressten Gefolgsleute bedeutet. Im zweiten Teil erscheint ihm dann ein konfuzianischer Weiser im Traum und weist dem Fürsten den rechten Weg (im Sinne des offiziellen Matsudaira Sadanobu).

Pikanterweise gehörte dieser Band in die wenig respektable literarische Kategorie der *gesaku,* die von Sadanobu als Premierminister offiziell bekämpft worden war. Er konnte unbotmäßige Schriftsteller deshalb so zielgerichtet verfolgen, weil er selbst einer war und sich auskannte. Als Chef der Regierung tat er das, was er für seine politische Pflicht hielt. Nach dem Ausscheiden aus dem Amt ist von ihm überliefert, dass er sich privat um Wiedergutmachung bei den gemaßregelten Autoren bemühte.

Das Bröckeln der Macht – Von den Tokugawa-Shōgunen Ieyoshi bis Iemochi

Vom 12. bis zum 14. (und vorletzten) Tokugawa-Shōgun setzte sich die Häufung von politischer und körperlicher Schwäche gepaart mit Dekadenzerscheinungen fort. Die Herrscher waren zunehmend abhängig von einer Reihe starker Männer, die für sie regierten und versuchten, Staat und Stadt in den unübersichtlicher werdenden ersten beiden Dritteln des 19. Jhs. im Sinne der Dynastie zu steuern.

Tokugawa Ieyoshi (geb. 1793, Regierungszeit 1837–1853), Iesada (geb. 1824, Regierungszeit 1853–1858) und Iemochi (geb. 1844, Regierungszeit 1858–1866) mussten zunehmend mit ansehen, wie die Politik der Isolierung Japans von der Welt unhaltbar wurde. Durch Chinesen wie Holländer, durch deren übersetzte Bücher sowie durch das Königreich Ryūkyū (die heutige Präfektur Okinawa) gelangten beängstigende Nachrichten über den technischen Fortschritt westlicher Länder und ihr koloniales Ausgreifen in Asien an den Hof in Edo. Neue europäische Mächte setzten sich in Asien fest; besonders russische, amerikanische und britische Schiffe kamen Japan immer näher. Jahrzehntelang rangen verschiedene Denkrichtungen in Japan um die beste Politik:

sollte Japan am Alten festhalten und sich verteidigen – notfalls bis zu einer totalen Niederlage – oder sollte es sich vorsichtig zum Westen hin öffnen und technisch modernisieren, aber mit dem Risiko unkalkulierbarer politischer und gesellschaftlicher Umwälzungen? Das Letztgenannte war natürlich Anathema zum traditionellen Denken des Shōgunats.

In der Hauptstadt Edo befand sich das Epizentrum des Konflikts auf zwei Ebenen. In der Burg rangen konkurrierende Fürstenfraktionen um Einfluss und keiner der Shōgune hatte mehr die Kraft alle zu einigen. In der Stadt und auf ihren Straßen gärte es zunehmend. Samurai vor allem aus Westjapan, aber auch aus Mito, einer Hauptlinie der Tokugawa, forderten den Kampf gegen den westlichen Einfluss und ließen immer öfter ihre Klingen sprechen – auf den Straßen von Edo waren täglich Zehntausende, wenn nicht Hunderttausende Schwerter tragende Samurai unterwegs. Die Obrigkeit versuchte in mehreren Anläufen unter anderem die Hauptstadt wieder stärker unter ihre Kontrolle zu bringen, indem sie abweichende Meinungen und die Bildung von politischen Gruppen verfolgte und gleichzeitig die Zuwanderung zu unterbinden suchte. Doch es nutzte nichts, das Klima beruhigte sich nicht und im Juli 1853 erschien der US-Kommodore Matthew C. Perry mit einer Flottille moderner dampfgetriebener Kriegsschiffe vor Uraga am Eingang der Bucht von Edo. Diese »Schwarzen Schiffe« *(kurofune)* lösten genauso einen Schock aus wie die Landung von 300 Soldaten. Die Schwäche des Shōgunats, das nominell über eine zehntausende zählende, aber hoffnungslos veraltete Armee gebot, wurde offensichtlich. Man sah sich 1854 gezwungen mit den Amerikanern, und bald darauf auch mit Russen, Engländern und Niederländern Verträge abzuschließen. Die ab 1858 folgende Serie der »Ungleichen Verträge« begünstigte die fremden Mächte einseitig, indem ihnen Häfen geöffnet, die Ansiedlung von Konsuln und anderen Staatsbürgern, allesamt mit exterritorialem Status (also ausgenommen vom japanischen Gesetz), sowie wirtschaftliche und finanzielle Privilegien eingeräumt wurden, die Japaner nicht erhielten.

Damit war die Geschäftsgrundlage des Shōgunats entfallen, denn das Amt bedeutete eigentlich »Militärbefehlshaber zum Niederwerfen der Barbaren«, was zum Ärger vieler konservativ denkender Samurai und auch Bürgerlicher aber nicht einmal ernsthaft versucht wurde. So gingen diese in der *Sonnō jōi*-Bewegung zusammengeschlossenen »Patrioten« in Opposition zum Shōgunat und richteten ihre Hoffnungen auf den Kaiser. Der Name der Bewegung war zugleich ihr Programm – in Übersetzung: *»Verehrt den Kaiser und vertreibt die Barbaren!«*

Das Shōgunat geriet so in die missliche Lage, ohnmächtig zwischen den Ansprüchen der mächtigen »Barbaren« und dem Ärger eines bedeutenden Teils der Bevölkerung zu stehen. In Edo selbst wirkte sich die durch den rasant wachsenden Außenhandel steigende Nachfrage nach vielen Gütern preistreibend aus. Einfache Stadtbewohner wie Samurai litten, aber nur den Fürsten wurde geholfen, indem man 1862 ein seit dem 17. Jh. ehern geltendes Prinzip aufgab, dass die ständige (und kostenintensive) Anwesenheit von Frauen und Kindern der Fürsten in Edo verlangte, deren Präsenz so die Loyalität ihrer Männer/Väter in den Provinzen garantierte. Der Massenexodus der Fürstenfamilien mit Zehntausenden von Gefolgsleuten aus Edo gab nicht nur den Gegnern des Shōgunats im Westen und Süden Japans freie Hand, sondern schwächte die Wirtschaft der Stadt nachhaltig. Hungrige Menschenaufläufe plünderten die Häuser reicher Händler aus. Weite Stadtviertel einschließlich Akasaka, Kanda, Azabu, Yotsuya, Shiba und Honjo gerieten phasenweise außer Kontrolle, die Regierung war blamiert.

Der letzte der starken Männer des Shōgun – Ii Naosuke (1815–1860)

Als die *Sonnō jōi*-Bewegung begann, Gewalt auszuüben, griff die Shōgunatsregierung ab 1858 hart durch. Verantwortlich für diese Repression war der letzte der starken Männer des Shōgunats, Fürst Ii Naosuke (1815–1860). Obwohl er nur der vierzehnte Sohn des Fürsten von Hikone war und schon länger in einem buddhistischen Kloster lebte, wurde er 1850 doch noch Nachfolger seines Vaters, nachdem alle älteren Brüder entweder gestorben oder zur Adoption in andere Familien gegeben worden waren. Das kulturell verfeinerte Leben der Klosterzeit prägte Naosuke nachhaltig; er war Meister der Teezeremonie und als Schriftsteller tätig. Ii Naosuke wurde aktiv in der nationalen Politik, die von starken Richtungskämpfen zwischen einzelnen Fürstenfraktionen und Cliquen selbst innerhalb der Familie Tokugawa geprägt wurde. 1858 wurde Ii Naosuke zum Tairō ernannt, eine nur selten besetzte Position, wodurch er der starke Mann in der Regierung war. Die Entscheidung, dass die

Ungleichen Verträge mit den USA und anderen zu akzeptieren waren, nahm er auf sich, obwohl er sich zugleich auch von den pro-westlichen Reformern abgrenzte. Viele Gegner wurden aus ihren Ämtern gedrängt.

Ii Naosukes Akzeptanz des Unpopulären, aber Unvermeidlichen machte ihn zur Zielscheibe der Gegner der Landesöffnung und des Shōgunats. Die Vergangenheit und die privaten Leidenschaften Ii Naosukes schienen allerdings so gar nicht zusammenzupassen mit dem Bild des harschen, verhassten Diktators. Wie bei Matsudaira Sadanobu beobachtet man große Abweichungen zwischen den kultivierten persönlichen Interessen Naosukes und dem geharnischten Auftreten als loyale Amtsperson der Tokugawa, was allerdings für Zeitgenossen wohl weniger verwunderlich war als für uns Heutige. Als Samurai und Vasall der Tokugawa sah er sich in der Pflicht, die Politik umzusetzen, die dem Haus des Shōguns langfristig am meisten zu nutzen schien. Wenn dazu die Billigung verhasster ungleicher Verträge und die Exekution unruhiger Elemente gehörte, so musste dies sein; anschließend konnte er sich wieder der Teezeremonie und anderen kulturellen Aktivitäten widmen.

Wie sein illustrer Vorfahr Ii Naomasa, der im Jahre 1602 durch die Folgen einer im Kampf für seinen Herrn Tokugawa Ieyasu erlittenen Wunde sein Leben gelassen hatte, starb auch Ii Naosuke in Pflichterfüllung. Nach nur 20 Monaten seiner »Diktatur«, am 24. März 1860, näherte sich Ii Naosuke frühmorgens in seiner Sänfte mit kleinem Gefolge der Burg Edo, als eine Gruppe von 18 stellungslosen Samurai *(rōnin)* auf ihn zusprang. Arimura Jisaemon aus Satsuma schlug des Fürsten Kopf ab und entleibte sich selbst an Ort und Stelle. Dies geschah direkt vor dem Sakurada-mon, einem der großen äußeren Tore der Burg. In populären Medien, ob Farbholzschnitte oder Filme, sieht man immer wieder das Bild des roten Bluts, das auf den weißen Schnee vor dem Burgtor tropft und in ihn einsickert.

Zeitenwende und der letzte Shōgun Tokugawa Yoshinobu (1837–1913)

Das Shōgunat hielt Ii Naosukes Tod mehrere Monate geheim, um nicht den Eindruck der Instabilität zu erwecken. Nur wenige Jahre später war die Herrschaft jedoch unhaltbar geworden und der letzte Tokugawa-Shōgun, Yoshinobu (1837–1913, Regierungszeit 1866–1867), musste nach nur einem Jahr im Amt zurücktreten.

Von Tokugawa Yoshinobu besitzen wir Photographien. Eine, die 1867 in Ōsaka aufgenommen wurde, zeigt den letzten Shōgun sitzend in fließender Hoftracht mit zusammengefaltetem Fächer und der *eboshi* genannten formellen Hofmütze. Obwohl der Herrscher gerade einmal 30 Jahre alt ist, wirkt sein feines Gesicht angespannt und müde. Die Augen blicken den Betrachter nicht an und die schmalen Lippen sind zusammengekniffen.

Obwohl er persönlich nicht unfähig war, war es zu spät für Yoshinobu. Auch französische Militärhilfe konnte das Tokugawa-Shōgunat nicht wieder erstarken lassen, und im November 1867 gab er sein Amt auf und die Regierungsmacht an den Kaiser in Kyōto zurück. 264 Jahre der Herrschaft der Familie Tokugawa waren an ihr Ende gekommen. Trotzdem griffen die rebellischen Lehen Satsuma und Chōshū in Kyōto an. Trotz zahlenmäßiger Überlegenheit ließ Yoshinobu seine Truppen im Stich als er sah, dass die Rebellen das kaiserliche Banner trugen. Durch die sichtbaren Zeichen der kaiserlichen Legitimation wurden die Tokugawa selbst zu Rebellen. Der ehemalige Shōgun Yoshinobu floh nach Edo, wohin die gegnerische Armee ihm folgte. Die Übergabe der Burg Edo im April 1868 an die ehemaligen Rebellen und jetzigen Kaiserlichen bedeutete, dass die Stadt vor größeren Kämpfen bewahrt blieb, obwohl nicht alle Tokugawa-Loyalisten aufgaben wie ihr Shōgun. Das Tor zum Tempel Kyō in Nippori, in der Nähe von Ueno, legt mit seinen vielen Einschusslöchern aus dem Gefecht um Ueno bis heute davon Zeugnis ab.

Tokugawa Yoshinobu erfuhr Milde, aber er musste seine ehemalige Hauptstadt verlassen. Er lebte nun als Gentleman im Frühruhestand mit vielen Hobbys in Shizuoka, dem Alterssitz seines Urahns Tokugawa Ieyasu. Die Tokugawa versuchten nie mehr, die Macht zurückzugewinnen; sie wären angesichts der gewaltigen Veränderungen, die nun einsetzten, auch anachronistisch gewesen. Schon bald verschwand sogar der Stadtname Edo von der Landkarte. Die Stadt beherbergte nun keinen Shōgun mehr, sondern den Kaiser und hieß seit dem 3. September 1868 Tōkyō. 1897 erlaubte man Tokugawa Yoshinobu die Rückkehr nach Tōkyō, wo er 1913 hoch betagt starb. Sein Grab befindet sich auf dem Friedhof von Yanaka.

Die Stadt der Fürsten und Samurai

Die ersten Fürsten in Edo

Mit Tokugawa Ieyasu kamen ab 1590 zahlreiche seiner loyalen Fürsten *(daimyō)* und Samurai nach Edo, die wie er ihre angestammten Lehen verließen. Andere, wie Tōdō Takatora, kamen vorübergehend im Rahmen der von ihnen verlangten Aufbauhilfe (s. Denn sie bauten eine Burg – Tōdō Takatora und Katō Kiyomasa, S. 30). Zu denen, die eine eigene Residenz errichteten, gehörte Oda Yurakusai (eigentlich Oda Nagamasu, 1548–1622). Yurakusai war ein jüngerer Bruder des ersten Landeseinigers Oda Nobunaga (ermordet 1582). Anders als dieser war Yurakusai viel mehr an kulturellen als an militärischen Großtaten interessiert. Als ein Schüler des berühmten Teemeisters Sen-no-Rikyu, dessen Lehren heute noch in Japan einflussreich sind, wurde er selbst zum Meister dieser Königsdisziplin der damaligen Hochkultur. Allerdings musste er sich Sorgen machen um sein Ansehen als Samurai, bis es ihm in der Schlacht von Sekigahara 1600, an der er mit bescheidenen 450 Kriegern auf Seiten der Tokugawa teilnahm, gelang, den Kopf eines gegnerischen Generals zu nehmen. Diese war die einzige Kopftrophäe, die er je in einer Schlacht erbeutete, aber sie war genug, um Yurakusais Ansehen über Kritik zu erheben.

In Edo erbaute Oda Yurakusai sich eine Residenz südöstlich der Burg. Obwohl sie schon lange aus dem Stadtbild verschwunden ist, verleiht sie dem Viertel bis heute seinen Namen: Yuraku-chō, »Städtchen des Yurakusai«. Nicht in Edo, sondern in Kyōto schuf Yurakusai seine bedeutendste Hinterlassenschaft, das als japanischer Nationalschatz verehrte Teehaus Jo-an, das zwischenzeitlich nach Tōkyō reloziert wurde und heute zusammen mit Yurakusais Studierzimmer auf dem Gelände des Meitetsu-Hotels in Inuyama bei Nagoya zu sehen ist. Der Weg des Tee nach Sen-no-Rikyu und Oda Yurakusai verlangte erlesene Schlichtheit und die Konzentration auf das Wesentliche. Auch Fürsten, sogar Shōgun und Kaiser, mussten sich bücken, um durch die niedrige Tür in das Innere des einfach wie eine Bauernkate errichteten Teehauses zu gelangen. In Oda Yurakusais Teehaus gibt es nur zwei Räume, einer drei Tatami-Matten, der andere zweieinhalb Matten groß (eine Matte misst knapp zwei Quadratmeter). Die wenigen Gäste entspannten sich in nobler Einfachheit, während der Gastgeber ihnen formvollendet grünen Tee zubereitete und servierte. Standesunterschiede konnten für kurze Zeit ausgeblendet werden und man kam sich beim tiefen Genuss der Tee-Ästhetik menschlich näher. Unter den Fürsten der Edo-Zeit waren Kenntnisse in der Tee-Zeremonie Teil der Grundbildung und keine der zahlreichen Fürstenresidenzen kam ohne ein Teehaus im Garten aus.

Obwohl nicht von fürstlichem Rang, stand der Samurai Hattori Hanzō (1541–1596) Tokugawa Ieyasu näher als die meisten seiner hochadligen Gefolgsleute. Er war nämlich Ieyasus Mann fürs Grobe, den die Zeitgenossen Oni no Hanzō, »Hanzō, den Teufel«, nannten. Hanzō gehörte zu jener Gruppe sagenumwobener irregulärer Kämpfer, die wir oft Ninja nennen. Er und seine Leute waren in der quasi-autonomen Region Iga aufgewachsen und von Jugend an in den regulären Kampfkünsten, aber auch in den sogenannten verborgenen Künsten trainiert worden. Dazu gehörte die Fähigkeit, unbemerkt in streng bewachte Objekte eindringen zu können, Nachrichten zu sammeln, Attentate auszuführen und sich schnell wieder zu entfernen.

Ninja erledigten gegen Geld oder andere Leistungen Schmutzarbeit für Fürsten. Dass Hattori Hanzō auch der Erfinder eines Bootes zur Abwehr von Ninja-Unterwasserbooten war, darf man allerdings ins Reich der Spekulationen verweisen. Natürlich gehörte Heimlichkeit zu den Haupttechniken solcher Männer (und Frauen), sodass wir über das Leben von Hanzō, dem Teufel, eigentlich wenig gesichertes Wissen besitzen. Zu diesem Wenigen gehört, dass er seit 1557 auf Seiten der Tokugawa kämpfte. 1581 stand Hanzō vor den rauchenden Trümmern seiner Existenz – Fürst Oda Nobunaga hatte seine Heimat in Iga verwüsten lassen – und ihm waren nur noch wenige Mitkämpfer geblieben. Das Glück wendete sich 1582 für ihn, als Tokugawa Ieyasu selbst im Chaos nach Oda Nobunagas Ermordung vor der schwierigen Aufgabe stand, von Ōsaka aus mit nur wenigen Begleitern nach Osten ins sichere Mikawa zu gelangen. Hanzō schlug die Route durch Iga zum Meer vor und sorgte mit List und Geschick dafür, dass die Gegner Ieyasu nicht zu fassen bekamen. Tokugawa Ieyasu vergaß nie, wer ihm genutzt hatte und wer nicht, außerdem hatte er Hanzōs Fähigkeiten aus nächster Nähe studieren können. Er stattete ihn reichlich aus und machte ihn zu seinem obersten Leibwächter;

weitere Geheimaufträge, die ihm ziemlich sicher noch übertragen wurden, waren leider genau das – geheim, und sind es bis heute geblieben. Hanzō und seine Männer kamen jedenfalls 1590 mit Ieyasu nach Edo. Ganz offensichtlich war der Ninjameister erfolgreich in seiner Hauptaufgabe, denn an Ieyasu kam kein Gegner heran. Weniger Erfolg hatte Hanzō beim Schutz seiner eigenen Person: Sein Tod 1596 mit 55 Jahren soll durch einen Hinterhalt eines verfeindeten Ninja-Clan erfolgt sein. Hanzō liegt auf dem Gelände des Sainen-Tempels in Shinjuku begraben, wo auch einige seiner Lanzen und sein Helm aufgehoben werden.

Die ultimative Wertschätzung des späteren Shōgun für Hattori Hanzō drückt sich darin aus, dass er dessen 18-jährigen Sohn Masanari zu Hanzōs Nachfolger ernannte. Masanari und seine Männer schützten die Burg in Edo, was sich sowohl in dem historischen Namen eines ihrer Tore (Hanzōmon), an dem einst Hanzōs Haus stand, als auch in der gleichnamigen Tōkyōter U-Bahn-Linie *Hanzōmon-sen* erhalten hat. Allerdings hatte Hanzō, der Teufel, wohl erkannt, dass die kommende, geordnete Edo-Periode den Ninja weit weniger Betätigungsmöglichkeiten bieten würde. Man musste sich anpassen und den sozialen Aufstieg festigen. Deshalb hatte er Masanari nicht die Ninja-Künste erlernen lassen, sondern ihn zu einem regulären Samurai erzogen, was 1605 zur Spaltung der Iga-Ninja in vier Fraktionen führte und sie dauerhaft schwächte, ganz im Sinne der Sicherheit des Tokugawa-Regimes und auch der frisch aufgestiegenen Familie Hattori.

Obwohl Yuraku-chō und die Gegend um Hanzōmon heute lebendige Innenstadtviertel sind, übertrifft ein Ort, der ebenfalls an Fürsten aus der Gründergeneration von Tokugawa Ieyasus Edo erinnert, beide bei weitem: Shinjuku, eine gewaltige Konglomeration im Westen mit eigenem Wolkenkratzerviertel und einem Bahnhof, der täglich mehr als drei Millionen Ein- und Ausstiege verzeichnet. Shinjuku bzw. Naitō-Shinjuku, wie es lange nach der hier angesiedelten Fürstenfamilie hieß, profitierte von geografisch-ökonomischen Gegebenheiten. Die wichtigste Landstraße von Edo in die bergige Provinz Shinano (heutige Präfektur Nagano) war die Kōshū Kaidō. Auf rund 200 km dieser Straße gab es zwar 44 Rast- und Postsiedlungen (*shuku* bzw. *-juku*), die letzte war aber von Nihonbashi, dem Mittelpunkt von Edo, 16 km entfernt; zu weit, um herannahenden Fürsten mit großem Gefolge einen würdevollen Einzug zu erlauben, wie es fünf Geschäftsleute aus Asakusa erkannten. So

Von den mehreren hundert Residenzen der Fürsten Japans, die bis 1868 rund ein Drittel der Stadt Edo einnahmen, sind außer einigen wenigen, weiter verwendeten Torbauten nur noch Gartenanlagen wie der Hama Rikyu-teien an der Bucht von Edo/Tōkyō erhalten. Die Anlage wurde von Mitgliedern der Familie Tokugawa eingerichtet und unter dem 11. Shōgun Ienari fertig gestellt. In der Meiji-Zeit gingen Garten und Residenz in den Besitz der kaiserlichen Familie über, kamen aber 1945 an die Stadt Tōkyō.

wurde 1698 ein Ort gesucht und gefunden, an dem sie eine »Neue Station« (*shin-juku*) einrichten durften. Dass die fünf vorher im Bordellgewerbe in Yoshiwara engagiert gewesen waren, ist sicher kein Zufall gewesen: Der bis dahin beschauliche Ort im Westen am Stadtrand von Edo entwickelte sich rasch zu einem der größten lizensierten Freudenviertel von Edo und beherbergt heute das riesige Vergnügungsviertel Kabuki-chō. Die Verbindung von Poststation und Prostitution spiegelte sich auch in dem wenig freundlichen Bonmot von den »Blumen im Pferdemist« wider, womit die Freudenmädchen von Shinjuku gemeint waren.

Der Ort Naitō-Shinjuku trug den Namen der Fürstenfamilie von Takato, den Naitō, die an diesem Ort Land für ihre Edo-Residenz erhalten hatten. Die entscheidende Figur aus dieser Familie unter den frühen Tokugawa-Loyalisten war Fürst Naitō Nobunari (1545–1612) gewesen. Aus der Anwesenheit der Naitō-Residenz und der Ansiedlung einiger Tempel und Schreine im benachbarten Yotsuya in den 1630ern hatte sich eine bescheidene Urbanisierung der Gegend ergeben, aber erst der neue Status als Poststadt war der Auftakt zu einem Aufblühen, das zusätzlich noch im späten 19. Jh. durch die Gründung von Eisenbahnlinien befördert wurde. Der alte Fürstenname Naitō war bis ins 20. Jh. hinein mit dem Ortsnamen Naitō-Shinjuku verbunden, denn schließlich hatten die Naitō einiges von ihrem Land für die »neue Station« abgeben müssen. Zwar gibt es ihr Anwesen nicht mehr, aber das Land, auf dem es über Jahrhunderte stand, ist heute der öffentliche Park Shinjuku Gyoen und auch die alte Überlandstraße Kōshū Kaidō verläuft als vielspurige Autostraße angrenzend.

Alltag, Zeremonien, Belastungen: Endō Genkan (? bis ca. 1700/1705) und das Menü für den Shōgun

Der heutige Besucher Tōkyōs, zumal aus einem Land wie Deutschland kommend – wo erst in den letzten Jahrzehnten ein weit verbreitetes Interesse an gehobenem Essen entstanden zu sein scheint – staunt oft über die Vielzahl von populären Büchern, Zeitschriften und Fernsehprogrammen, die sich auch zur besten Sendezeit ausführlich mit Kulinarischem befassen. Hinzu kommt noch eine große Zahl an wissenschaftlichen Forschungsprojekten zu diversen Aspekten der kulinarischen Kultur (*shokubunka*). *Washoku* (japanische Cuisine) ist seit dem 04.12.2013 als Immaterielles Weltkulturerbe von der UNESCO anerkannt.

Das Interesse der Japaner am Essen reicht sehr weit zurück und zeigt sich auch an der Person des Endō Genkan (? bis ca. 1700/1705). Endō wurde bereits als Kind von seinem Vater in die Enshu-Schule der Teezeremonie geschickt, die im Gegensatz zu der eher frugalen Richtung, die von Sen no Rikyû begründet wurde, Aufwand pflegte und so dem extravaganten Geschmack der Oberschicht in der Genroku-Ära (1688–1704) besonders entgegenkam. Beschäftigung mit der Teezeremonie bedeutete viel mehr als nur Teezubereitung, sondern umfasste auch das Studium der so wichtigen Etikette, der architektonischen und ästhetischen Gestaltung, der Verwendung von Kunstgegenständen und Blumenarrangements sowie der Auswahl der richtigen Speisen für begleitende Mahlzeiten, aus denen sich schließlich die prestigevolle *kaiseki*-Küche Japans mit einer Vielzahl feiner, aufeinander abgestimmter Speisen entwickelte.

1656 trat Endō in die Schule des Teemeisters Okabe Dōka (1591–1684) in Edo ein; er blieb bis zum Tode des Meisters sein Schüler, während er seinen Lebensunterhalt als Kinderarzt verdiente. Der Samurai Okabe war Vasall der Fürsten *(daimyō)* Maeda von Kaga, eines der reichsten Fürstenhäuser des Landes, bei dem er als Spezialist beschäftigt wurde. Er hatte also Zugang zur, wenn nicht gar direkten Anteil an der ästhetischen und kulinarischen Kultur der Oberschicht. Diesen Zugang hatte der Arzt Endō nicht; Ärzte waren zwar respektierte Mitglieder der bürgerlichen Gesellschaft von Edo, blieben aber von der Oberschicht (Shōgun, Fürsten, bedeutende religiöse Persönlichkeiten) getrennt. Endō erwies sich allerdings als aufmerksamer Schüler und begann nach Okabes Tod als Arzt, Teelehrer und Buchautor in Kyōto tätig zu werden.

Endō ist der wichtigste Autor zur Teezeremonie in der Epoche um 1700. 13 der 25 damals erschienenen Fachbücher zu den Themen Teezeremonie, Kulinaria, Etikette und auch Genealogie, einem weiteren für die Fürstenhäuser wichtigen Thema, stammen von ihm. 1696 publizierte er einen achtbändigen *Führer zu Mahlzeiten für die Teezeremonie (Cha no yu kondate shinan)*, der sich an ein breiteres Publikum wandte. Im Vorwort sprach er von seinem *»alten und verfallenden Körper«* und bezeichnete sich selbst als *»im Ruhestand«*. Da seine Schriften die einzige biografische Quelle für Endō sind und sie kurz nach 1700 abreißen, nimmt man seinen Tod um 1700/1705 an.

Endō beginnt sein Werk mit einer entwaffnenden Bescheidenheit, bei der man sich nicht sicher sein kann, wie viel davon den Konventionen der Zeit und wie viel seinem tatsächlichen Charakter geschuldet ist. Er bezeichnet seinen Text als *»Quelle für Witze«* und sich selbst als jemanden, der nicht viel von Speisen versteht. Beides widerlegt er anschließend mit großer Akribie und faszinierenden Detailkenntnissen.

Für die Geschichte von Edo, und dabei besonders für das Leben des Shōgun und seiner fürstlichen Vasallen, sind die ersten drei Bände des *Führers zu Mahlzeiten für die Teezeremonie* am interessantesten. Seit der Muromachi-Periode (1392–1573) hatte sich der Brauch entwickelt, dass der regierende

Shōgun jedes Jahr eine Anzahl seiner führenden Vasallen in deren Residenz offiziell besuchte und dort bewirtet und unterhalten wurde. In einer Welt der Rituale und Symbole war ein solcher, *onari* genannter Besuch nicht nur eine Demonstration der Würde und Macht des Shōgun, sondern er war auch eine huldvolle Auszeichnung für den Gastgeber, dessen herausgehobener Status dadurch bestätigt wurde. Der zweite und der dritte Tokugawa-Shōgun besuchten in Edo im Jahresdurchschnitt gerade einmal vier führende Fürsten. Entsprechend bedeutsam waren diese Gelegenheiten für die besuchten Fürsten.

Zum Besuchsprogramm gehörte ein offizielles Bankett, die Übergabe von genau angemessenen Geschenken, kleinere Mahlzeiten zwischendurch und Sakegenuss, eine Teezeremonie sowie Abendunterhaltung etwa durch die Aufführung eines Nō-Theaterstücks. Der Aufwand war exorbitant. Manche Fürstenresidenzen in Edo besaßen ein besonders aufwändig im chinesischen Stil errichtetes Tor, durch das nur der Shōgun eintrat, falls er überhaupt einmal erschien. Vom Fürsten von Owari ist überliefert, dass er für den Besuch des fünften Shōgun Tokugawa Tsunayoshi 1698 seine gesamte Residenz für über 200.000 Goldstücke neu erbauen ließ, was mehr als den kompletten Jahresetat seines Lehens verschlang. Eine solche Einladung hatte der Fürst Monate zuvor vor Höflingen im Palast zu äußern, die sie dem Shōgun mitteilten. Dieser erließ als Zeichen seiner Gunst die Weisung, ihn an einem festgesetzten Tag zu empfangen und zwar »so simpel wie möglich«. Dies war den offiziell herrschenden Frugalitäts-Richtlinien geschuldet, aber keinesfalls wörtlich zu nehmen. Der Gastgeber trug so neben der finanziellen auch die moralische Verantwortung für den Besuch. Allein für das Erwirken dieser Weisung wurden wertvolle Dankesgeschenke an zahlreiche Mitglieder des Hofes fällig.

Man kann sich vorstellen, wie angefüllt von Aktivität und nervöser Spannung die folgenden Monate im Haushalt eines Fürsten waren. Endō Genkan informiert uns über die zu erledigenden Aufgaben, die Programmplanung, Inneneinrichtung, Personal und vor allem die Mahlzeiten für den hohen Gast betrafen. Das Menü wurde mit Verantwortlichen des Hofes sowie mit Gelehrten abgestimmt, sodass Abneigungen des Shōgun wie auch die Möglichkeit von Unverträglichkeiten durch nicht zueinander passende Speisen berücksichtigt wurden. Es hätte eine Katastrophe für das ganze Fürstenhaus bedeutet, hätte sich der Shōgun durch das angebotene Essen eine auch nur leichte Übelkeit, geschweige denn gar eine Lebensmittelvergiftung zugezogen. Die Konsultation von medizinisch ausgebildeten Ernährungsexperten, wie Endo Genkan selbst einer war, spielt bis heute eine wichtige Rolle in der japanischen kulinarischen Kultur sowie auch in der traditionellen japanischen Medizin *kampō*.

Beim eigentlichen Hauptmahl saß der Shōgun in einem neu gestalteten Prunkzimmer der Residenz *(daishoin)* und aß von drei Lacktabletts, die der Gastgeber und seine Söhne als besondere Ehre vor ihm niederstellen durften. Familienesstische sind in Japan erst viel später, wohl aus China kommend, eingeführt worden *(shippoku-dai)*. Höchstwahrscheinlich aß auch nur der Shōgun, denn die Speisen wurden nur für ihn zubereitet. Die Erlesenheit von Speisen entsprach den Rangunterschieden der Bewirteten und niemand in Edo kam dem Shōgun im Rang gleich, sodass auch niemand dasselbe essen durfte wie er – es sei denn, der Gast ließe den Gastgeber huldvoll von einigen seiner Speisen probieren. Endō spricht überhaupt nicht davon, ob andere hohe Gäste auch etwas aßen; vermutlich schon, aber das einzig Wichtige an diesem Schauessen war die Inszenierung des kulinarischen Genusses des Shōgun, der durch Anzeigen seines Wohlgefallens den Gastgeber ehrte.

Endō stellte für sein Buch ein Idealmenü zusammen, hier als Ausschnitt die Speisen auf dem Haupttablett vor dem Shōgun:
Fischsalat *(namasu)*: Seebrassen, Weißfisch, Steinbutt, Kastanien, Ingwer, Kumquat, *udo*-Wurzeln, geschälte Tangerinen;
Suppe: aus dunkler Misopaste mit Rettich, *taro*-Wurzeln, getrocknete Seegurke am Spieß, Würfel von Fisch- oder Geflügelfleisch, kleine *shiitake*-Pilze;
Eingelegtes: Rettich in Moriguchi-Art, Eingelegtes in Nara-Art, kleine Auberginen;
Salat *(aemono)* aus Seefrüchten und Gemüsen: fein geschnittenes Seeohr am Spieß, gegrillter Flaschenkürbis, Kastanien in Hülle, Miso mit Sesam und schwarzem Pfeffer.

Die anderen beiden Tabletts waren mit weiteren Delikatessen belegt, darunter Kranich, der gesetzlich der Oberschicht vorbehalten war, sowie *matsutake*-Pilze, die »Trüffel Japans«, und Karpfen. Insgesamt gab es zwei Dutzend Arten von Meeresgetier in dem Menü. Der Luxus der Speisen ergab sich für Endōs Leser aus subtiler Symbolik wie der Doppelung der Fischsalat-Gerichte auf dem Haupttablett, was für Reichtum stand, sowie der Tatsache, dass ihnen als Bürgerliche viele Speisen offiziell untersagt waren. Sie durften bei einem formellen Mahl auch nur zwei Suppen mit fünf anderen Gerichten verzehren (Regierungsdekret von 1668).

Sake wurde traditionell erst nach dem Reis am Ende des Mahls ausgeschenkt. Es folgten Trinksprüche, Tee und mehrere Dutzend weiterer Gerichte als Begleiter zu den Getränken. Insgesamt nennt Endō die Funktionen von 38 Personen bei der Zubereitung des Mahls, darunter drei nur zum Reiskochen. Weitere Diener waren nötig, so etwa eine weitere Gruppe als Feuerwache zur Gewährleistung der Sicherheit der Person des Shōgun auch vor dieser denkbaren Gefahr. Insgesamt führt Endō einen Personalbedarf von 230 Personen an, wahrscheinlich sämtliche Bediente der Residenz sowie zusätzlich angeheuerte Spezialisten.

Natürlich waren derartige Luxusmenüs nicht zum Nachkochen für die gut betuchten Bürgerlichen und mittelrangigen Samurai gedacht, die Endōs Buch lasen. Falls sie bereit gewesen wären, die Gesetze zu missachteten und überhaupt die kostbaren Zutaten hätten ansammeln und bezahlen können, fehlte ihnen dann immer noch die Expertise der zahlreichen Chefköche, die Endō nennt. Das Buch gibt, wie viele *ryōribon* (Kochbücher) der Edo-Periode, kaum praktische Zubereitungshinweise. Was den Käufer eines heutigen Kochbuchs wohl erzürnen würde, war damals ganz und gar unnötig: Es ging Autor und Leserschaft gar nicht um das tatsächliche Nachkochen von Spitzenmenüs. Das Interesse war vielmehr eher voyeuristischer Art: Die mittleren Gesellschaftsschichten der Edo-Zeit waren geradezu besessen von dem Wunsch, einen möglichst genauen Einblick in die ihnen verborgene Welt und das Leben der oberen Zehntausend zu bekommen und derartige kulinarische Inszenierungen gehörten unbedingt dazu. Im Grunde ist Endōs *Führer zu Mahlzeiten für die Teezeremonie* nur zum Teil ein Sachbuch. Es war ebenso sehr ein Werk populärer Unterhaltung, das auf eine empfängliche Leserschaft traf. Auch andere Genres der populären Unterhaltung, wie die verschiedenen Theaterformen und die Welt der Farbholzschnitte, bedienten dieses Bedürfnis: Sie gaben Einblick in die Welt der Reichen und Mächtigen. Naturgemäß waren diese darüber nicht nur begeistert und die Regierung schränkte diese Tendenz der Informationsweitergabe durch zahlreiche Verbote ein, so wie es etwa untersagt war, die echten Namen von Persönlichkeiten der Gegenwart und teilweise auch der Geschichte in dieser populären Weise zu verwenden. Endō lässt in seinem Werk einfach die Namen bestimmter Shōgune oder Fürsten aus, die er im Zusammenhang mit den offiziellen Besuchen von seinen Gewährsleuten gehört haben musste. Er lässt diese Stellen leer und ermöglicht es seinem Leser dadurch umso mehr, sich selbst in die Phantasiewelt ganz oben hineinzudenken und einen Anteil zu haben am großen Menü eines Fürsten für seinen Shōgun.

Fürst Asano Naganori (1667–1701) und die Tücken des Hoflebens

Bei der Neuaufteilung des Landes nach ihren Vorstellungen hatten die Tokugawa die rund 260 regierenden Fürsten Japans in zwei Gruppen aufgeteilt: Die »Inneren Fürsten« *(fudai daimyō)*, die seit alters her Vasallen der Tokugawa gewesen waren, und die »äußeren Fürsten« *(tozama daimyō)*, die erst nach Sekigahara 1600 zu den Siegern gestoßen waren. Fürsten beider Gruppen wurden so im Land in ihren Lehen platziert, dass die inneren Daimyō die äußeren im Auge behalten konnten. Innerhalb ihrer Lehen nahmen die Fürsten in fast absolutistischer Manier die Herrschaft über ihre Untertanen wahr, über allen aber thronte der Shōgun in Edo, von dem die Fürsten ihre Lehen erhielten und dem zu dienen sie verpflichtet waren.

Um ihren Anspruch auf Gefolgschaft und Treue durchzusetzen, verlangten die Tokugawa ab den 1630ern/40ern von allen Fürsten jedes zweite Jahr am Hof in Edo zu verbringen; darüber hinaus hatte die Familie des Fürsten in Edo zu verbleiben, wenn er für ein Jahr zurückkehrte, um sein Lehen zu regieren. Um alle Familienmitglieder und Gefolgsleute unterzubringen, aber auch um Ersatz im Falle von Naturkatastrophen vorzuhalten, brauchten die Fürsten mindestens zwei komplett eingerichtete Residenzen in verschiedenen Vierteln von Edo. Für die Fürsten bedeutete diese mehrfache Haushaltsführung einen permanenten finanziellen Aderlass, der es ihnen weitgehend unmöglich machte, heimlich gegen ihren misstrauischen Oberherrn aufzurüsten. Natürlich musste alles standesgemäß vor sich gehen: Das gilt für die (s. Alltag, Zeremonien, Belastungen: Endō Genkan und das Menü für den Shōgun, S. 54) geschilderte extrem kostspielige Einladung eines Shōgun wie für die jährlichen Züge der Fürsten nach bzw. von Edo. In der Residenz wie auf der Überlandstraße waren sie von hunderten wohlgekleideter und -genährter eigener

Vasallen zu begleiten. Die Residenzen in Edo hatten palastartige Ausmaße zu haben, wobei sogar die Größe und Ornamentierung der zeremoniellen Haupttore vorgeschrieben war. Die Daimyōresidenzen hinter ihren langen weißen und dunklen Mauern beherbergten hunderte oder tausende von Männern, Frauen und Kindern und nahmen ca. 35 % der Stadtfläche von Edo ein. Zu den wenigen erhaltenen Architekturbeispielen gehört das Goshuden-Tor der Residenz der Fürsten Maeda (1827 erbaut), heute eines der Tore der Universität Tōkyō.

Einer dieser Fürsten, die zwar Herren über Leben und Tod in ihrer Provinz, aber auch Gefangene im goldenen Käfig in Edo waren, war Asano Naganori von dem kleinen Lehen Akō im Westen. 1675 war er achtjährig seinem Vater als regierender Fürst nachgefolgt. Asano Naganori wurde vor 1701 in einem geheimen Bericht der Tokugawa als intelligent, ausreichend streng, aber mehr dem Vergnügen als der Regierungsarbeit zugeneigt beschrieben. Er besäße keine besonderen kulturellen oder militärischen Fähigkeiten, aber ein auffallendes Interesse am anderen Geschlecht. Fürst Asano wurden kleinere Pflichten in Edo zugewiesen, aber er war kränklich und blieb ohne leibliche Kinder. Jugend und Schwäche machten ihn abhängig von den Ratschlägen der *koke*, Würdenträger, die für das komplizierte Zeremoniell bei Hofe zuständig waren. Das korrekte Benehmen im Palast des Shōgun war nicht nur wichtig, sondern essentiell. Ein kleiner Fehltritt aus Unwissenheit konnte gravierende Folgen für das ganze Fürstenhaus haben, denn der Shōgun konnte das Lehen jederzeit entziehen. 1694 und 1701 hatte Asano ein Amt inne, bei dem er sich um den korrekten Empfang vornehmer Gäste aus der Kaiserstadt Kyōto kümmern musste. Unglücklicherweise kam er mit Kira Yoshihisa, dem obersten der *koke*, überhaupt nicht aus und auch die von jedem Samurai geforderte stoische Gelassenheit konnte Fürst Asano irgendwann nicht mehr aufbringen. Wir kennen den unmittelbaren Anlass nicht genau, aber schließlich zog er im Palast des Shōgun sein Schwert und versuchte, Kira Yoshihisa zu töten, womit er allerdings scheiterte.

Dieser Angriff galt als ein Angriff auf die Person des Shōgun, weshalb noch am selben Tag Asano Naganori sein Abschiedsgedicht schrieb und sich formvollendet entleibte. Seppuku, die rituelle Selbsttötung mit dem eigenen Schwert, war ein Privileg, das anstelle einer Hinrichtung durch fremde Hand dem Schwertadel vorbehalten war.

Fürst Asano ist unter den tausenden von Fürsten, die in 250 Jahren in Edo lebten, einer der vielen weniger bemerkenswerten gewesen. Seine Freveltat jedoch löste eine Vendetta aus, die im Westen als die Geschichte der »47 Rōnin« manchen bekannt ist. In Japan aber kennt sie unter dem Namen »Chūshingura« wahrscheinlich jeder Mann, jede Frau und jedes Kind.

Die 47 Rōnin

Die Geschichte der »47 loyalen Gefolgsleute« bzw. »47 Rōnin« bzw. »Chūshingura«, wie die Japaner selbst sie nennen, ist mit so außergewöhnlich heroischem Handeln verbunden, dass ihre Helden schon unmittelbar nach ihrem Tod zu Berühmtheiten wurden. Die Geschichte gehört zu den größten Klassikern der japanischen Literatur und hatte schon 1748 auf der Kabuki-Theaterbühne in Edo ihre feste Gestalt gefunden. Seit 1703 ist sie unzählige Male in allen alten und neuen Genres und Medien erzählt worden.

Der erzwungene Seppuku (Selbstentleibung) des Fürsten Asano Naganori 1701 in der Burg Edo (s. Fürst Asano Naganori und die Tücken des Hoflebens S. 59) hatte harte Konsequenzen für die Fürstenfamilie von Ako sowie sämtliche Gefolgsleute und deren Familien. Shōgun Tokugawa Tsunayoshi (s. Engelbert Kaempfer aus Lemgo und der Hunde-Shōgun Tokugawa Tsunayoshi, S. 35) ließ sich die Gelegenheit nicht entgehen, das Lehen einzuziehen und nach seinen eigenen Interessen neu zu vergeben. Die Samurai aus Ako wurden zu *Rōnin* (wörtlich: »Wellen-Leute«, herren- und stellungslose Samurai). Normalerweise blieb im Falle einer solchen Katastrophe nur der Versuch, bei einem anderen Herrn Stellung zu finden oder aber in einer Stadt wie Edo ein unstandesgemäßes Leben zu führen, was nicht selten in die Kriminalität führte. Das war in Edo zu dieser Zeit durchaus ein bedeutendes Problem.

Fürst Asanos Gefolgsleute waren in einem Geheimbericht der Regierung vor dem Zwischenfall von 1701 hart kritisiert worden, indem ihnen unterstellt worden war, lediglich Schmeichler zu sein, die nicht genug für eine gute Erziehung des jungen, vaterlosen Fürsten getan hätten. Diese Kritik trifft vor allem den Hausältesten *(karō)*, den Samurai Ōishi Kuranosuke (1659–1703), der den übrigen Samurai vorstand und den Fürsten in besonderer Loyalität unterstützen musste. Umso erstaunlicher ist, was sich tatsächlich nach dem

Tod des Fürsten Asano ereignete. Die Gefolgsleute versammelten sich in der Burg Ako und diskutierten ihre Möglichkeiten, wobei Ōishi Kuranosuke eher die gemäßigte Gruppe anführte, gegen die sich die Radikalen um den 76-jährigen Horibe Yahei durchsetzten. Die Samurai akzeptierten nicht, dass nur ihr Herr bestraft worden war, nicht aber Kira Yoshihisa, das Opfer, welches Fürst Asano möglicherweise provoziert hatte. Es ging um die Ehre ihres toten Herrn und um ihre eigene als Samurai. Es ging um Rache.

Da Widerstand in der Burg genauso aussichtslos war wie ein spontaner Racheüberfall – Kira wurde von den mächtigen Verwandten seiner Frau, der Fürstenfamilie Uesugi, geschützt –, kam eine Gruppe unter den 270 Samurai der Asano auf einen ganz anderen Plan. Da es Ōishi Kuranosuke klar war, dass Kiras Spione ihn und seine Männer beobachteten, begann er das ausschweifende Leben eines verzweifelten Mannes. Er trank, spielte, wurde angeblich sogar betrunken am Straßenrand liegend gesehen. Seine Männer zerstreuten sich und verbrachten ihre Zeit so, wie es zu Rōnin ohne Hoffnung und Plan passte. Nur gelegentlich traf man sich im Geheimen in einigen gesicherten Häusern in Edo, sozusagen direkt unter Kiras Nase. Erstaunlicherweise verriet niemand die Tarnung, auch nicht diejenigen, die zwischendurch aus dem Plan ausschieden, bis am Ende 47 Rōnin übrig blieben, die zum Handeln entschlossen waren. Nach über einem Jahr hatte die Wachsamkeit von Kiras Männern nachgelassen.

Obwohl die 47 Rōnin den Zeitpunkt ihres Angriffs, die verschneite Nacht des 14. Dezember 1702, wählen konnten, war der Überfall auf Kiras Residenz nicht leicht zu bewerkstelligen. Sie lag im Viertel Honjo jenseits des Sumida-Flusses und umfasste 8.400 Quadratmeter, von denen heute nur noch der (sehr kleine) Matsuzaka-chō-Park sowie eine Gedenkstätte übrig ist. In direkter Nachbarschaft lagen vier Fürstenresidenzen, also musste der Überfall sehr leise und sehr schnell durchgeführt werden. Die Außenmauern waren substanziell, die Fenster mit Holzbalken gesichert und die Tore befestigt. Kiras Haushalt umfasste 180 Personen, darunter auch eine Anzahl Samurai, die ihrem Herrn kaum weniger loyal ergeben waren als die 47 Rōnin ihrem toten Fürsten.

Rache ist ein Gericht, das kalt gegessen werden muss. Der Überfall auf Kiras Residenz wurde mit militärischer Präzision geplant und ausgeführt. Die 47 Rōnin griffen in zwei Gruppen in völliger Stille das vordere und das hintere Tor an. Jede Gruppe war unterteilt in drei Trupps, einer, um das Tor zu sichern, ein anderer, um den Hof zu besetzen, während der dritte in die Gebäude eindringen sollte. Eine Vielzahl verschiedener Waffen, aber auch Leitern, eine Laterne und schwere Hammer zum Einschlagen der Tore war an die jeweils Geeignetsten verteilt worden, die ein jeder auch noch Lang- und Kurzschwert trugen. Nachdem die Barracke der einfachen Gefolgsleute von außen verschlossen worden war, standen nur noch Kiras Samurai zwischen den Angreifern und ihrem Ziel, dem Kopf des Hausherrn. Aus dem Schlaf gerissen, hatten sie keine Chance. 17 Mitglieder des Haushalts starben in wildem Kampf, darunter 14 Samurai, während nur sehr wenige der 47 Rōnin leichte Blessuren davontrugen. Kira Yoshihisa war die Flucht aus seinem Schlafgemach gelungen, aber er wurde versteckt in einem Lagerhaus für Holzkohle gefunden und enthauptet. Für ihn hält die Geschichte der 47 Rōnin die Rolle des Feiglings bereit. Um drei Uhr morgens hing Kiras Kopf, eingewickelt in seine eigenen Gewänder, von einer Lanzenspitze.

Zwei der Rōnin wurden ausgesandt, den Vorfall der Regierung anzuzeigen, und einer kehrte nach Ako zurück, um zu berichten, während die restlichen mit Ōishi Kuranosuke und seinem 15-jährigen Sohn Chikara an der Spitze stolz und ungehindert die zehn Kilometer bis zum Tempel Sengaku-ji im Viertel Takanawa marschierten, wo sich das Grab ihres Herrn befand. Kiras gewaschener Kopf wurde dort abgelegt, die Ehre von Fürst Asano damit wieder hergestellt. Die Rōnin wandten sich auch schriftlich an ihren Herrn. Das Schreiben enthält diese Passage: *»... Wir, die wir von Euren Speisen gegessen haben, könnten nicht ohne zu erröten den Satz wiederholen, dass niemand unter demselben Himmel oder auf derselben Erde leben soll wie der Feind seines Vaters oder Herrn. Wir hätten auch nicht die Hölle verlassen und wagen können, vor Euch im Paradies zu treten, ohne dass wir die Rache ausgeführt hätten, die Ihr begonnen habt.«* Damit wurde auch Fürst Asanos ungestümer Angriff auf Kira gerechtfertigt, der ebenfalls eine legitime Rache gewesen sein sollte. Gleichzeitig spricht aus den Worten die Bereitschaft der Samurai, nun ihrerseits aus dem Leben zu scheiden, denn sie wussten, dass die Obrigkeit keine andere Wahl hatte, als sie zum Tode zu verurteilen.

Shōgun, Räte, Gelehrte und das Oberste Gericht waren durchaus bewegt von diesem Akt außergewöhnlicher Treue. Aber die 47 hatten sich außerhalb der Gesetze gestellt. So erging das Todesurteil nicht wegen der Tötung des Kira Yoshihisa, sondern wegen Störung der Öffentlichen Ordnung und Verschwörung. 46 Männern von Ako wurde der ehrenvolle Tod durch Selbstentleibung zugestanden, die sie alle am 20. März 1703 vollzogen. Die Urnen und Grabsteine der treuen Samurai befinden sich bis heute neben dem Grab ihres Herrn im Senkaku-ji-Tempel. Als der für das Urteil verantwortliche, unbeliebte Shōgun Tsunayoshi (s. Engelbert Kaempfer aus Lemgo und der Hunde-Shōgun Tokugawa Tsunayoshi, S. 35) sechs Jahre später starb, brach sich die öffentliche Sympathie Bahn. Die männlichen Erben der Rōnin wie auch der jüngere Bruder des Fürsten Asano wurden begnadigt und aus dem Exil zurückgeholt.

Und der 47. Rōnin Terasaka Kichiemon, der Samurai mit dem niedrigsten Rang unter den 47, war als Berichterstatter nach Ako geschickt worden und lebte noch ein langes Leben. 1747 starb er im Alter von 83 Jahren. Zu dieser Zeit wurden die 47 Rōnin bereits allgemein verehrt. Gerade zwölf Tage nach dem Seppuku kam die erste Fassung des Dramas auf die Bühne des Nakamura-Theaters, und der literarische Siegeszug der 47 Rōnin begann. In einer Zeit, in der die meisten Samurai mit festen Stellungen eher ein Leben wie Beamte führten und die meisten Menschen mit der Vermeidung von Risiken beschäftigt waren, waren sie den alten Samurai-Tugenden gefolgt.

Mori Masana (1803–1873), Samurai des Fürsten von Tosa

Viel mehr für das typische Leben eines Samurai in Edo als die 47 Rōnin stehen allerdings Abertausende anderer Schwertträger, von denen oft nicht mehr als Namen und Lebensdaten bekannt sind. Fast die Hälfte der Bevölkerung Edos waren um 1700 Angehörige der Klasse der Samurai. Die Daimyo wurden von durchschnittlich 300 ihrer Lehnsleute nach Edo begleitet, die größtenteils ohne ihre Familien Dienst taten. Auch diese Samurai waren durch doppelte Haushaltsführung belastet: ihre Familien blieben daheim auf dem Lehen ihres Herren, während die Männer jedes zweite Jahr in Edo in Häusern und Kasernen ihrem Rang gemäß in der Residenz ihres Herren untergebracht wurden. Diejenigen, denen ein eigenes Haus zur Verfügung gestellt wurde, hatten oft ein Badehaus, einen Stall, Repräsentationszimmer und immer eine Lanze innen über der Eingangstür, die zur Abwehr von feindlichen Eindringlingen gedacht war, aber auch ein Statussymbol darstellte. Einfache Gefolgsleute hingegen waren in Kasernen untergebracht und hausten zu mehreren in einem Raum.

Mori Masana (1803–1873) gehörte zu der Gruppe der *umawarishu* der Fürsten von Tosa. Diese war ursprünglich als berittene Leibwache eine militärische Elitetruppe gewesen. Im Frieden aber nahmen sie Aufgaben in der Verwaltung und Hofhaltung ihres Herren wahr, wie tausende anderer Samurai auch. Mori Masana hatte gelehrte Interessen und gehörte zu den Samurai, die gern Kosten auf sich nahmen, um nach Edo zu gehen. Er reiste insgesamt fünfmal dorthin und blieb bis zu drei Jahre am Stück. Aus seinem in der dritten Generation geschriebenen Tagebuch erfahren wir, wie schwierig der Dialekt von Edo für einen Japaner von der westlichen Insel Shikoku am Anfang war; wir erfahren, welche Souvenirs man kaufte und welche Sehenswürdigkeiten man besichtigte; auch, dass die Festwagen beim bis heute stattfindenden Sannō-Festival *»nicht so schön wie bei uns in Kochi«* waren, dafür aber wäre die Kleidung mancher Bewohner von Edo *»zu schön, um sie zu beschreiben«*. Überhaupt schätzte Mori Edo als *»zehnmal größer und zehnmal wohlhabender«* als Kyōto und Ōsaka ein; selbst seine geliebte Heimat Kochi ließe sich nicht vergleichen mit der Metropole.

Doch das Leben war nicht nur Studium und Vergnügen; Mori Masana hatte Glück, als es ihm gelang, zur Rettung seines Fürsten bei einem Feuer beizutragen und dafür sieben Goldstücke als Belohnung zu bekommen. Der Fürst zog darauf in eine andere der drei Tosa-Residenzen in Edo um. Trotzdem barg das Leben in Edo noch andere Gefahren, die sich aus der Vielzahl schwerttragender, statusbewusster Männer in der Stadt ergaben. Masana war eigentlich nur Zuschauer, als ein Fußsoldat des Fürsten von Mito mit einem berittenen *hatamoto*, einem Samurai des Shōgun, aneinander geriet. Dieser wollte partout nicht Platz machen oder absteigen für den nahenden Fürsten und aus unerfindlichen Gründen näherte sich der wütende Fußsoldat, seinen Schirm schwenkend, der Gruppe des Mori Masana. Dieser erwiderte kühl, dass er ihn mit seinem Schwert töten müsse, wenn er ihn mit dem Schirm schläge, woraufhin Masana gemäß den Vorschriften der Regierung gegen Kämpfe in der Hauptstadt Seppuku begehen müsste; beide würden eines »hündischen« (= sinnlosen) Todes sterben. Masana merkt an: In Edo *»muss man vorsichtig sein, wenn man auf der Straße läuft.«*

Solche Aufreger blieben aber die Ausnahme im Alltag der Samurai, die ihre Fürsten in Edo umgaben. Falls sie, wie die meisten, nicht genug Geld hatten, um wie Mori Masana Studium und Sightseeing zu genießen, hatten sie eigentlich kaum etwas Sinnvolles zu tun außer Tore und Feuertürme zu bewachen, ihren Herrn zu eskortieren und sich fit zu halten. So zeigt z. B. das Tagebuch eines anderen mittelrangigen Provinzsamurai, dass sein ganzer Dienst in Edo darin bestand, einmal alle fünf Tage zwei bis vier Stunden lang die Garderobe seines Herrn und die dafür zuständigen Pagen zu überprüfen.

Zum anderen litten viele dieser Samurai unter steter Geldnot, weil ihre Einkommen aus den Agrarerlösen der Provinz in der teuren Stadt Edo nicht ausreichten. Diese Einkommen waren Anfang des 17. Jhs. in ausreichender Höhe fixiert worden, aber natürlich stiegen die Preise bis zum 18. und 19. Jh. überall an. Oft wurde einem in Diensten stehenden Samurai nicht der volle Betrag ausgezahlt, sondern nur die Hälfte oder zwei Drittel, weil der Fürst selbst in Finanznot war, was häufig vorkam. Diese Maßnahme wurde *hanchi* (halbe Rente) genannt und sollte eigentlich nur kurzfristig einen Notstand überbrücken, bis die Finanzen wieder konsolidiert wären. In der Praxis wurde das Gehalt aber meist nicht mehr auf den alten Stand erhöht. Honda Rimei, ein Gelehrter, schrieb dazu Ende des 18. Jhs.: *»Heutzutage gibt es keinen mehr, der seinen Vasallen ihr volles Gehalt bezahlt. Mehr als die Hälfte ihres Soldes kommt in Abzug; und die Samurai hassen ihren Herrn wie ihren schlimmsten Feind.«*

Der englische Samurai Will Adams (1564–1620)

Zusätzlich zu den Samurai der rund 260 Fürsten des Landes gab es auch zahlreiche Samurai als direkte Vasallen der Tokugawa-Shōgune selbst, aufgeteilt in zwei große Ranggruppen. 1722 lebten in Edo immerhin 5205 *hatamoto*, die ein Anrecht auf Audienz bei ihrem Herrn, dem Shōgun, hatten, sowie ca. 20.000 *gokenin*, die auch Samurai der Tokugawa waren, aber weniger gut besoldet und ohne das Recht auf Audienz. Beide Ränge waren erblich. Beide Gruppen dienten dem Shōgun in verschiedenen Funktionen und erhielten ihrem Status entsprechende Dienstresidenzen zugewiesen, die oft gleichzeitig als Büros, zur Repräsentation und zum Wohnen genutzt wurden.

Sicherlich der ungewöhnlichste unter den *hatamoto* des Shōgun war der Engländer Will Adams (1564–1620).

Zum technischen Fortschritt, der ein Grund für die Machtverschiebung in der zweiten Hälfte des 16. Jhs. war, die schließlich in die Landeseinigung unter den Tokugawa mündete und Edo zur Hauptstadt des Shogun machte, trugen Europäer, vor allem Portugiesen und Spanier, durch Einführung neuer Technologien in den Bereichen Waffentechnik, Schiffbau, Ingenieurswesen und in den Wissenschaften bei. Diese Bedeutung sicherte vor allen dem von Portugal unterstützten Jesuitenorden Einfluss bei den Mächtigen.

Für die Jesuiten bedeutete die Ankunft der »Liefde« in Südjapan im Jahre 1600 eine Katastrophe. Die »Liefde« war das einzige Schiff einer niederländischen Flotille, das Japan erreicht hatte. Die Jesuiten hatten mühsam rund 150.000 Japaner zu Katholiken gemacht und verdienten außerdem am Handel zwischen Japan und Europa: Natürlich hatte man sich gehütet, den neugierigen japanischen Gastgebern zu erzählen, dass Europa religiös und politisch tief gespalten war, und dass der Papst keineswegs über alle Christen gebot. Auch hatte man »vergessen« zu erwähnen, dass es neben den Königen Südeuropas noch andere, ihnen feindlich gesinnte protestantische Monarchen und Länder gab.

Der Navigator dieses niederländischen Schiffs war der Engländer Will Adams. Wir wissen einiges über ihn aus den Briefen, die er heimwehkrank seiner Familie nach England schrieb. Er sollte seine Frau und seine Tochter nie mehr wiedersehen. Will Adams war 1564 in einfachen Verhältnissen im kentischen Fischerstädtchen Gillingham geboren worden und kam 1576 in das elisabethanische Hafen- und Armenviertel Limehouse bei London, wo er eine Lehre als Schiffbauer und Navigator absolvierte. Nichts an diesem Lebenslauf entsprach der Position eines Samurai im Range eines *hatamoto.* Aus Will Adams' unorthodoxer Art, Englisch zu schreiben, lässt sich folgern, dass er nur eine begrenzte Schulbildung erhalten hatte. Seine Diktion spiegelt aber auch seine starke Persönlichkeit wider. Er muss ein Bär von einem Mann gewesen sein. Während auf der langen, strapaziösen Fahrt nach Japan um ihn herum die Matrosen wie die Fliegen starben, blieb er aufrecht und halbwegs gesund. Sein Selbstbewusstsein wurde von manchen als Arroganz gedeutet, er konnte aber auch charmant sein, war sicher klug, anpassungsfähig und tatkräftig, sonst wäre er nie so von Fürst Tokugawa Ieyasu geschätzt worden.

Der Generalstatthalter von Nagasaki, Fürst Terasawa, war von der physisch abstoßenden, sprachlich unergiebigen Erscheinung der überlebenden Männer der »Liefde« wenig erfreut und geneigt, den Verleumdungen der Jesuiten zu glauben und die Hinrichtung der »Piraten« anzuordnen. Da er aber ein vorsichtiger Mann war, fragte er nach beim mächtigsten Mann des Landes, Tokugawa Ieyasu, der sich gerade in Ōsaka aufhielt. Will Adams war mitten in Japans Schicksalsjahr 1600 hineingeplatzt – freilich ohne dies zu wissen. Ieyasu hatte viel größere Ambitionen als Terasawa und ließ sich Adams nach Ōsaka bringen. Will Adams hatte keine Idee, dass sich dort die Entscheidung über Japans Schicksal anberaumte, noch hatte er je von Tokugawa Ieyasu gehört. Für ihn war dieser einfach *»his Highness«*, von dem er weder Namen noch Titel kannte.

Ieyasu dachte aber bereits über den anstehenden Entscheidungskampf im innerjapanischen Ringen hinaus. Seine Interessen waren 1599 bei Gesprächen mit Vertretern Spaniens deutlich geworden, die er um Schiffe und Knowhow bat, um das Meer weithin befahren zu können. Die Erfahrungen der erfolglosen Koreainvasionen 1592–98 hatten den Japanern gezeigt, dass ihr eigener Schiffsbau völlig unzureichend war. Die Spanier hatten dagegen klar erkannt, dass sie so ihre eigenen Besitzungen in Asien in Gefahr bringen würden, und hatten diese Art von Hilfe abgelehnt. Konnten vielleicht die Seeleute aus bisher unbekannten Ländern, die auf einem beeindruckenden Schiff gekommen waren, hier nützlich sein? Ieyasu ließ sich ihren Sprecher, Will Adams, kommen und empfing ihn zur Audienz.

Diesem war klar, dass sein Leben auf dem Spiel stand. Adams entschied sich dafür, die zahlreichen Fragen Ieyasus nach Politik, Geografie, Schiffen, Waffen und Königen wahrheitsgetreu und ausführlich zu beantworten. Feindselige jesuitische Dolmetscher behinderten die Kommunikation. Als Adams nach dem Gespräch in ein sehr bedrückendes Gefängnis geworfen wurde, sah er sein Ende gekommen. Wahrscheinlich war dies aber nur eine Machtdemonstration des Fürsten, denn der empfing ihn zu einem weiteren Gespräch und ließ ihn danach komfortabel in einem gesicherten Gästehaus wohnen. Ieyasu ließ die »Liefde« von ihrer Besatzung nach Ōsaka segeln, wo sie den totgeglaubten Will Adams wiedersah. Als sich der Machtkampf zuspitzte und Ieyasu im Sommer 1600 nach Edo, seiner eigenen Hauptstadt, zurückkehrte, ließ er die »Liefde« ebenfalls dorthin segeln. Ihre 19 Kanonen und das kostbare Schießpulver verblieben allerdings bei Ieyasu, der diese Geschütze auf dem Sekigahara-Feldzug mitführte.

Während das Schicksal Japans am 21. Oktober 1600 auf dem Schlachtfeld zugunsten Tokugawa Ieyasus entschieden wurde, langweilte sich die Besatzung der »Liefde« auf ihrem Schiff, das zunehmend verfiel, in der Bucht von Edo. Schließlich zerbrachen die morschen Planken und die »Liefde« versank. Die Überlebenden der Besatzung waren nun tatsächlich in Japan gestrandet.

Ieyasu widmete sich den Seeleuten, sobald er von seinem Triumpf aus dem Westen nach Edo zurückgekehrt war. Er befahl dem zuerst an seinen eigenen Fähigkeiten zweifelnden Will Adams, ein neues Schiff zu bauen. Dieser hatte noch nie selbst ein Schiff entworfen und gebaut, aber nach einiger Zeit entstand eine seetüchtige, verkleinerte Replik der »Liefde« von 80 Tonnen, auf die eine 120 Tonnen große hochseetüchtige Schwester folgte, mit der eine Probefahrt von Edo bis nach Westen, wahrscheinlich nach Ōsaka, absolviert wurde. In den folgenden Jahren war Tokugawa Ieyasu von Edo aus mit dem Ausbau seiner Macht beschäftigt. 1603 wurde er mit 60 Jahren Shōgun und gab das Amt 1605 an seinen Sohn Hidetada weiter. Er hatte erkannt, wie nützlich ihm Will Adams sein konnte, beschenkte ihn und seine Leute und ließ ihm ein Einkommen von 70 Silberdukaten sowie zwei Pfund Reis täglich zukommen.

Die Besatzung der »Liefde« zerstreute sich, einige lebten nicht mehr lange, andere brachten es zu Wohlstand in Japan. Die Niederländer wären natürlich genauso gern wie Will Adams in ihre Heimat zurückgekehrt, aber Ieyasu gewährte zunächst niemandem die Ausreise. Jan Joosten van Lodensteijn hatte wie Will Adams Zugang zum Hof; ein ganzes Viertel nahe des Hauptbahnhofs Tōkyō trägt heute noch seinen japanisch verballhornten Namen »Yaesu«. Der Schiffszimmermann Melchior van Santvoort mietete Dschunken und verdiente viel Geld im Japan-Indochina-Handel.

Will Adams verkehrte regelmäßig bei Fürst Ieyasu, er übersetzte und beriet ihn in allen Dingen, die die große weite Welt betrafen und unterrichtete ihn in Geometrie und Mathematik. Es spricht für den Lernwillen und die Intelligenz beider, dass sie über den gravierenden Standes- und Statusunterschied hinwegsahen und erkannten, wie sehr sie sich gegenseitig nutzen konnten. Ihm wurde die für einen nicht als Samurai und nicht als Japaner Geborenen unerhörte Ehre zuteil, zum *hatamoto* der Tokugawa ernannt zu werden. Standesgemäß hatte Adams ein Stadthaus in Edo nahe Nihonbashi und bekam ein Lehen auf dem Lande unweit von Edo in Hemi auf der Miura-Halbinsel, zu der auch zwei Dörfer mit 80 oder 90 Bauern gehörten, die seine Leibeigenen waren. Ab dieser Zeit begann Will Adams sich, nach eigenem Zeugnis, nicht mehr in europäischer Manier zu kleiden, sondern Seidenkimono sowie zwei

Schwerter als Statussymbole zu tragen. Als Samurai standen ihm auch ein Familienname sowie ein persönlicher Name zu. Aus Will Adams wurde Miura Anjin, das Gebiet seines Besitzes als Familienname und das japanische Wort für Navigator (Anjin) als Vorname. Auch das Viertel um sein Stadthauses in Edo trägt heute noch seinen Namen: Anjin-chō.

Trotz aller Ehren vermisste Will Adams seine Heimat, besonders seine Frau Mary und seine Tochter Deliverance. Als Therapie schrieb er Briefe, die er holländischen Schiffen mitgab. Da er mehr als zehn Jahre lang keine Antwort bekam, wusste er nicht, ob die Briefe in England angekommen waren und ob seine Familie überhaupt noch lebte. Mit der Zeit schwand wohl seine Hoffnung auf Heimkehr. Schließlich heiratete er eine Einheimische namens O-Yuki, die Tochter des Vorstehers einer *juku* (Raststation an einer Überlandstraße). Dessen Stand entsprach kaum dem eines *hatamoto*, also kann man vermuten, dass es sich um eine echte Liebesheirat handelte. Nach der Geburt der Kinder Joseph und Susanna hatte Will Adams zwei Familien, die nichts voneinander wussten. Es spricht für Adams, dass er sich bis zu seinem Tode um beide sorgte und sein Erbe gerecht aufteilte.

Seit 1611 waren die Niederländer im Japanhandel präsent mit einer Faktorei im südlichen Kyūshū im Hafenstädtchen Hirado. Groß muss Will Adams Freude gewesen sein, als 1613 die englische »Clove« unter dem exzentrischen Kapitän John Saris Hirado erreichte. Saris war von seinen Auftraggebern, der East India Company in London, auf die Bedeutung von Adams hingewiesen worden, auf dessen Rat in allen Fragen der Etikette wie des Handels er hören sollte. Als Adams im Juli 1613 vor Saris und seinen Männern stand, waren diese geschockt. Er gab so *»bewundernde und lobende Darstellungen des Landes, dass wir alle dachten, er ist ein eingebürgerter Japaner.«* Zu aller Überraschung hatte Adams keineswegs verzweifelt auf den Genuss der Gesellschaft von Landsleuten gewartet, sondern behandelte sie höflich, aber distanziert. Er wohnte in Hirado lieber bei einem befreundeten japanischen Kaufmann namens Yasuemon als bei seinen Landsleuten, an denen ihn schon die mangelnde Körperhygiene störte. Aus Will Adams war ein Samurai geworden, dessen Anpassung an japanische Sitten seinen Landsleuten merkwürdig, sogar verdächtig erschien; seine unbestreitbaren (und für Engländer wie Niederländer unverzichtbaren) Sprachkünste und Kontakte riefen Neid hervor, der sich in John Saris' Briefen hässlich niederschlug.

Nach einer Reise von vier Wochen sowohl mit Schiffen als auch über Land auf der Tokaidō-Überlandstraße erreichten Adams, Saris, zehn weitere Engländer und sieben angeheuerte japanische Wachen Sumpu, das heutige Shizuoka, den Alterssitz Ieyasus. Der Empfang war überaus freundlich, die East India Company erhielt vom alten Fürsten unbeschränkte Handelsprivilegien, also die Erlaubnis, überall im Lande Handel zu betreiben. Shōgun Hidetada in Edo gab ihnen noch einen freundlichen Brief an König James I. sowie zwei Rüstungen als Geschenk mit, die heute noch in Großbritannien in den Royal Armouries in Leeds aufbewahrt werden.

Letztlich war es wohl die schlechte Beziehung zu Kapitän Saris, die Will Adams bewog, auf die Ausreise zu verzichten, die ihm in Sumpu überraschenderweise von Tokugawa Ieyasu angeboten wurde. Die Heimat in Europa war fern, Will Adams bzw. »Anjin-san« war in Japan heimisch geworden. In den folgenden Jahren bis zu seinem Tod diente er dem alten Shōgun Ieyasu sowie dessen Sohn und Nachfolger Hidetada, der aber längst nicht mehr überseeische Expansion im Kopf hatte. Außerdem arbeitete er loyal für die englische Faktorei, indem er sich in Edo immer wieder in nervenaufreibender Kleinarbeit bei Hofe für sie verwandte. Die Engländer konnten aber auf Dauer nicht gegen die Niederländer bestehen und gaben 1623 ihre Handelsniederlassung in Japan auf.

Zu diesem Zeitpunkt war Will Adams bereits drei Jahre tot. Wie so viele, war er so sehr an das gesunde Klima, die ausgewogene Ernährung und die Hygiene in Japan gewöhnt, dass er bei einer Handelsfahrt in die tropischen Gebiete Indochinas sofort zur Beute von Viren wurde. Im Mai 1620 war er bettlägerig in Hirado und diktierte Cocks und Eaton, den beiden ehrlichsten Männern in der Faktorei, sein Testament. Die eine Hälfte des für einen ursprünglich mittellosen Jungen aus Limehouse sehr ansehnlichen Vermögens ging zu gleichen Teilen an seine Frau und Tochter in England, die er nie aus seinem Herzen verbannt hatte. Für seine beiden Kinder in Japan sorgte er mit der anderen Hälfte; sein Sohn Joseph erhielt auch die Waffensammlung. Der Leiter der Faktorei Richard Cocks bekam Adams' wertvollen Globus, die Seekarten und sein bestes Schwert, das er zu Weihnachten 1620 an Joseph Adams weitergab. Am 16.05.1620 starb der englische Samurai Will Adams 55-jährig.

Der Übergang von Ieyasu zu Hidetada, von der Erringung der Macht bis 1615 hin zu ihrer Absicherung, war einschneidend. Nach dem Verbot der christlichen Religion wurden zunehmend die Kontakte zum Ausland abgebrochen, bis es ab 1639 nur noch einen beschränkten Warenverkehr mit Chinesen und Niederländern vor allem in Nagasaki gab. Edo wurde zu einer Großstadt ohne ausländische Wohnbevölkerung. Auch die Familie von Will Adams muss sich assimiliert haben, denn es finden sich keine weiteren Nachrichten über sie; sogar der genaue Ort von Will Adams´ Grab ist der Vergessenheit anheimgefallen und heute umstritten.

Ein Samurai als Lebenskünstler und seine Abwege – Katsu Kokichi (1802–1850)

Autobiographien edozeitlicher Samurai sind nicht zahlreich, und geradezu einzigartig sind solche, die – wie das Manuskript des Katsu Kokichi (1802–1850) – mit solch einem Fazit schließen: *»Wenn ich an meine Vergangenheit denke, stehen mir die Haare zu Berge. Ein aufrechter Mann sollte sich hüten, mir auf meinem Weg nachzufolgen.«* – Nur kurz davor heißt es aber: *»Ich muss unter einem Glücksstern geboren worden sein, denn ich konnte tun, was immer mir gefiel.«* Wer war dieser Katsu Kokichi und wie hatte er sein Leben in Edo gelebt?

Katsu Kokichi war durch Adoption in eine Hatamoto-Familie gekommen, die dem Shōgun direkt diente. Während seine viel älteren Brüder Hikoshirō (1777–1840) und Saburōemon gehobene Posten in der Shōgunatsregierung bekleideten, brachte es Kokichi nicht auf eine einzige Ernennung. Die Brüder wurden *daikan*, Administratoren großer shōgunaler Ländereien; der Älteste Hikoshirō war auch als neokonfuzianischer Gelehrter bekannt und angesehen.

Nach einigen Reformen wurden zu Kokichis Zeit praktisch alle Posten in der Regierung nur auf Zeit vergeben (s. Der gerechte Shōgun Yoshimune (1684–1751), S. 38). Die rund 5.000 Hatamoto der Tokugawa waren in zwei Personal-Pools zusammengefasst, Hikoshirō und Saburōemon waren in dem für gehobene Positionen, Kokichi war nur in dem für den »mittleren Dienst«. Man musste sich dort zum Dienst bewerben und hoffen, eine Vorladung in die Burg zu bekommen, bei der einem dann der zeitlich befristete, hoffentlich lukrative Posten zugeteilt wurde. Hintergrund dieser Regelung war, dass es weit mehr erbliche Hatamoto als sinnvolle Beschäftigung in der Regierung gab, sodass der Lehnsherr/Arbeitgeber sich aussuchen konnte, wen er auf welchem Posten haben wollte. Da die mit der erblichen Hatamoto-Stellung verbundene Basis-Besoldung relativ gering war, brauchte man von Zeit zu Zeit die Zusatzbezahlung, die mit einem Regierungsposten einherging. Kokichi schaffte es kein einziges Mal, für einen Posten vorgeschlagen zu werden, blieb also zeitlebens ein sozial herausgehobener Arbeitsloser mit Grundversorgung.

Um trotzdem ein standesgemäßes Leben führen zu können, also in einem ausreichend großen Haus mit Familie und etwas Dienstpersonal zu wohnen, waren Kokichis Talente als Lebenskünstler gefragt, auf die er zugleich stolz war und sich schämte. Zunächst konnte er die kostenlos zur Verfügung stehende Dienstresidenz trotz bestehender offizieller Verbote ständig weitervermieten – viele Verbote der Regierung konnten relativ gefahrlos ignoriert werden, weil die Herrschenden natürlich auch wussten, dass ihre Gefolgsleute ohne ausreichendes Einkommen den sozialen Frieden gefährden würden. Samurai wie Kokichi zogen in weniger angesehene Bürgerviertel und mieteten sich dort eine Bleibe.

Katsu Kokichi war schon in seiner Jugend ein Raufbold, der zweimal von Zuhause ausriss. Schließlich hörte angeblich das ganze Viertel Honjo auf ihn. Dabei spielten neben Unverfrorenheit und Chuzpe zwei Dinge eine Rolle: Zum einen übte er sich ständig im Schwertfechten in mehreren *dōjō* (Übungshallen) und eignete sich wertvolle Kenntnisse über Schwerter als Handelsware an, zum zweiten wusste er ganz genau, wie man die *hatamoto*-Karte ausspielen musste. *»Man darf nie die eigene Erscheinung vernachlässigen«*, schrieb er und, natürlich wäre er nie auf den Gedanken gekommen, einen einfachen Bürgerlichen zum Trinken in sein Haus einzuladen. Es kam auf die Fassade an und auf eine Mischung aus Jovialität und Bedrohung. Die weniger ehrbaren Stadtviertel mit ihrer Atmosphäre von männlicher Prahlerei und Streitlust machten es nötig, dass Kokichi sich manchmal in Raufereien verwickeln ließ, bei denen sich einige mit Schwertern bewaffnete Samurai gut gegen zwei Dutzend ungeübter Bürgerlicher mit Bambuslanzen durchsetzen konnten. Kokichi achtete aber sorgfältig darauf, dass niemand ernsthaft verletzt wurde, sodass die Obrigkeit wegsehen konnte. Er war schließlich ein *hatamoto* des Shōgun.

Die Machtstellung und das Ansehen in seinem Viertel zahlten sich aus, indem Leute begannen, zu ihm zu kommen, um seine Hilfe bei der Vermittlung von Posten, Kredit und bei der Lösung anderer Probleme zu suchen. Solche Dienste schlossen im Prinzip auch immer Geldgeschenke oder andere Honorierung ein. Zeitweise verlieh Kokichi auch selbst Geld gegen Wucherzinsen, organisierte Wachschutz für Bordelle und arbeitete mit einem Medium zusammen, das Lotteriezahlen vorhersagte. Gutes Geld verdiente er mit dem Schätzen sowie dem Ein- bzw. Verkaufen von Schwertern, obwohl Handel eigentlich völlig unstandesgemäß für einen Samurai war und sein Erfolgsrezept vor allem darin zu bestehen schien, dass er den Auktionator aushielt, woraufhin dieser ihn vor Fehlern beim Bieten bewahrte.

Kokichis typische Arbeitsweise ist auch in dieser kleinen Episode zu erkennen: *»Mein Vermieter, (der Samurai) Yamaguchi Tetsugorō, hatte nur ein kleines Einkommen und litt immer an Geldnot. Er beschwerte sich bei mir, dass Kredithaie hinter ihm her wären, also klärte ich das mit seinen Schulden. Dann nörgelte er, dass keine der neun Familien auf seinem Grundstück jemals die Miete für Haus und Land bezahlten. Ich warf die Mieter raus und mietete meine Freunde und Bekannten ein. Jetzt kam die Miete regelmäßig ein, und mein Vermieter lief lächelnd durch die Gegend und sprach: ›Was für ein Glück, was für ein Glück.‹«* – Neben der Feststellung des prahlerischen, leicht schnodderigen Grundtons fragt man sich, wie viel für Kokichi selbst bei der Aktion herausgesprungen ist und wie groß der Anteil an eigenem Willen bei seinen »Freunden und Bekannten« bei Einzug und regelmäßiger Mietzahlung wohl war.

Fast überflüssig zu sagen, dass Kokichi auch spielte, im Bordellviertel Yoshiwara Stammgast war und ständig mit seinen rechtschaffenen Brüdern Streit hatte. Als sein ältester Bruder in seinem Garten einen doppelten Käfig zimmern ließ, um den Tunichtgut dort einzusperren, damit er nicht weiter die Familienehre besudeln konnte, begab sich Kokichi – nie um eine Finte verlegen – mit 37 offiziell in den Ruhestand und machte seinen 15-jährigen Sohn Rintaro zum Familienvorstand. Kokichi wechselte sogar formell in den Laienpriesterstand und nahm nun den Namen Musui an.

Bei allen Abwegen Kokichis scheint seine Familie kaum eine Rolle gespielt zu haben. Seine Frau Nobuko, die er mit 17 geheiratet hatte, erwähnt er nur an einer einzigen Stelle, als er sich in eine andere Frau verliebte und Nobuko anbot, ihm diese Frau zu »besorgen«. Sie wollte die Familie des Mädchens überzeugen durch die Drohung, notfalls ihrem eigenen Leben ein Ende zu setzen. Darauf gab ihr Kokichi einen Dolch und verließ das Haus. Als ihm ein

Freund, der Wahrsager war, verkündete, dass heute Nacht Schreckliches geschehen würde, kamen ihm endlich Gewissensbisse und er erwischte seine Frau gerade noch im Haus, wo er sie mit Mühe von ihrem Vorhaben abbringen konnte (*»Dies war nicht die erste Gelegenheit, bei der sie mir aus der Patsche half.«*). Ab jetzt versuchte Kokichi, *»etwas freundlicher und verständnisvoller«* zu ihr zu sein. *»Bis jetzt war noch kein einziger Tag vergangen, ohne dass ich sie aus dem einen oder anderen Grund geschlagen hatte.«*

Was heutigen Lesern bizarr anmutet, hat den zeitgenössischen Hintergrund, dass die wenigsten Ehen in Edo aus echter Zuneigung zueinander geschlossen wurden, sondern zum Nutzen der beteiligten Familien. Echte Liebe wurde gar nicht erwartet und für Männer war es akzeptabel, sexuelles Vergnügen außerhäusig oder mit Nebenfrauen und Konkubinen zu suchen, falls die finanzielle Lage das erlaubte. Die Ehefrau organisierte den Haushalt und gebar Kinder. Sie teilte unter Umständen wenig mit ihrem Mann, dem sie aber zu absolutem Gehorsam verpflichtet war. Nichtsdestotrotz hatten auch Frauen durchaus Möglichkeiten, ihren Männern das Leben unangenehm zu machen (s. Der Erfolgsautor, der seinen Beruf nicht schätzte – Takizawa Bakin, S. 93), sodass nicht pauschal von völliger Machtlosigkeit gesprochen werden kann.

In Kokichis Autobiographie erscheint sein Sohn Rintaro als der einzige Mensch, den er wirklich geliebt zu haben scheint. Er bekam eine gute Erziehung und wurde nicht in seines Vaters Eskapaden hineingezogen. Als der Neunjährige von einem Hund in die Hoden gebissen worden war, verletzt zu Hause lag und der Doktor nicht wusste, ob er die Nacht überleben würde, zeigte Kokichi ein ganz ungewohntes Gesicht. Er ging zum nahen Konpira-Schrein, kasteite sich und betete für seinen Sohn, den er in seinen Armen schlafen ließ. Am 17. Tag konnte Rintaro aufstehen und wurde wieder völlig gesund. Kokichi schreibt: *»Hört meine Worte – Ein Kranker wird durch Pflege und Aufmerksamkeit geheilt!«* Katsu Rintaro bzw. Katsu Kaishu wurde übrigens Jahre später der führende Marineexperte erst der Tokugawa, dann der kaiserlichen Regierung und erreichte Ministerrang. Sein Vater wäre sicher stolz auf ihn gewesen. Umgekehrt war das wohl kaum der Fall, denn Katsu Kaishu verzichtet in seiner eigenen Autobiographie weitgehend auf die Erwähnung seines Vaters Kokichi, des Lebenskünstlers auf Abwegen.

Geistesgrößen von Edo

Von Schwertkämpfern und Rettichen – Takuan (1573–1645)

»›Du verrückter Hund‹ rief der Hauptmann, nach seinem Schwert greifend, das an der Wand lehnte. ›Pass auf Dich auf!‹ Takuan stand ganz langsam auf, und fragte seelenruhig, mit einem Auge auf dem Hauptmann: ›Hmm, wie mache ich denn das, auf mich selbst aufzupassen?‹« (Yoshikawa: *Musashi*, S. 51).

Takuan Sōhō von der Rinzai-Schule war Zen-Mönch und nicht nur gelehrt und spirituell, sondern auch wortgewandt und weitaus erfahrener in den Dingen der Welt als viele andere buddhistische Geistliche seiner Zeit. Mit neun Jahren war er in einen Tempel gekommen und hatte 1604 die Erleuchtung erlangt. Das Amt des Abtes des ehrwürdigen Daitoku-ji bei Kyōto übte er 1609 nur drei Tage aus, bevor er sich auf lange Wanderschaften begab. Dabei lernte er auch den jungen Heißsporn Miyamoto Musashi (ca. 1584–1645) kennen. In Eiji Yoshikawas berühmtem Roman *Musashi*, dem die obenstehende Szene entnommen ist, formt und schleift Takuan den Rohdiamanten Musashi mit teilweise rabiaten, aber sehr durchdachten Methoden, bis aus Miyamoto Musashi später Japans berühmtester Schwertmeister wurde. Nicht nur Musashi, sondern auch Takuan verfassten zen-philosophisch geprägte Bücher über Schwertkampfkunst.

Takuan beriet Schwertmeister, Fürsten und sogar Kaiser, fiel aber 1629 der sogenannten Purpur-Roben-Affäre zum Opfer, die im Kern ein Machtkampf zwischen Shōgunat und Kaiserhaus um Einfluss auf die Geistlichkeit war. Er wurde nach Japans Norden verbannt. Nach dem Tod von Tokugawa Hidetada 1632 begnadigte dessen Sohn und Nachfolger Iemitsu (s. Der Ausbau von Edo und die Festigung der Macht – von Ieyasu bis zum vierten Shōgun Ietsuna, S. 32) Takuan, rief ihn nach Edo und ernannte ihn zum Berater des Shōgun. 1639 wurde Takuan damit geehrt, der Gründungsabt des Tōkai-ji bei Shinagawa im Süden von Edo zu werden. Von dessen einstmals 155.000 Quadratme-

Der kleine, der Gottheit Benten geweihte Tempel auf der Insel Bentenjima mitten im lotusbewachsenen Shinobazu-Teich. Der Gründer des mächtigen Tempels Kan'ei-ji hier in der Gegend von Ueno, der Mönch Tenkai, verschönerte um 1625 den alten Teich mit der künstlichen Insel, zunächst noch ohne eine Brückenverbindung.

tern ist kaum noch etwas übrig, allerdings blieb das Grab des Abts Takuan erhalten, auf einem kleinen, dreieckigen Hügel, der an zwei Seiten von Bahnlinien umrauscht ist und heute nur von wenigen aufgesucht wird. Wahrscheinlich hätte Takuan selbst geschmunzelt, war ihm doch als Zenmeister klar, dass alle Dinge sich verändern und vergehen, woraus sich auch die in der Szene mit dem Hauptmann gespiegelte Gelassenheit speiste. Direkte Zeugnisse von Takuan sind seine Schriften, Gedichte, Kalligrafien und Bilder im Zen-Stil. Mit schwarzer Tinte und wenigen Strichen fokussieren sich diese Bilder auf das Wesentliche, den Kern des Dargestellten. Auch sein Tod 1645 spiegelt diese Geisteshaltung wider. Seine Schüler bedrängten ihn, ein Testament aufzusetzen. Der alte Meister ergriff seinen Schreibpinsel und schrieb ein einziges Schriftzeichen darauf: *yume* (»Traum«) – und verstarb.

Zwar sind Takuans Schriften heute in Japan keine Bestseller, aber trotzdem ist er sozusagen täglich in seiner Landsleute Mund. Takuan bekam einmal Besuch vom Shōgun Iemitsu, so besagt es jedenfalls die Legende. Der dem leiblichen Genuss nicht abgeneigte Shōgun hatte seinen Berater einmal nach dem besten Essen, das in der Welt zu finden sei, gefragt. Takuan gab seine Antwort beim Mittagsmahl und servierte, nach einer vierstündigen Wartezeit, eine einfache Schale mit gekochtem Reis und Scheiben von eingelegtem *daikon* (japanischer Rettich). Der ausgehungerte Shōgun stürzte sich auf sein Essen und verstand, wie gut die einfachste aller Speisen schmecken konnte. Er fand so viel Gefallen an eingelegtem Rettich, dass er die Bevölkerung anhielt, zuhause selbst diese schmackhafte Speise herzustellen, die seitdem in Japan als *Takuan-zuke* bekannt ist. Zur traditionellen Herstellung benötigt man nur Rettich, Salz, Reiskleie und einen runden oder ovalen Stein zum Beschweren des Deckels des Gärgefäßes, eine kleinere Ausgabe des großen Brockens, der passenderweise auf Takuans Grab in Shinagawa liegt.

Die großen Tempel von Edo – Tenkai (1536–1643)

Im Gegensatz zu einigen von Japans Kaisern legendären Vorgeschichten, denen traditionell Lebensalter im dreistelligen und Regierungszeiten im hohen zweistelligen Zahlenbereich zugeschrieben werden – so soll Kaiser Kōan zum Beispiel von 392 v. Chr. bis 291 v. Chr. regiert haben –, ist das biblische Alter des Abts Tenkai belegt. Tenkai wurde 107 Jahre alt. Er spielte eine große Rolle beim Aufbau von Edo und der Herrschaft der Tokugawa-Dynastie.

Tenkai kam mit zehn oder elf Jahren in einen Tempel der Tendai-Schule, der er viele Jahre später selbst vorstehen sollte. Ausgebildet an den besten Klosterschulen, wurde er früh bekannt, als ihn der Fürst Takeda Shingen (gestorben 1573) einlud, eine Versammlung von 3.000 Tendai-Mönchen zu leiten, die vor dem Fürsten über religiöse Fragen diskutierte. 1589 lud Tokugawa Ieyasu Tenkai zum Gespräch und befand, dass er den Mönch beim Aufbau seiner neuen Hauptstadt gut gebrauchen konnte. Er machte seinen Einfluss geltend, wodurch Tenkai ab 1599 Abt mehrerer wichtiger Tempel in der Re-

Der Schrein Tōshō-gu in Ueno
Die Gestalt von Edo, der Hauptstadt der Tokugawa-Shōgune, wurde auch von großen religiösen Anlagen geprägt. Der Abt Tenkai (1536–1643) begann 1624 mit dem Bau der gewaltigen Tempelstadt von Ueno, zu der auch der Tōshō-gu gehört. Der Dynastiegründer Tokugawa Ieyasu liegt zwar in Nikkō außerhalb der Hauptstadt begraben, ihm wurden aber landesweit prächtig geschmückte, vergoldete Tōshō-gu-Schreine errichtet, damit der vergöttlichte erste Shōgun an jedem Ort verehrt werden konnte. Nach Umwälzungen, Kriegen und Bränden ist die buddhistische Tempelstadt von Ueno heute nur noch ein Schatten ihrer früheren Glanzzeit, aber der Tōshō-gu ist gut erhalten und kann besichtigt werden.

gion, auch des Nikkō-san nördlich von Edo, wurde. Es war Tenkai, dem 1616 die ungeheure Ehre zu Teil wurde, das Begräbnis des Dynastiegründers Tokugawa Ieyasu zu arrangieren und über den posthumanen Namen des verehrten Herrschers zu entscheiden. Tokugawa Ieyasu bzw. Tōshō Daigongen, wie ihn die Nachwelt zu nennen hatte, wurde zuerst im Tempel auf dem Berg Kunō bei seinem Alterssitz in Sumpu (Shizuoka) bestattet, aber der dritte Shōgun Iemitsu ließ den zum shintōistischen Gott gewordenen Ieyasu in den neuen

Schrein Tōshō-gu in Nikkō überführen – der religiöse Berater des zweiten und des dritten Shōgun war natürlich Tenkai. Im ganzen Land wurden mehrere hundert Tōshō-gu-Schreine errichtet, alle in demselben glänzenden, überreich vergoldeten und figural geschmückten Momoyama-Stil, der vom späten 16. bis zum frühen 17. Jh. *en vogue* gewesen war. Auch die Grabanlagen von Ieyasus Nachfahren folgten verbindlich diesem Stil.

Die während der gesamten Edo-Zeit den Bürgern abverlangte Verehrung des Vaters der Dynastie Tokugawa – ganz gleich, ob an der jeweiligen heiligen Stätte tatsächlich Überreste von ihm eingeschreint waren oder nicht – wurde bis zum Ende der Epoche von allen Untertanen praktiziert. Heute noch erinnert der original erhaltene Tōshō-gu-Schrein in Ueno, einem Stadtteil Edos/Tōkyōs, an den mächtigen Abt Tenkai, der die religiöse Komponente und die bauliche Umsetzung der Herrschaftslegitimierung für die Tokugawa konzipierte.

Der Tōshō-gu von Ueno gehörte zum größten religiösen Komplex in Edo. 1624 war Abt Tenkai von Shōgun Hidetada aufgefordert worden, im Nordosten, der geomantisch gefährlichsten Himmelsrichtung (s. Tokugawa Ieyasu als zweiter Stadtgründer von Edo, S. 27), einen Tempel zu errichten, um die Teufelspforte *(kin-mon)* zu schließen und Edo spirituell zu beschützen. Die Fürsten des ganzen Landes wurden eingeladen zu spenden, und Tenkai baute auf dem Hügel von Ueno. Bis zum Ende des 17. Jhs. war sein Tempel, Kan'ei-ji, auf knapp 120 Hektar Größe angewachsen. Neben der gewaltigen Haupthalle gab es 36 Sub-Tempel, ebenso viele Nebengebäude, riesige Tore und eine heute noch erhaltene große Pagode – eine Tempelstadt um eine buddhistische Kathedrale herum gebaut. Der Kan'ei-ji wurde einer der beiden Familientempel der Tokugawa, und jeder zweite verstorbene Shōgun wurde hier beigesetzt, insgesamt sechs. Es war dort im Kan'ei-ji in einem bis heute unverändert belassenen Raum, wo der zurückgetretene letzte Shōgun Yoshinobu 1868 mehrere Wochen lang sein Schicksal erwartete (s. Der letzte Shōgun Tokugawa Yoshinobu).

Leider war der Ueno-Hügel, und damit die Tempelstadt des Tenkai, 1868 auch Schauplatz der Schlacht von Ueno und zusammen mit einigen hundert von insgesamt 2.000 Tokugawa-Loyalisten gingen im Kampf gegen die neue Zeit auch fast alle der majestätischen Gebäude des Kan'ei-ji zugrunde. Das nunmehr freie Land wurde einer der ersten öffentlichen Parks in Tōkyō, in dem ein großes Wasserbecken mit Fontäne die alte Lage von Tenkais Kathedrale markiert, während der neue, viel kleinere Kan'ei-ji sich schüchtern hinter den Bauten des Nationalmuseums am Parkrand zu verstecken scheint. Die sechs Shōgunsgräber überstanden in ihren abgetrennten Mausoleen zwar die Wirren des Machtwechsels, nicht aber amerikanische Bombardements im Zweiten Weltkrieg. Sie sind heute nur noch mit einem Teil ihrer einstigen Grandeur erhalten.

Die Tokugawa gehörten eigentlich gar nicht Tenkais Tendai-Schule des Buddhismus an, sondern der Schule vom Reinen Land (Jōdo-shū). Bereits 1598 hatte Tokugawa Ieyasu den regionalen Haupttempel der Jōdo-Schule, den Zōjō-ji, nach Edo verlegen lassen, an die südliche Peripherie nahe am Meer im Stadtteil Shiba. Hier entwickelte sich der zweite Familientempel der Dynastie, der auch der zweitgrößte in Edo nach dem Kan'ei-ji war, mit 48 Sub-Tempeln, über 100 Gebäuden sowie Unterkünften für rund 3.000 Mönche. Sogar für Schulungszwecke der Tendai-Schule wurde Platz geschaffen und neben sechs Mausoleen für Shōgune stand natürlich auch ein Tōshō-gu-Schrein für den vergöttlichten Dynastiegründer auf dem 65 Hektar umfassenden Gelände. War die Edo-Zeit noch durch das Nebeneinander verschiedener buddhistischer Schulen und des Shintō-Kults geprägt, so endete die Toleranz mit Beginn der Meiji-Zeit 1868, als Fanatiker in den Zōjō-ji einbrachen, wertvolle Gebäude in Brand setzten, um so den »reinen«, japanischen Shintogeist vom »fremdländischen« Buddhismus zu befreien – der Buddhismus war im 5. Jh. (!) von Kontinentalasien aus nach Japan gekommen. Der neuen Regierung erleichterte die Brandstiftung den Plan, aus dem Zōjō-ji den Shiba-Park zu machen. Nach weiteren Verlusten 1945 erinnern vor allem noch die Reste der Tokugawa-Gräber sowie ein erhaltenes – aber renovierungsbedürftiges – Tor zu einem Mausoleum, dem von Hidetada (errichtet 1632), und dazu das riesige rote Haupttor an den einstigen Glanz von Edos zweitwichtigstem Tempel.

Von diesen Verwerfungen konnte Abt Tenkai noch nichts ahnen, als er 1643 mit 107 Jahren starb und den posthumen Namen Jigen Daishi erhielt.

Der Historiker Arai Hakuseki (1657–1725)

Arai Hakuseki war nicht nur führender Berater mehrerer Shōgune (s. Der Ausbau von Edo und die Festigung der Macht – von Ieyasu bis zum vierten Shōgun, S. 32), sondern auch einer der bedeutendsten konfuzianischen Gelehrten der Edo-Zeit. Er war 1657 kurz nach dem verheerenden Meireki-Feuer in Edo geboren worden. Sein Vater diente als rangniedriger Samurai einem wenig bedeutenden Fürsten und wurde später *rōnin*. Der Sohn war so begabt, dass er später selbst von sich berichten konnte, er hätte schon mit sieben Jahren 4.000 Kanji-Schriftzeichen schreiben können (Zum Vergleich: Von 18-jährigen Oberschulabgängern wird heute die aktive Beherrschung von rund 2.000 Kanji erwartet). Begabte Söhne waren begehrt, aber der Vater war seinem Kind so zugetan, dass er sogar das Adoptionsangebot eines Fürsten ablehnte.

Arai Hakuseki hatte als kleiner Samurai eine Position beim Fürsten Hotta Masatoshi inne, die der Stelle seines Vaters ähnlich war. Er nahm aber mit 35 seinen Abschied, um nach Jahren des autodidaktischen Strebens erstmals unter einem berühmten Lehrer, Kinoshita Junan, studieren zu können, wobei Arai auch sehr beengte materielle Verhältnisse in Kauf nahm. Die Wende kam, als Arai 1694 Hauslehrer des jungen Fürsten von Kofu, Tokugawa Ienobu, wurde, der 1703 Thronerbe und 1709 der sechste Shōgun seines Hauses wurde. Bis dahin hatte Arai Hakuseki dem fünf Jahre Jüngeren rund 2.000 Vorlesungen gehalten und wurde nun sein vertrauter Berater mit großem Haus, stattlichem Einkommen und dem seltenen Privileg, Tag und Nacht Zutritt zur Burg zu haben. Unter dem achten Shōgun Yoshimune verlor Arai Hakuseki seine Posten und sein großes palastartiges Anwesen nahe der Burg; grummelnd verlebte der alte Gelehrte seine letzten Jahre weiter entfernt in einem etwas bescheideneren Haus. Kleinigkeiten, auch Äußerlichkeiten, die Status dokumentierten, waren den Konfuzianern sehr wichtig. Sicherlich hat es ihm Genugtuung verschafft zu hören, dass seine Nachfolger in der Regierung gelegentlich verzweifelt ausgerufen haben sollen, ohne Arai Hakuseki und seine enzyklopädischen Kenntnisse seien manche Probleme nicht zu lösen.

Unter den zahlreichen Werken des Arai Hakuseki zu einer Vielfalt von Themen findet sich auch das als bis dahin bedeutendste Autobiographie eines Japaners eingeschätzte *Oritaku Shiba-no-ki* sowie unter den Geschichtswerken das *Hankampu* (1701/02) und das *Tokushi Yoron* (1712).

Der Historiker Arai Hakuseki (1657–1725). © Wikimedia Commons, unbekannt.

In Japan wurden seit dem 8. Jh. geschichtliche Chroniken verfasst, vom Mittelalter bis in Arai Hakusekis Zeit hinein vielfach romanhafte Darstellungen der Taten bedeutender militärischer und religiöser Figuren. In Arais Zeit, nicht zuletzt durch ihn vorangebracht, kamen wissenschaftliche Ansätze stärker zum Tragen. Autoren versuchten mit nachvollziehbaren Methoden zu begründeten historischen Urteilen zu gelangen.

Arai Hakusekis Haltung ist als »kritischer Rationalismus« beschrieben worden, diese Einstellung kam auch in seinem Gespräch mit dem Jesuitenpartner Sidotti 1709 zum Tragen (s. Der Ausbau von Edo und die Festigung der Macht – von Ieyasu bis zum vierten Shōgun Ietsuna, S. 32), wo Arai nach langem Verhör des Gefangenen bilanzierte: *»So sehr die Europäer in den positiven Wissenschaften vorgeschritten sind, so wenig Verständnis zeigen sie für übersinnliche Dinge«*. Damit drückte Arai zugleich seinen Respekt vor europäischer Wissenschaft und Technik aus, aber auch den Mangel an Rationalität und Logik, den er im Christentum zu erkennen meinte. Warum sollte man z. B. Monogamie vorschreiben, wo doch dem Historiker bekannt war, dass das kinderlose Ableben eines Fürstens stets zu Unruhen und Konflikten führte?

Das Werk *Hankampu* geht auf den Wunsch des damaligen Fürsten Tokugawa Ienobu zurück, einen Text über die Geschichte der japanischen Fürstenhäuser von 1600 bis 1680 zu haben und zwar unter dem Gesichtspunkt der Loyalität zur Familie Tokugawa. Arai Hakuseki gelang es 1702, 337 Fürstenhäuser in 20 kleinen Bänden darzustellen. Das Pikante an diesem Werk ist, dass im vorherrschenden konfuzianischen Wertesystem die Taten einzelner Familienmitglieder, ob lebend oder bereits verstorben, die Anerkennung der ganzen Familie auf Generationen hinaus erheblich beeinflussen, im Guten wie im Schlechten. Diese brisante und umfassende Kompilation gelangte 1702 zwar nur in die Hände eines bildungsbeflissenen Fürsten, aber der wurde 1709 Shōgun und brachte die durch die Lektüre erworbenen Informationen und Einstellungen mit in seine Regierungsführung ein.

Auch das *Tokushi Yoron* (1712, zuletzt bearbeitet 1724) geht auf ein von Ienobu angeregtes Arbeitsmanuskript zurück. Lehren aus der Geschichte zu ziehen gehörte für Konfuzianer unbedingt zum Bildungsideal, und beim *Tokushi Yoron* war der Anspruch weit größer als beim *Hankampu*. Arai behandelt die japanische Geschichte ab dem 9. Jh. bis zum Ende des 16. Jhs. und zwar unter dem Aspekt, wie sich die Herrschaftsausübung durch die Samurai entwickelte und in das Reich der Tokugawa mündete. Dabei trennt er, ganz modern, in sachlich darstellende Teile sowie in Passagen, die er mit *»Meine Meinung«* überschreibt. Hier erfolgen Bewertungen mit dem erkennbaren didaktischen Anspruch, den Lesern aus den höchsten Kreisen einschließlich des Shōgun inspirierende wie abschreckende Beispiele zu geben, ihnen also einen Fürstenspiegel vorzuhalten. Geschichte war wichtig für die Lenker des Staats; um mit Droysen zu sprechen: *»Der Staatsmann ist der praktische Historiker«*. Dabei scheute sich Arai nicht, negative Urteile über bedeutende Persönlichkeiten abzugeben, sogar solche, die wie Minamoto no Yoritomo (1147–1199) als Vorfahren der Tokugawa galten.

Arai beschuldigt den Shōgun Yoritomo des *»schurkischen Ränkespiels«* und konstatiert angesichts der Tötung zweier Brüder durch Yoritomo: *»Wenn ich es mir überlege, muß ich sagen, daß es äußerst schwierig war, gerade bei einem wie Yoritomo jüngerer Bruder zu sein.«* (Kemper, S. 54 f.). Zwar ist Tokugawa Ieyasu, der erste der Tokugawa-Shōgune, auch für Arai natürlich *»unser erhabener Ahn«*, aber der Historiker kommt für Ieyasus Vorgänger Oda Nobunaga (gest. 1582) und Toyotomi Hideyoshi (gest. 1598) zu durchaus differenzierten Urteilen, die sich in Teilen bis heute in der japanischen Historiographie und bis in die Populärkultur hinein niederschlagen. Bezeichnend für Arai allerdings ist das durchgehende Beurteilungsmuster weniger nach den effektiven Leistungen der Persönlichkeiten, sondern nach konfuzianischer Ideologie, in der Treue und Pflicht gegenüber Vater und Herr zentral sind. So wirkt es sich nachteilig auf Hideyoshis Bewertung aus, dass er die Söhne seines Herrn Nobunaga übergangen hatte; Ieyasu dagegen handelte moralisch, als er verbliebende Verwandte seines alten Verbündeten Nobunaga wie Oda Yuraku förderte (s. Die ersten Fürsten in Edo, S. 50).

Der Arzt Itō Gemboku (1800–1871)

Ab den 1630ern schloss sich Japan zwar weitgehend von der Außenwelt ab, aber das bedeutete nicht, dass man kein Interesse mehr an Informationen und Wissen aus Europa in weiten Feldern wie Politik, Geographie, Nautik, Mathematik, Naturwissenschaft, Astronomie, Militärwesen, Technik und auch der Medizin gehabt hätte. Man fürchtete nur die destabilisierende Wirkung auf die Untertanen der Tokugawa, falls sich neues Wissen zu weit verbreitete. Die Lösung war, dass das Studium der westlichen Wissenschaften personenmäßig begrenzt und strenger Aufsicht der Regierung unterworfen bleiben musste. Dazu kam noch eine natürliche Hürde: die Sprache. Wissen aus Europa gelangte fast ausschließlich über die kleine künstliche Insel Deshima im Hafen von Nagasaki nach Japan, wo die niederländische VOC ihren Handelsstützpunkt unterhielt. Um die Holländer selbst oder ihre mitgebrachten Bücher verstehen zu können, musste man die niederländische Sprache beherrschen. Die Zahl derjenigen, die sie lernen durften, wurde auf das Minimum begrenzt, zuerst nur die Dolmetscher im Erbamt in Nagasaki selbst, später dann ab dem 18. Jh. auch Gelehrte in der »Holländischen Wissenschaft« *(rangaku)*, von denen viele in Edo ansässig waren.

Besonders die in der Regel wissenschaftlich gut ausgebildeten Stationsärzte in Deshima erwiesen sich als Quelle des Wissens, das sie – oft im Tausch gegen Informationen über Japan – an interessierte Japaner weitergaben. Wer von ihnen unterrichtet worden war, konnte sich »Chirurg nach holländischer Schule« (*Oranda-ryû-geka*) nennen. Mehrere der unterrichtenden Ärzte waren Deutsche, so Caspar Schamberger (in Japan 1649–51), der auf Bitten des Shōgun mehrere Monate in Edo lehrte und nach dem sich sogar eine eigene japanische Schule der Chirurgie bildete, die *Caspar-ryû-geka*, oder Engelbert Kaempfer (s. Engelbert Kaempfer aus Lemgo und der Hunde-Shōgun Tokugawa Tsunayoshi, S. 35) und vor allem Philipp Franz von Siebold (1823–30 und 1859–62 in Japan), der als erster Europäer offiziell eine Schule und Praxis in Japan errichten durfte.

1720 hatte der fünfte Shōgun Tokugawa Tsunayoshi endlich die Einfuhr von holländischen Büchern erlaubt und befahl später sogar seinem Hofbibliothekar und dem Hofarzt, die Sprache zu lernen. Die »Holländische Wissenschaft« war geboren. Zum Thema Anatomie etwa erschienen 1759 und 1774 bedeutende Werke auf Japanisch.

Zu Siebolds Schülern gehörte der aus einfachen Verhältnissen stammende Itō Gemboku (1800–1871), der mit 19 Jahren in der Provinz eine Praxis in japanisch-chinesischer Heilkunde begründet hatte, dann aber holländische Medizin studierte, u. a. vier Jahre bei Siebold in Nagasaki. Itōs Wechsel von der traditionellen Medizin zur westlichen entsprach dem Wandel der Zeiten; Medizin und Astronomie waren zwei Gebiete, auf denen sich Japan vor vielen anderen dem Westen öffnete. 1828 eröffnete Itō eine Praxis für Innere Medizin in Edo und gründete 1833 seine berühmte Akademie Shōsendō in Okachimachi im Viertel Shitaya, an der er begann, junge Männer zu Ärzten auszubilden. Von insgesamt 416 Schülern an Itōs Akademie kam fast die Hälfte aus dem Samurai-Stand, und der Meister selbst wurde 1841 mit der Berufung zum Leibarzt des Fürsten von Saga geehrt. 1845 wurde die Tochter des Fürsten krank, offensichtlich so bedrohlich, dass Itō erlaubt wurde, sie mit gerade aus Holland importiertem Impfstoff gegen Pocken zu impfen.

Die Behandlung hatte Erfolg und Itō wurde zum Pionier in Japan. 1857 richtete er mit Kollegen das erste Impfzentrum in Edo in Kanda ein, aus dem sich später das Institut für Westliche Medizin und schließlich die Medizinische Fakultät der hochangesehenen Tōkyō-Universität entwickelte. 1858 wurde er zum Arzt, 1860 sogar zum Leibarzt für den Shōgun berufen. Viele seiner Schüler zeichneten sich ebenfalls im Fach Medizin, aber auch bei der Arbeit für das Shōgunat und die nachfolgende Meiji-Regierung, aus. Gute Ärzte werden immer gebraucht, deshalb gehörte die Medizin zu den Feldern, die nach dem Systemwechsel 1868 weiter aufblühten. Vielen ehemaligen Samurai, deren Stand in den 1870ern aufgehoben wurde, bot sie eine angesehene und sichere berufliche Basis.

Der rastlose Erfinder Hiraga Gennai (1728–1780)

Häufig wird von der Edo-Zeit ein Bild jahrzehntelanger Stagnation gemalt, doch das galt eigentlich nur dort, wo die konservativsten der Konfuzianer den Ton angaben, außerdem gab es in der Riesenstadt Edo manch alternative Lebensentwürfe. Wie Itō Gemboku war der junge Samurai Hiraga Gennai aus der Provinz nach Nagasaki gekommen (1752), wo er sich zuerst mit den Holländischen Wissenschaften beschäftigte. Er begeisterte sich für das Lernen und gab schließlich sogar die Position als Vorstand seines Hauses auf, um durch das Land zu wandern und sich ab 1756 oder 1757 in Edo dem Studium der Pflanzenmedizin zu widmen und sogar konfuzianische Studien unter einem Mitglied der erzkonservativen Gelehrtenfamilie Hayashi zu beginnen. Die nächsten Jahre in Hiragas Karriere waren ein Auf und Ab, er konnte die erste wissenschaftliche Ausstellung in Edo veranstalten, eine dicke Enzyklopädie publizieren und schied 1761 aus dem Dienst des Fürsten von Takamatsu, seiner Heimatprovinz, aus, weil ihm die Banalität desselben die Zeit für kreative Arbeiten raubte. Danach wurde er gelegentlich vom Shōgunat als Übersetzer aus dem Niederländischen beschäftigt. In dieser Periode dominierte Tanuma Okitsugu (1719–88) als starker Mann die Regierung – zum Glück für Hiraga, denn unter Tanuma blühte zwar die Korruption, aber es wehte auch ein liberales Lüftchen. Hiraga Gennai wurde zum Erfinder. 1764 kreierte er einen Asbeststoff namens *kakampu*, der hitzeabweisend war, außerdem entwickelte er ein modernes Thermometer. Er wandte sich mit neuen technischen Ideen der Suche nach Gold und Eisen zu. 1770 eignete er sich in Nagasaki holländische Methoden der Porzellanerzeugung an. Dieses Wissen gab er an Landsleute in Sanuki in Shikoku weiter, wo sich bis heute eine Töpferschule erhalten hat, die die sogenannte Gennai-Ware produziert. 1776 entwickelte Hiraga Gennai einen Elektromotor, der mit Reibung funktionierte, angeregt durch ein defektes holländisches Vorbild aus Nagasaki. Dieser Elektromotor wurde später in der japanischen Wissenschaftsgeschichte als *erekiteru* bekannt und war zur medizinischen Verwendung (Elektroschocktherapie) gedacht.

Manche seiner Erfindungen wie Techniken der Wollerzeugung, die teure Importwaren überflüssig gemacht hätten, wären Steilvorlagen für neue Industrien gewesen – wenn sich die Regierung für Neues interessiert hätte.

Hiragas Briefe sind Ausdruck seiner Frustration mit kleingeistigen Verwaltungschargen, die nicht erkannten, was seine Projekte einbringen konnten. Auch als Wassertransportunternehmer, Holzkohlengroßhändler und Maler im westlichen Stil mit Ölfarben-Imitaten versuchte er sich und wurde zur Gründerfigur einer neuen Malschule im abgelegenen Akita, nachdem er den dortigen Fürsten in dieser Technik unterrichtet hatte. Eines seiner Ölbilder, das eine westliche Frau zeigt, existiert bis heute. Allerdings scheint ihm als Samurai jegliches kaufmännische Geschick abgegangen zu sein, sodass alles, was er anfasste, kommerziell scheiterte. Das Interessante am rastlosen Erfinder Hiraga Gennai ist, dass er sich weniger für wissenschaftlich-technische Theorie interessierte, aber fleißig und ein Meister in der Anwendung und Anpassung von Ideen war, die er meistens von den holländischen Wissenschaften bezog. Damit wurde er zu einem Prototypen japanischer Ingenieure bis in das 20. Jh. hinein.

Hiraga Gennai hatte noch ein weiteres Talent: Er konnte schreiben. Er bevorzugte populäre, bei der Obrigkeit weniger geschätzte Genres wie Satiren zeitgenössischen Verhaltens, etwa des Gewinnstrebens (von dem ihm selbst ein wenig mehr gut zupass gekommen wäre) sowie für das Puppentheater *(jōruri)*, wo er brillierte. Seine beiden geistreichen »Diskurse über den Furz« sind auch auf Deutsch herausgegeben worden.

Hiraga Gennai schloss sein rastloses, geniales und exzentrisches Leben 1780 mit 52 Jahren im Gefängnis in Edo ab, in das er geraten war, nachdem er völlig betrunken im Zorn entweder einen seiner Schüler oder einen Bauhandwerker erschlagen hatte. Er starb an Tetanus und wurde ohne Grabstein auf dem Gelände des Tempels Sosen-ji in Edo beigesetzt.

Das bürgerliche Edo

Vom Tellerwäscher zum Millionär in Edo – Kawamura, Kinokuniya und Mitsui

Die Entwicklung der Stadt Edo war eine Erfolgsgeschichte, wie sie Japan noch nicht gesehen hatte. Die Bevölkerung von Edo wuchs von 60.000 Personen im Jahre 1600 auf 430.000 um 1650 und auf über 1,2 Millionen 1750 an. Erst im 19. Jh. wurde Edo/Tōkyō nach 150 Jahren von London als weltgrößte Stadt überholt. Das Erstaunliche ist, dass von dieser Einwohnerzahl die Hälfte oder sogar etwas mehr nicht gewerblich oder sogar körperlich arbeitend tätig war – oder es zumindest nicht sein sollte –, denn sowohl für Geistliche als auch für die in Edo nach Hunderttausenden zählenden Angehörigen des Samurai-Standes war das nicht schicklich und im Prinzip sogar verboten. Die meisten Menschen, die Gebäude und Straßen bauten, Lebensmittel heranschafften und Speisen zubereiteten, Waren erzeugten und verkauften oder Geldgeschäfte machten, gehörten zu der Bevölkerungshälfte in Edo, die nicht Samurai waren. Sie lebten in jenen bürgerlichen Vierteln überwiegend östlich der Burg sowie an der Bucht, die man bis heute Shitamachi (»Untere Stadt«) nennt.

Je prächtiger die Residenzstadt des Shōgun wurde, desto besser ließ sich Geld in Edo verdienen. Das klassische Muster dieser japanischen Variante der Geschichte vom Aufstieg des Tellerwäschers zum Millionär wird von Kawamura Zuiken (1618–1700) verkörpert. Dieser kam als bettelarmer Junge mit zwölf Jahren vom Lande in die Metropole, wo er sich als Wagenschieber, Verkäufer von eingelegtem Gemüse und dann als Aufseher über Tagelöhner verdingte. Schließlich eröffnete er einen Bauholzhandel – praktisch die ganze Stadt war aus Holz gebaut und expandierte ständig. Seine große Chance kam beim großen Meireki-Feuer von 1657, das weite Teile der Stadt in Schutt und Asche legte. Kawamura hatte seine Geschäftskontakte und eilte allen anderen voraus in die holzreiche Kiso-Region, kaufte alles Holz auf, das er bekommen konnte und transportierte es nach Edo, wo es ihn zum reichen Mann machte.

Auch das Shōgunat erkannte seine Talente und übertrug ihm öffentliche Infrastrukturprojekte. Es gelang Kawamura Zuiken, zwei neue Transportwege für Reis über Flüsse und Meer aus dem Norden nach Edo zu eröffnen. Statt zwölf Monaten war der Reis nun nur noch drei unterwegs, wodurch die Kosten sanken die Kosten sanken. Weitere Regierungsprojekte trugen zu seinem sozialen Aufstieg bei, und berühmte Gelehrte und Staatsmänner wie Arai Hakuseki (s. Der Historiker Arai Hakuseki, S. 82) schätzten das Fachgespräch mit Kawamura. 1698, zwei Jahre vor seinem Tod, wurde ihm eine unerhörte Ehre zuteil – als Bürgerlicher wurde er nicht nur Samurai, sondern wie Will Adams zum persönlichen Gefolgsmann des Shōgun *(hatamoto)* ernannt.

Kinokuniya Bunzaemon (1665–1734) war aus ähnlichem Holz geschnitzt, konnte aber bereits auf dem Vermögen seines Vaters, eines Großhändlers, aufbauen. Er riskierte die Lieferung der begehrten Tangerinen aus seiner alten Heimat, der Halbinsel Kii im Westen, auf dem gefährlichen pazifischen Seeweg nach Edo und brachte auf der Rückreise den in Westjapan seltenen gesalzenen Lachs mit. Schon reich geworden, erweiterte er seine Aktivitäten nach dem Vorbild von Kawamura Zuiken auf den Bauholzhandel, immer eine Goldgrube in Edo. Um an Regierungsaufträge zu kommen und seinen Rivalen Naraya Monzaemon, einen anderen Selfmade-Unternehmer, auszustechen, spendete er Baugeld für Schreine und sorgte dafür, dass sich ein populäres Lied verbreitete, das die *»weißen Segel vor der Küste, die Tangerinenschiffe aus der Provinz Kii«* besang. Man wurde in höchsten Kreisen auf ihn aufmerksam. Kinokuniyas Reichtum und sein extravaganter Lebensstil waren so sprichwörtlich, dass ihm sogar auf der Kabuki-Bühne ein zeitgenössisches Denkmal gesetzt wurde – mit dem Stück *Kibun-daijin kuruwa no irifune* (*»Der Millionär Kibun aus der Provinz besucht die Freudenviertel«*). Der Besuch des gehobenen Freudenviertels Yoshiwara galt keineswegs als verwerflich, sondern erregte Bewunderung wegen der Zurschaustellung des dazu nötigen Wohlstands und gepflegten Geschmacks. Kinokuniya begann Poesie zu studieren und Haiku-Gedichte zu schreiben (Autorenname Senzan), eigentlich früher ungewöhnliche, jetzt aber modische Beschäftigungen für einen Kaufmann, der in der Hierarchie der Edo-Gesellschaft theoretisch ganz unten stand – noch unter den Bauern.

Sein Lebensende war allerdings weniger glorios als das Kawamuras, denn als der starke Mann des fünften Shōgun, Yanagisawa Yoshiyasu, gestürzt wurde, riss dieser Fall auch Kinokuniya von der Höhe des Erfolgs, weshalb er seine letzten Jahre relativ mittellos als Ruheständler im Stadtviertel Fukagawa verbrachte.

Kawamura und Kinokuniya lebten in der Genroku-Epoche (1688–1704), die auch als »Goldenes Zeitalter« der Edo-Periode bezeichnet wird. Die teilweise Umverteilung der Mittel von den Samurai hin zu erfolgreichen Bürgerlichen kam voran, und diese drückten der Epoche mit ihrem extravaganten Geschmack ihren Stempel auf. Der bis heute größte Name im Kabuki-Theater, Ichikawa Danjūro (s. Der Superstar des Kabuki-Theaters Ichikawa Danjūro, S. 98), erschien auf der Bühne, Chikamatsu Monzaemon schrieb die Klassiker des Repertoires.

Auf Phasen relativer Liberalität folgten in Edo aber auch immer wieder Abschnitte konservativer Moralität und verstärkter Eingriffe von oben. Noch 1930 nannte der Historiker Yosaburō Takekoshi die Genroku-Epoche *»verwirrt und ungeordnet"*, heute schätzt man dagegen allgemein die künstlerischen Zeugnisse und neuen Ideen, die in dieser kreativen, experimentierfreudigen Epoche entstanden. Selbst in der heutigen Form der formellen Männertracht aus Kimono, Hakama-Beinkleidern und Haori-Jacke mit Familienwappen *(montsuki)* finden sich Spuren des Katz-und-Maus-Spiels zwischen der sinnenfreudigen bürgerlichen Elite von Edo und den sittenstrengen Moralwächtern der Regierung. Während die weite Jacke außen aus dunklem, einfarbig konservativem Stoff besteht, zeigt sie auf dem Innenfutter *(gaku-ura)*, wegen der alten Gesetze gegen Kleiderluxus den Blicken verdeckt, oft sehr leuchtende, wilde Darstellungen von Fabeltieren, Fantasielandschaften und anderen Extravaganzen auf Seidengrund, die direkt aus der Lebenswelt des Kinokuniya Bunzaemon auf uns gekommen sein könnten.

Bleibend erfolgreicher, und dabei auch weniger extravagant als Kawamura und Kinokuniya, war aber ein anderer Unternehmer in Edo. Mitsui Takatoshi (1622–1694) kam zwar aus dem Samuraistand, sein Großvater entschied sich aber nach einer militärischen Niederlage für einen Umzug und die Aufgabe des Kriegerstatus, um einen Sake- und Misopaste-Handel und eine Pfandleihe in Matsusaka in Ise zu führen. Die Familie war auch im lokalen Geldgeschäft, indem sie stets geldbedürftigen Fürsten und Bauern Bargeld lieh und in den Reishandel einstieg. Mit 14 Jahren, einigem Startkapital und voller unternehmerischer Ideen kam Mitsui Takatoshi nach Edo und betätigte sich im Kimonohandel. Zwar zwang ihn ein Streit mit seinen auf den Erfolg eifersüchtigen Brüdern bis zum Tode des Ältesten 1673 nach Matsusaka zurückzukehren (Die offiziöse Mitsui-Firmengeschichte gibt übrigens pietätvoll als Grund für Takatoshis Rückkehr an, er hätte seine kranke Mutter Shuho pflegen müssen). Danach aber kehrte er nach Edo zurück. Nachdem er zuerst seine Textilien im traditionellen Verfahren von Bestellungsannahme und Auslieferung an den Kunden zuhause verkauft hatte, kam ihm mit 52 Jahren die Idee, große Ladengeschäfte, im Grunde richtige Kaufhäuser, mit dem Namen »Echigoya« zu gründen (Echigo war die Provinz, die sein Großvater noch als Samurai verwaltet hatte, »-*ya*« bedeutet einfach »Ort«, »Platz« oder »Laden«). Neu an diesem Geschäft war auch, dass man auf Barbezahlung bestand statt der eher üblichen halbjährlichen oder jährlichen Abzahlung, die manchen Händler in Verlegenheit gebracht hatte.

Um trotzdem attraktiv zu bleiben, gab sich Mitsui Takatoshi mit kleineren Profitmargen zufrieden und versuchte stattdessen, größere Mengen umzusetzen, war aber auch bereit, einzelne Stoffstücke zu verkaufen statt der sonst üblichen elf Bahnen für einen kompletten Kimono. Auch führte er transparente, allerdings auch niemals herabgesetzte Festpreise ein; vor Mitsui hatten viele Händler einen Preis verlangt, der sich nach dem richtete, was nach eigener Einschätzung die Kunden bezahlen konnten. Aus den über Generationen seit 1674 blühenden Echigoya-Häusern wurde 1904 die Mitsukoshi-Kaufhauskette, über Jahrzehnte hinweg die angesehenste ihrer Art in Japan.

Das Haupthaus von Echigoya, später das von Mitsukoshi, stand und steht seit 1683 am gleichen Platz im Viertel Suruga-chō bei Nihonbashi im Herzen des bürgerlichen Edo. Die namensgebende Brücke war als verkehrstechnischer Nullpunkt des Landes festgesetzt, die fünf bedeutendsten Überlandstraßen nahmen hier ihren Anfang. Natürlich gab es kaum einen Ort in Edo, der täglich von mehr Menschen passiert wurde. Nach Bränden, Krieg und Abrissen steht heute nichts mehr von dem originalen Kaufhaus der Edo-Zeit, aber das Geschäft war so berühmt, dass zahlreiche Farbholzschnitt-Meister, darunter Hiroshige und Hokusai, Innen- und Außenansichten schufen. Im Edo-Tōkyō-Museum steht ein auf dieser Basis geschaffenes, riesiges, mit Figurinen bevölkertes Modell des alten Echigoya. Das stattliche zweistöckige Haupthaus ist an zwei Seiten offen, zahlreiche Kunden nähern sich, um an den hängenden Vorhängen mit dem Mitsui-Wappen vorbei ins Innere zu sehen.

Auf der Rückseite drängen sich mehrere weiß geputzte feuerfeste Lagerhäuser mit den wertvollsten Waren. Die hereingebetenen Gäste lassen sich im riesigen offenen Erdgeschoss auf Tatamimatten nieder und bekommen Tee serviert, während Scharen von Verkäufern mit immer neuen Rollen Kimonostoff zur Betrachtung herbeieilen.

Ebenfalls neu an Mitsuis Ideen war, dass er auch ins Geldgeschäft einstieg mit der Gründung von Mitsui Ryogaeten, der ersten landesweit aktiven Privatbank Japans. Bis heute ist es für japanische Mischkonzerne üblich geblieben, auch einen Finanzdienstleister in der Gruppe zu haben. Im 18. Jh. erwirtschaftete die Hausbank bereits mehr als die Kaufhäuser. Aus dieser heute noch als Sumitomo Mitsui Banking Corporation existierenden Bank ging schließlich auch die riesige, breit gefächerte Mitsui-Gruppe hervor (s. Das Mitsui-Imperium und seine Manager – Dan Takuma und Ikeda Shigeaki, S. 169).

Als Mitsui Takatoshi 1694 starb, hinterließ er zehn Kinder bzw. Schwiegersöhne. In seinem Testament bestand er darauf, dass die geschwisterliche Harmonie unter allen Umständen zu wahren sei – eine Lehre aus seinem Leben, die von seinen Nachfahren konsequent umgesetzt wurde. Heute beschäftigen die Unternehmen der Mitsui Group weltweit rund drei Millionen Menschen.

Der Erfolgsautor, der seinen Beruf nicht schätzte – Takizawa Bakin (1767–1848)

1767 wurde in Edo ein einfacher Samurai mit dem späteren Erwachsenennamen Takizawa Okikuni geboren, der in die japanische Literaturgeschichte unter den Autorennamen Kyokutei Bakin oder auch Takizawa Bakin eingegangen ist.

Nach einer schwierigen Jugend, in der die Familieneinkünfte nach dem frühen Tod seines zwar begabten, aber dem Alkohol verfallenen Vaters schrumpften, kam er um 1780 auf Vermittlung eines seiner Brüder in eine Stellung als Samurai, in der der junge Takizawa es aber ebenso wenig aushielt wie in einer anderen, die er 1786 verließ. Sicherlich war er den rauen Ausbildungsmethoden unterworfen, mit denen man junge Samurai zu behandeln pflegte – der junge Mann kommentierte dies 1780, als er die Dienste der Matsudaira verließ, mit folgendem Gedicht:

»Frierend durch Winterwinde
Habe ich mich entschlossen,
Mit den Göttern auf die Reise zu gehen.«

Takizawa Bakins Tragik bestand darin, dass er eigentlich ein Anhänger des klassischen, konfuzianisch geprägten Standesdenkens war und in konservativen Kategorien von Loyalität und Familientreue dachte, persönlich aber offensichtlich ungeeignet war für den ihm angeborenen, eigentlich höheren Stand mit endlosen Wach- und Zeremonialdiensten. Seine wirklichen Talente wie Phantasie, Witz und Kreativität waren hier nicht gefragt. So versuchte er sich in den folgenden Jahren als Arzt-Lehrling, Wahrsager, Ladengehilfe und Kalligraphielehrer.

Zu diesen bürgerlichen Erwerbsberufen kam 1793 seine Heirat mit Aida O-Hyaku, Besitzerin eines florierenden Schuhgeschäfts. So wurde Bakin gezwungen, in den bürgerlichen Stand zu wechseln, was ihm einerseits eine gesicherte Existenz und mehr Ruhm als populärer Autor einbrachte als er je als einfacher Samurai hätte erhoffen können. Andererseits nagte der formale soziale Abstieg auf ewig an seinem Selbstwertgefühl. Noch Jahrzehnte später schrieb Bakin einem Freund: *»Ich bin viel weniger wert als meine Eltern und mein (verstorbener, TW) älterer Bruder sowohl im Gebaren als auch in meinen Taten. Ich habe mich in einen vulgären Beruf in der Bürgerstadt gestürzt.«* So kämpfte er seit der Geburt seines einzigen Sohnes Sōhaku 1798 darum, dass dieser die Samurailinie der Takizawa fortführen konnte und brachte ihn wie auch den Enkel Tarō später unter erheblichem Geldaufwand in angesehenen Adelshäusern in Stellung. Sōhakus Gesundheit zerbrach unter diesem Druck, er starb 1835, was seinen Vater mit unendlichem Gram erfüllte.

Obwohl oder vielleicht gerade weil der wahrscheinlich erfolgreichste Autor der Edo-Periode seine eigene Tätigkeit gering schätzte, kompensierte er sein Minderwertigkeitsgefühl durch eine enorme Produktivität. In den Jahren 1803 bis 1813, so hat man errechnet, veröffentlichte er jährlich umgerechnet das Äquivalent von 960 Schreibmaschinenseiten. Zwar schrieb Takizawa Bakin auch zahlreiche gelehrte, an den chinesischen Klassikern geschulte Texte, die einem Samurai angemessen waren, aber davon konnte niemand leben. Eine Familie ernähren konnten nur *gesaku*, also Werke der populären Unterhaltungsliteratur. Die Auflagen von historischen Romanen erreichten in der

Das Bürgerviertel Asakusa wird bis heute von der Tempelanlage des Senso-ji dominiert, auf dessen Hauptgebäude eine lange, gerade Straße mit traditionellen Geschäften zuläuft. Diese soll noch in der Phase der zweiten Stadtgründung unter Tokugawa Ieyasu ab 1590 entstanden sein, jedenfalls geben die angebotenen Waren einen interessanten Einblick in die Sachkultur des alten Edo.

späten Edo-Zeit kaum mehr als 500–600 Exemplare, leichtere Genres etwas mehr. Der Verkaufspreis für die gedruckten Bücher war sehr hoch, das Hauptgeschäft lief über kommerzielle Buchverleiher. In Bakins Epoche emanzipierte sich das Lesen stärker von den Bildern und der Theaterbühne und Zehntausende in Edo widmeten sich regelmäßig zeitgenössischer Literatur.

In den 1790ern begann er seine schriftstellerische Tätigkeit im Genre der *kibyōshi* (»Gelbumschlagshefte«). Dieses Genre gehört zu den Vorläufern der japanischen Comics *(manga)* und verbindet Holzschnitte mit lustigen, auch ironischen Texten, die den zeitgenössischen Alltag, aber auch bekannte Geschichten parodierten. Von Stella Bartels-Wu wurde auf Deutsch das *kibyōshi »Tamago shōji fukashi monogatari Myō-kinako kogome Dōmyōji«* (*»Die gedämpfte Geschichte vom Shōen-Verwalter, Herrn Ei: Seltsames Bohnenmehl und Bruchreis* *vom Dōmyōji-Tempel«*) editiert. Diese kurze Geschichte lehnt sich an die in Japan immer beliebten Rachegeschichten sowie das bürgerliche Drama *sewamono* an und steckt voller heute nur noch teilweise zu entschlüsselnder Anspielungen.

Alle Figuren sind Gemüsesorten, die in den Bildern in der zeitgenössischen Tracht von Fürsten, Prinzessinnen, Samurai und Zofen erscheinen. Rettich und Shiitakepilz als Oberhäupter der Häuser Frisch- bzw. Trockengemüse haben die Invasion des Kambodscha-Kürbis aus Übersee abgewehrt (die Urangst vor der Bedrohung von außen war stets ein Thema in der abgeschlossenen Welt Japans), sehen sich aber der Rache des Sohns Tōnasu-Kürbis ausgesetzt. Als weiteren Plot gibt es die Geschichte der verliebten Prinzessin Wintermelone mit einem Happy End. Für den witzigen Stil dieser Art von Literatur bezeichnend sind die letzten Worte der Süßkartoffel, die auf Blatt 9r gezeigt wird, wie sie als Samurai rituellen Selbstmord vollzieht: *»Hier schneide ich mir die Muskeln in meinem Bauch durch; auf einem Servierteller eines ganz gewöhnlichen Todes sterben – ach! – ich werde sicher süß! Tempura werde ich!«* Tempura war ein schon damals beliebtes Gericht, bei dem Gemüse, Fisch oder Tofu frittiert wurde.

Ein Teil des populären Reizes dieser Literatur lag darin, die von der Obrigkeit rigide behaupteten Standesgrenzen zu überschreiten und dabei auszutesten, wie weit die Zensurbehörden dies tolerieren würden. Das ging nicht immer gut; so verbrachte Takizawa Bakins früher Förderer, der berühmte Autor Santō Kyōden (1761–1816), einmal 50 Tage in Handschellen im Hausarrest (s. Die unfähigen Shōgune Ieshige, Ieharu und Ienari und der »charismatische Bürokrat« Matsudaira Sadanobu, S. 42). Bakin als konservativer und besser mit dem Denken der herrschenden Samurai vertrauter Autor vermied in seinen Werken vorsichtig Tabus und mahnte seine Freunde und Bekannten in der Korrespondenz stets zur politischen Zurückhaltung.

Zwischen 1791 und 1805 verfasste Bakin insgesamt 79 *kibyōshi*, bevor er sich einem neuen, anspruchsvolleren Genre zuwandte, dem *yomihon* (*»Buch zum Lesen«*, im Gegensatz zu Bilder- und Andachtsbüchern). Hier konnte Bakin mehr als Moralist und mit didaktischen Zielen auftreten, auch konnte er sich mehr mit den chinesischen Klassikern beschäftigen. Er gilt als der Schöpfer des japanischen historischen Romans, von denen er rund 30 verfasste. Sie spielen größtenteils im 14. bis 16. Jh., also einer schon fernen Vorzeit, als Samurai noch wirklich Helden waren, nicht überwiegend Bürokraten, Gelehrte oder Wachsoldaten wie in der späten Edo-Periode. Damit erweiterte Bakin geschickt seinen Leserkreis von den Bürgerlichen, die sich immer für Geschichten um sozial höher Stehende interessierten, um die Schicht der Samurai selbst, die seine Romane als nostalgische Erbauungsliteratur lesen konnte. Seinem eigenen Ziel, der Fortführung der Familie Takizawa im Samuraistand, kam er geistig näher, indem er seine Romane autobiographisch färbte, und seine Helden, die oft ihrer Ehre beraubt worden waren, stets ein Ende mit einer gerechten Wiedergutmachung erleben ließ.

Takizawa Bakins Opus Magnus wurde das *Nansō Satomi Hakkenden* (»*Die Geschichte der acht Hunde aus dem Hause Satomi in Nansō*«), erschienen 1814–42 in 106 Bänden. Das umfangreichste Werk der japanischen Dichtung überhaupt ist im Gegensatz zu vielem anderen von Takizawa Bakin bis heute nicht vergessen, es wurde für die Kabuki-Bühne adaptiert und mehrmals verfilmt, auch als *anime* (Zeichentrickfilm). Historisch ist das Werk in der Sengoku-Epoche, dem »Zeitalter der kämpfenden Reiche« im 15./16. Jh. angesiedelt. Zwei mächtige Häuser, die Satomi und die Anzai, streiten um die Macht in der Provinz Awa. In größter Bedrängnis verspricht Fürst Satomi seinem Hund die Hand seiner Tochter, falls er ihm den Kopf seines Feindes bringen könnte. Dies geschieht, und nach einigen übernatürlichen Wendungen werden acht Samurai als Sohn des Hundes und der Prinzessin geboren, die Band für Band gefährliche Abenteuer bestehen müssen, die ihre Integrität als Samurai auf die Probe stellen. In der Grundkonstellation der sich bekämpfenden Häuser sowie im Auftreten von Magie, übernatürlichen Kräften und rechtschaffenen Helden liegen die Grundlagen von bis heute produktiven Genres der japanischen Literatur, aber auch von Film- und Fernsehproduktionen sowie von modernen Formen wie Manga und Computerspielen.

Im Edo des 19. Jhs. wurde Takizawa Bakin zum Literaturstar, aber seine Familie blieb trotzdem nicht von Stadtbränden, Hungersnöten und persönlichen Schicksalsschlägen verschont. Ab 1837 erblindete Bakin zunehmend und musste die letzten Bände der *Acht Hunde* diktieren. 1848 verstarb er 72-jährig in seiner Heimatstadt Edo. Seine Familie konnte sich nicht mehr im Samuraistand festsetzen, der ohnehin eine Generation später aufgehoben wurde. Ironischerweise wird dieses Standesdenken von Takizawa Bakins als bürgerlicher Schriftsteller geschaffenem Werk überstrahlt. Heute noch verblüffend, und vielleicht gerade der kritischen Selbsteinschätzung seines Tuns geschuldet, ist Bakins Professionalität als Schriftsteller: *»Es ist nicht ausreichend für einen professionellen Autor, Bücher zu schreiben. Er sollte auch an den Absatz denken und daran, wie viel der Verleger investieren muss und wie viele hundert verkaufte Exemplare nötig sind, um diese Kosten wieder einzuspielen. Man muss sogar den Preis von Papier in jedem gegebenen Jahr berücksichtigen... Wer das nicht tut, ist ein Amateur. Vielleicht hört sich dies aus meinem Mund egoistisch an, aber ich achte sehr auf diese Dinge und versuche, alle Schichten als Leser zu erreichen.«*

Der Superstar des Kabuki-Theaters Ichikawa Danjūro

Heutige Besucher des Theaters Kabuki-za auf der Ginza in Tōkyō wundern sich oft, dass während der Vorstellung das Licht im Zuschauerraum weiter scheint. Das ist aber nur ein einziger der zahlreichen Unterschiede im Verhalten eines heutigen westlichen Theaterpublikums im Vergleich zu den begeisterten Kabukigängern im alten Edo. Matsudaira Sadanobu (s. Die unfähigen Shōgune Ieshige, Ieharu und Ienari und der »charismatische Bürokrat« Matsudaira Sadanobu, S. 42) hinterließ uns in seinem Werk *Daimyō Katagi* die satirische Schilderung eines Fürsten, der zum ersten Mal eine Kabuki-Vorstellung besucht und sofort begeistert ist:

»Als der Fürst sich mit seinem Arzt und einigen Begleitern in seiner Loge niedergelassen hatte, begann er drauflos zu plappern. Zuerst kommentierte er den Mut oder die Ernsthaftigkeit des einen oder anderen Schauspielers auf der Bühne. Aber bald änderte er die Richtung seiner Aufmerksamkeit und rief aus ›Ist das nicht ein hübsches Ding da drüben?‹ Er ließ seine gebildeten Anspielungen völlig fahren und begann die Frau in der Loge gegenüber zu beäugen. ›In der Tat, dieses Theater interessiert mich. Schaut wie gute Menschen gedeihen und die Bösen untergehen! Seht die totale Treue dieses Mannes zu seinem Herrn und die Tiefe der Gefühle jener Frau – wie bewegend!‹ Und wie er starrte, staunend wie eine Landpomeranze beim ersten Anblick von Edo.«

Aus der Passage wird deutlich, dass Kabukivorstellungen soziale Ereignisse waren, bei denen die Zuschauer das Geschehen laut kommentierten und mit-

Straßen mit Bürgerhäusern aus der Edo-Zeit finden sich in Tōkyō nur noch in Museen, wohl aber im rund eine Stunde entfernten Kawagoe, berühmt als »Klein-Edo«. Man sieht an der Ecke ein stattliches Geschäftshaus, mehrere weiß verputzte feuerabweisende Lagerhäuser im *kurazukuri*-Stil sowie einen historischen Feuerbeobachtungsturm mit Alarmglocke.

einander kommunizierten. Licht war schon nötig, um die Verkäufer von Speis und Trank während der vielen Tagesvorstellungen auf schmalen Stegen durch den Raum mit den sitzenden Zuschauern balancieren zu lassen. Die Atmosphäre ähnelte in ihrer Lebendigkeit eher der elisabethanischen Bühne in London zur Zeit Shakespeares als dem heutzutage üblichen ergriffenem bis teilnahmslosem Schweigen im Zuschauerraum.

Trotzdem waren die Stars auf der Bühne den Zuschauern alles andere als gleichgültig. Im Gegenteil, die prominentesten Mimen des Kabuki waren trotz ihres formell geringen sozialen Standes Superstars in Edo und gründeten bis auf den heutigen Tag existierende Schauspielerdynastien. Dabei waren die Anfänge des Kabuki durchaus nicht erhaben gewesen. Zugeschrieben wird diese Bühnenkunst einer Frau namens O-Kuni, die ab 1603 in Kyōto Tänze religiösen, aber auch leicht erotischen Inhalts aufführte. Das Wort *kabuki* selbst hat negative Konnotationen (»unpassend«, »schockierend«) und die Darstellerinnen waren oft auch als Prostituierte zu haben, was den Shōgun 1629 veranlasste, Frauen für immer von der Kabukibühne zu verbannen. Nun wurden auch Frauenrollen von Männern gespielt, den sog. *onnagata*, ein besonderer Aspekt des Kabuki, der verfeinerte Techniken erfordert. Die beiden anderen Stile für Männerrollen, waren der *wagoto* (»weicher Stil«) der besonders in Westjapan das Kabuki prägte und immer noch prägt, sowie der für Edo typische *aragoto* (»harter Stil«). In einer Stadt, in der die Zahl der Männer die der Frauen weit übertraf und viele dieser Männer täglich zwei Schwerter an ihrer Seite trugen, passten die dramatischen Superhelden-Rollen, fantastischen Kostüme und Spezialeffekte auf der Bühne viel besser.

Die größten unter den Stars des Kabuki waren der Schauspieler Ichikawa Danjūro I (1660–1704) und seine gleichnamigen Nachfolger. Danjūros Vater war kein Schauspieler, aber als Geschäftemacher und vielleicht sogar Tunichtgut erstens ein Bürgerlicher und zweitens fest in der sich entwickelnden bürgerlichen Kultur Edos bis hin zu ihren schmierigen Randbereichen verwurzelt. Typisch für einen Kabukischauspieler war Danjūros Debüt noch als Kind. Die Einflüsse der rauhen Straßen von Edo spiegeln sich im dem Machismo zuneigenden *aragoto*-Stil wider, den Danjūro maßgeblich kreierte. In seinen Paraderollen sprang er in überdimensionierten Kostümen, die ihn größer erscheinen ließen, als er war, über die Bühne, bekämpfte böse Feinde, starb heroische Tode. Eine besondere Rolle spielten die stark geschminkten Gesichter der Helden, deren weiße Grundfarbe ihren hohen Stand und die roten und blauen Linien ihren Charakter und ihre Gemütsverfassung widerspiegeln. Bestimmte Rollen »gehören« bestimmten Schauspielerdynastien, in denen Väter und Onkel den Jüngeren spezielle Gesten, Bewegungen, stimmliche Tricks, aber auch die Schminktechniken weitergeben. Aus diesem Grund sah Ichikawa Danjūro XII. (gestorben 2013) in den Paraderollen seines Hauses genauso aus wie sein illustrer Urahn; er bewegte sich und sprach wie dieser.

Danjūro I. schrieb auch eigene Stücke, gründete eine Schauspielergilde und stand 1697 im vielleicht berühmtesten Kabukistück überhaupt auf der

Bühne, dem *Shibaraku*. Ichikawa Danjūro spielt darin einen historischen Helden, der einem ehrenwerten, von Schurken bedrängten Samurai zu Hilfe kommt. Er ruft, noch verborgen hinter einem Vorhang, laut *»Shibaraku!« (»Moment mal!«)* und erscheint auf dem Laufsteg zur Bühne *(hanamichi)* mitten unter den Zuschauern in einem bombastischen Kostüm mit riesigem Schwert, kraftvoll weiß und rot geschminkt. Auf der Bühne hält er inne, um von den Zuschauern bewundert zu werden und erklärt seine Geschichte in einem Monolog, bevor er die Schurken in einer choreographierten Kampfszene besiegt. Der seltsame Name des Stücks war wohl eine feine Rache Danjūro I. an anderen Schauspielern, die ihm einmal seinen Einsatz vorenthalten hatten, worauf er, *»Moment mal!«* heraus donnernd, trotzdem auf die Bühne gestapft war.

Die Holzschnittkünstler

Besonders wohlhabende Bürger von Edo (ein Tag beim Kabuki war sehr teuer) waren dem Theater verfallen und verehrten die Schauspieler. Große Nachfrage nach Souvenirs entstand, aber nur wenigen wurde das Privileg zuteil, die mit einem Baumwolltuch nach der Vorstellung sorgfältig vom Gesicht abgenommene Schminkmaske ihres Lieblings in seiner berühmtesten Rolle erwerben zu dürfen. Preiswertere und weniger vergängliche Angebote stellten die Farbholzschnitte dar, die unser Bild der Edo-Zeit so maßgeblich prägen. Bilder von Kabuki-Schauspielern wurden als Fanartikel gehandelt, aber auch andere Genres wie Tiere, Pflanzen, Stadtansichten und Landschaften, Helden- und Geistergeschichten, Erotika und vor allem Bilder von schönen Frauen *(bijin-ga)* florierten. Der Preis für ein einzelnes Druckblatt Mitte des 19. Jhs. entsprach dem eines einfachen Nudelgerichts. Holzschnitte entwickelten sich im 17. Jh. zunächst monochrom schwarz/weiß, ab ca. 1740 kam rote Farbe dazu, schließlich auch helles Blau, Braun, Grüngelb und Violett. Diese Farbtöne wurden aber, wenn überhaupt, bis zum letzten Viertel des 18. Jhs. mit der Hand aufgetragen.

Moronobu (ca. 1618–1694)

Hishikawa Moronobu, um 1618, stammte aus einer Handwerkerfamilie in der Provinz, die auf die ornamentale Verzierung wertvoller Stoffe spezialisiert war, und kam um 1660 nach Edo. Er war als Buchillustrator tätig und gilt als der erste, dessen Name mit seinen Graphiken zusammen gedruckt wurde. Moronobu illustrierte rund 150 Bücher, darunter erotische Bücher, Krieger- und Abenteuergeschichten, Bücher für Frauen und Kinder und je einen Reiseführer über das Freudenviertel Yoshiwara und die Tōkaidō-Überlandstraße, die für die Bürger von Edo konkrete Ausflugsmöglichkeiten oder Projektionsfläche von Träumen darstellten. Daneben malte er und betrieb sein eigenes, sehr erfolgreiches Studio, die Hishikawa-Schule. Natürlich beschränkte sich der Meister selbst auf die Anfertigung des Entwurfs der Darstellung, war also ein Zeichner und Maler. Sein Entwurf wurde dann von spezialisierten Handwerkern in Holz geschnitzt, gedruckt und ggf. koloriert. Buchillustratoren und Tafelmaler gab es schon vor Moronobu in Edo, aber seine Neuerung, auch Zwölfermappen mit Einzeldrucken herzustellen, begründete tatsächlich die Gattung der Ukiyo-e, der »Bilder von der fließenden (= vergänglichen) Welt«.

Der Name beinhaltet, dass es bei den preiswerten Drucken um das Hier und Jetzt ging, das wieder verfließen würde, aber im Augenblick chic und angesagt war, Modeströmungen und Trends kommunizierte und den Schwerpunkt auf Gefallen und Vergnügen legte. Dies war natürlich der genaue Gegenpol zur regierungsamtlich propagierten Abneigung gegen Wandel und Lebensfreude. Ukiyo-e-Käufer klebten sich Drucke, gleich heutigen Postern, zuhause an Wände und Raumteiler und Geschäftsleute nutzten sie als Werbung, während ernsthafte Sammler sie wie ihren Augapfel hüteten. Die massenhafte Herstellung dieser Bilder in Auflagen von manchmal 1.000 Drucken im 19. Jh. bedeutet auch, dass viele bis heute überlebt haben. Für die Zeit ab Moronobu stellen Holzschnitte unsere wichtigste Bildquelle für Edo/Tōkyō dar, bis sie im 19. Jh. von der Photographie verdrängt wurden. Der intensive Wettbewerb unter zahlreichen, teilweise berühmten Ukiyo-e-Künstlern war typisch für Edo, und auch Moronobus Söhne und führende Schüler, die alle das Schriftzeichen »Moro« im Namen führten, stellten sich ihm nach des Meisters Tod 1694.

Harunobu (1725–1770)

Suzuki Harunobu, geboren 1725, wird der entscheidende Durchbruch weg vom eher rauhen Stil seiner Vorgänger zu vollfarbigen, verfeinerten Ukiyo-e zugeschrieben. Harunobu hatte das Glück, von wohlhabenden bürgerlichen Literaturzirkeln Aufträge für Druckbilder für die Wettbewerbe bei deren Neujahrszusammenkünften zu bekommen. Da Geld keine Rolle spielte, konnten zehn und mehr Farbtöne in hochwertigen Drucken realisiert werden. Die Wirkung des subtilen Farbspiels auf die Zeitgenossen war so groß, dass man von »östlichen Brokat-Bildern« *(azuma nishiki-e)* sprach, was sich auf die im westlichen Kyōto angesiedelte Herstellung von feinst gemusterten Seidenbrokatstoffen *(nishiki)* bezog.

Nunmehr wollte ganz Edo solche Bilder besitzen, wobei vielleicht auch half, dass in Harunobus Neujahrsbildern sehr geschickt die Monate und Tage versteckt waren, was das lästige Regierungsmonopol auf Kalender umging. Überhaupt zieht sich der Kampf der Kreativen gegen immer neue Einschränkungen und Zensuraktivitäten der Obrigkeit wie ein roter Faden durch die Welt nicht nur der Ukiyo-e von Edo. Harunobu zeigte Alltagsszenen, wie Mütter mit spielenden Kindern, spezialisierte sich aber zunehmend auf Bilder von schönen Frauen, und zwar nicht nur Kurtisanen aus dem Yoshiwara, sondern von vier namentlich bekannten Mädchen in »normalen« Berufen. O-Sen war Kellnerin im Teehaus Kagiya, O-Fuji Kosmetikverkäuferin in Asakusa, O-Nami und O-Natsu waren Schreintänzerinnen im bedeutenden Shintō-Heiligtum Yushima Tenjin. Auf Harunobus Bildern fällt es allerdings schwer, die vier Mädchen voneinander zu unterscheiden, und auch die mit ihnen plaudernden jungen Männer folgen demselben eleganten, poetischen, aber auch etwas androgynen Schönheitsideal, das noch den subtilen Einfluss von Kyōto verrät. Mit Harunobus Tod 1770 spielte dieser keine Rolle mehr in Edo, Formen und Farben wurden kraftvoller und romantische bis erotische Aspekte eindeutiger.

Utamaro (1753–1806)

Kitagawa Utamaro, geboren 1753 an unbekanntem Ort, begann nach einer gründlichen Ausbildung mit 29 Jahren in Edo seine Karriere als Ukiyo-e-Künstler. Im Laufe der folgenden 22 Jahre sollte er über 2.000 Drucke sowie

Buchillustrationen, Gemälde und mehr erschaffen. Obwohl Utamaro erste Erfolge mit hochwertigen, detaillierten Serien mit Pflanzen- und Tierbildern hatte (besonders Insekten), wurde er berühmt als Meister der Bilder von schönen Frauen *(bijin-ga)*. Nach einigen Experimenten erfand er eine neue, kraftvollere Linienführung und prägte das Genre mit Serien wie *Sieben Schönheiten beim Schminken* und *Zehn Beispiele der weiblichen Physiognomie.*

Seine Frauen werden typischerweise von der Hüfte an aufwärts dargestellt, wobei der Kopf mit Frisur einen großen Raum einnimmt. Utamaro war ein sehr genauer Beobachter, der mit den wenigen Strichen, die Gesicht und Hände bildeten, feinste Nuancen in Temperament, Charakter und Gesellschaftsschicht der dargestellten Frauen ausdrücken konnte. Er zeigte schöne Frauen, darunter namentlich bekannte Kurtisanen aus dem Yoshiwara, beim Lesen, Rauchen, Essen und sogar als Angesäuselte. *Der Flirt* (1792–93) zeigt eine Frau mit einfacher Frisur, die sich die eleganten Finger mit einem schmalen Handtuch abtrocknet und einen langen Blick aus Mandelaugen über ihre linke Schulter wirft, während ihr Kimono herab gerutscht ist und den Blick auf die entblößte Hälfte ihrer linken Brust freigibt. Es waren besonders Utamaros schöne Frauen, die später die französischen Impressionisten beeindruckten und die heute noch unser Bild von der Weiblichkeit von Edo prägen. Wäre er doch bei den schönen Frauen geblieben. 1804 fertigte Utamaro einige Drucke zur Thematik des Romans *Taikōki*, von denen einer den Herrscher Toyotomi Hideyoshi (gestorben 1598) im Kreise seiner fünf Frauen bzw. Konkubinen darstellte. Das Buch war auf dem Index und die Darstellung despektierlich. Der Künstler wurde mit drei Tagen Gefängnis sowie 50 Tagen Hausarrest in Handschellen bestraft. Utamaro war sicherlich ein sensibler Mann – das ergibt sich schon aus der Betrachtung seiner Werke – und nach dieser Episode war er nicht mehr der alte. Er publizierte nicht mehr und starb, wenig beachtet, 1806.

Wer war Sharaku?

Ganz andere Bilder als der weiche Utamaro fertigte der Künstler Tōshūsai Sharaku. Von ihm ist nur wenig bekannt, wie z. B., dass der Verleger Tsutaya (s. Der Impressario Tsutaya Jūzaburō, S. 109) 1794/95 in zehn Monaten 145 Schauspielerporträts von ihm herausbrachte, die radikal neuartig waren. Sie zeigen die Schauspieler nicht glamourös in ihrer Rolle, sondern als Menschen aus Fleisch und Blut im Kontrast zu ihrer Rolle, realistisch bis hin zur Grenze der Hässlichkeit. Sharakus wenige Werke stehen wie ein Solitär in der Geschichte des Ukiyo-e, ihrer Zeit weit voraus. Eine alte, handschriftlich angefertigte Enzyklopädie hatte für Sharaku nur dürre Worte, nämlich, dass seine Bilder wegen zu großem Realismus nicht akzeptierten Idealen entsprachen und seine Karriere deshalb nur kurz war. Dass einige seiner Bilder hohe, mehrfache Auflagen erlebten, wurde übersehen und es bedurfte des deutschen Privatgelehrten Julius Kurth, der 1910 publizierte, dass er Sharaku neben Rembrandt und Velasquez zu den drei bedeutendsten Porträtisten der Weltkunstgeschichte zähle. Japan fehlte es damals an Selbstwertgefühl für seine eigenen kulturellen Errungenschaften und dieses Lob aus westlichem Mund führte zu einer begeisterten Wiederentdeckung des Unbekannten und zu einer wachsenden Zahl von Theorien über seine Person.

Die meisten Forscher gingen davon aus, dass Sharaku ein Pseudonym für eine andere Person war. Zuerst dachte man an einen bestimmten Nō-Schauspieler, der im Dienste eines Fürsten stand und es nicht mit seiner sozialen Position vereinbaren konnte, eine rein bürgerliche, gewinnorientierte Tätigkeit auszuüben. Nach dem Zweiten Weltkrieg folgten mehr als ein Dutzend weiterer Kandidaten, darunter der Schriftsteller Santō Kyōden, andere Holzschnittmeister und sogar der Verleger Tsutaya Jūsaburō selbst, von denen sich aber keiner allgemein durchsetzen konnte. Vielleicht war »Sharaku« auch das Projekt einer Gruppe von Künstlern, oder Sharaku war einfach Sharaku? Warum verließ er so plötzlich die Kunstwelt? Möglicherweise werden wir das größte Rätsel der japanischen Kunstgeschichte nie lösen können. Es bietet auch Stoff für einen sehr ungewöhnlichen Kriminalroman von Takahashi Katsuhiko, der 2013 auf Deutsch erschien: *Auf der Suche nach Sharaku*, in dem Kunsthistoriker zu Detektiven werden und der Leser eine höchst unterhaltsame Einführung nicht nur in die Welt der Farbholzschnitte, sondern auch in die ihrer Liebhaber und Erforscher bekommt.

Hokusai (1760–1849)

Katsushika Hokusai wurde 1760 im Bürgerviertel Honjo in Edo geboren und starb in seinem neunzigsten Jahr in einem anderen Bürgerviertel, in Asakusa. Dazwischen liegt die sagenhafte Zahl von 93 Umzügen und eine künstlerische Produktion, die nach Zehntausenden von Bildern zählt. Hokusai hinterließ praktisch keine Wertsachen, besaß auch zeitlebens kaum welche, lebt aber in seinen Werken fort, die ihn durch Export schon im 19. Jh. zum im Westen am meisten beachteten japanischen Bildkünstler machten und zu dem Ukiyo-e-Meister, dem man am wahrscheinlichsten in musealen Sammlungen außerhalb von Japan begegnen kann. Hokusai war, seit er sechs Jahre alt war, vom Zeichnen und Malen besessen und legte den Pinsel wohl keinen Tag seines langen Lebens mehr aus der Hand. In der Jugend studierte er japanische, chinesische und westliche Malerei, um am Ende seine eigenen Wege zu gehen. Hokusai kannte keine starren Regeln, dogmatisierte seine Kunst nie. Sie lebt von seinem Einfallsreichtum und dem nie endenden Willen zum Experiment. Besonders gut deutlich wird das in seinen ab 1812 erscheinenden Zeichenbüchern mit dem Titel »Manga« (= »zwanglose Bilder«), die er als Ressourcen-Fundgrube für Amateure gedacht hatte. Die Seiten quellen über von originellen Zeichnungen von Menschen, Tieren und Pflanzen, aber auch von Geistern, Gespenstern sowie zahlreichen genau beobachteten Tätigkeiten im damaligen Alltag. Vor allem aber verraten sie Humor und geradezu überbordende Phantasie.

Hokusai ist der bildkünstlerische Entdecker des Berges Fuji, 62 km von Edo entfernt, den er in den Serien *36 Ansichten des Bergs Fuji* sowie *100 Ansichten* aus jeder denkbaren Perspektive in Kombination mit Stadt- und Landschaftsansichten verewigte. Jedes Blatt ist eine vollständige künstlerische Neuschöpfung, die uns heute noch verblüffen kann, weil Hokusai Lehren aus der westlichen Perspektive und Farbperspektive in die japanische Tradition der flächig-linearen Darstellung einzubringen wusste. Wirtschaftlich zahlte sich Hokusais manischer Fleiß kaum aus und er war gezwungen, sich auch Projekten eher schaustellerischer Natur zuzuwenden, wie der Bemalung eines Reiskorns bis hin zu 200 Quadratmeter großen Bildern für Tempel. Hokusai konnte einfach alles, aber es waren gerade sein Genie und seine Innovationsfreude, die ihm den Aufstieg aus der kleinbürgerlichen Sphäre verwehrten, und Volkstümlichkeit traf nicht den Geschmack der Herrschenden.

Obwohl ihn der Verlust seines Hauses und Bildervorrats durch einen Brand 1839 wirtschaftlich hart traf, berichtet man, dass der alte Mann nichts als seine Pinsel mitnahm. In seinen letzten Jahren half ihm seine jüngste Tochter O-Ei, geschieden von einem Maler, aktiv bei der Arbeit. Die Reise durch Bilderwelten und die Suche nach immer neuem künstlerischen Ausdruck ging weiter. Hokusai war selbst der letzte, der sich für ein Genie gehalten hätte, eher für einen auch im hohen Alter noch Unfertigen, denn auf seinem Sterbebett tat er 1849 kund: *»Ach, hätte ich zehn oder nur fünf Jahre länger gelebt, ich wäre ein Künstler geworden.«*

Hiroshige (1797–1858) und die letzten Meister

In der Zeit ab der Wende vom 18. zum 19. Jh. nahmen in Japan Reisen von Menschen verschiedener Gesellschaftsschichten zu religiösen, geschäftlichen oder immer offener touristischen Zwecken stark zu. Auch nach Edo kamen mehr Besucher und verlangten nach typischen Souvenirs. Zwar wurden auch in Kyōto, Ōsaka und Nagoya Farbholzschnitte produziert, aber sie waren doch im Kern ein Produkt von Edo. Herausgeber richteten Läden an viel benutzten Straßen ein und Farbholzschnitte fanden als preiswerte Mitbringsel aus der Hauptstadt immer stärker steigenden Absatz. Inhaltlich bedeutete das, dass die alten Genres der schönen Frauen und der Schauspieler zurückgingen, weil die Touristen anders als alteingesessene Fans nicht über die nötigen Detailkenntnisse über das Yoshiwara und die Kabuki-Bühne verfügten. Man verlangte jetzt als Souvenir neben allgemein gefälligen japanischen und chinesischen Helden- und Geistergeschichten vor allem *meisho-e* (»Bilder berühmter Orte«), sodass wir Heutigen ein sehr detailliertes Bild von der Stadtgestalt von Edo in den letzten Jahrzehnten der Tokugawa-Herrschaft erhalten. Bereits Hokusai hatte mit seiner Meisterschaft des Genres Landschaft, von Genreszenen und treffenden Porträts auch einfacher Leute den Weg gewiesen, den Utagawa Hiroshige weiter ging. Geboren 1797 in Edo in die niedere Samuraifamilie Andō, die erblich einen Posten in der Samuraifeuerwehr hielt, ließ sich Hiroshige als zwölfjähriges Familienoberhaupt nach dem Tode seines Vaters 1809 dort von einem Onkel vertreten und erfuhr eine gründliche Ausbildung als Bildkünstler in der im 19. Jh. führenden Utagawa-Schule. Als Samurai des Shōgun hatte Hiroshige die Chance, gelegentlich kleine Posten von der Shōgunatsregierung zu bekommen (s. Ein Samurai als Lebenskünstler und seine Abwege – Katsu Kokichi, S. 72), und eine solche Dienstreise 1830 nach Kyōto über die Tōkaidō-Überlandstraße öffnete ihm, dem Stadtkind, die Augen für die Schönheit der Natur. Es entstand sein berühmtes Album *53 Stationen der Tōkaidō*, auf dessen Drucken die 53 Poststationen meistens nur Nebensächlichkeiten sind. Berge, Hügel, Klippen, Ebenen, Felder und Wasserläufe dominieren neben detailliert festgehaltenen kleinen Genreszenen.

1833 wurde Hiroshige Regierungsinspektor für Wasserstraßen und kam viel im Land herum, was sich in seinen Bildern niederschlug. Damit lag er auch kommerziell goldrichtig, denn Landschaften aus der schönen Provinz interessierten sowohl die stressgeplagten Großstädter von Edo als auch die Provinzler, die sich über ihnen bekannte Heimatansichten auf einem Farbholzschnitt aus Edo freuten.

Sein Meisterwerk, die *100 Ansichten von berühmten Orten in Edo*, begann Hiroshige zwei Jahre vor seinem Choleratod 1858; die Sammlung blieb unvollendet. Die angefertigten Drucke zeugen vom Auge eines Meisters, der in Edo allseits bekannten Lokalitäten verblüffend neue Perspektiven abringt, indem er ungewöhnliche Blickwinkel einnimmt und souverän mit der Perspektive umgeht. Auch widerstand Hiroshige dem allzu plakativen Einsatz von zunehmend aus dem Westen eingeführten synthetischen Farben, besonders dem Preußischblau und Rottönen.

Die Utagawa-Schule brachte noch viele Farbholzschnittkünstler heraus, darunter Hiroshiges Schüler mit den Namen Hiroshige II, III und IV sowie Toyokuni, Kunisada, Kuniyoshi (1798–1861) und dessen Schüler Tsukioka Yoshitoshi (1839–1892). Letzterer gehörte bereits zur Gruppe der »Dekadenten«, die zwar weiterhin kühn komponierten, aber bei denen das Kolportagehafte, Fantastische, Grauenhafte, Perverse und Sadistische überhandnahm. Dies passte natürlich in die aufgeregte Stimmung der Bakumatsu-Jahre (1853–1867) am Ende des Tokugawa-Shōgunats und in die Anfangswirren der neuen Zeit, der Meiji-Epoche. Dem Farbholzschnitt kam auch nach 1867 noch eine gewisse Bedeutung als Bildberichterstattung von wichtigen Ereignissen zu. Der Japanisch-Chinesische Krieg 1894/95 war der letzte, von dem aktuell mit Farbholzschnitten berichtet wurde. Zehn Jahre später waren die Bildberichterstatter im Krieg gegen Russland bereits mit Kameras unterwegs.

Der Impressario Tsutaya Jūzaburō (1750–1797)

Die Farbholzschnitte praktisch aller oben porträtierten Künstler wären nicht möglich gewesen ohne Figuren wie Tsutaya Jūzaburō. Dieser war nicht selbst bildkünstlerisch tätig, aber ohne sein Wirken wären maßgebliche Künstler in den Gattungen Literatur und Farbholzschnitt und zum kleinen Teil auch bei den Bühnenkünsten heute nicht an prominenter Stelle in der japanischen Kulturgeschichte vertreten. Tsutaya Jūzaburōs Firma würde man heute als eine Verlagsbuchhandlung bezeichnen. Sie machte ihren Betreiber so berühmt, dass sich der Gründer der Firma Culture Convenience Club Co., Ltd. 1982 dafür entschied, seine inzwischen fast 1400 Filialen umfassende, landesweite Buchhandlungs- und DVD-/CD-Verleihkette »Tsutaya« zu nennen.

Tsutaya Jūzaburō oder »Tsutajū«, wie er verkürzend genannt wurde, wurde 1750 im Freudenviertel Yoshiwara geboren und mit fünf oder sechs Jahren von der Familie Kitagawa adoptiert, die ein Teegeschäft namens Tsutaya (= »Efeu-Ort«) führte. Im Gegensatz zu Samurai hatten die meisten Bürgerlichen keine Familiennamen, benannten sich aber oft nach dem Geschäft, das sie führten. Tsutaya Jūzaburō wechselte schon als junger Mann das Metier und betrieb einen kleinen Buchladen am Großen Tor des Yoshiwara. 1774 verlegte er den ersten Führer durch das Yoshiwara in einem neuen, faltbaren Format, das man im Kimonoärmel mitnehmen konnte. Ab 1777 hatte er Exklusivrechte (ein Monopol war immer ein goldener Geschäftsweg in Edo!) und publizierte zwei Ausgaben pro Jahr. Die Führer verkauften sich blendend, denn der große Ruhm des Viertels und seine spezielle Etikette machte viele Kunden nervös, ob sie sich zurechtfinden und sich nicht als Kenntnislose blamieren würden. Nach und nach wurden die Führer umfangreicher und gaben neben der Vorstellung der Freudenhäuser und ihrer führenden Kurtisanen auch nützliche Tipps von Experten. Tsutaya war ein glänzender Geschäftsmann und steigerte den Wert seiner Führer durch die Aufnahme von illustrierenden Holzschnitten. Dies brachte ihn mit talentierten Ukiyo-e-Künstlern sowie den notwendigen Schnitzern und Druckern in Kontakt. 1776 folgte eine dreibändige Sammlung namens *Spiegel der Schönheiten des Yoshiwara*, die in Farbe zahlreiche der schönsten Kurtisanen zeigte. Eine brillante Geschäftsidee, denn wahrscheinlich bezahlten die Besitzer der Häuser des Yoshiwara für diese Werbung und natürlich waren die jungen Frauen wunderschön mit idealisierten, fast stereotypen Gesichtszügen sowie prächtigen Kimono und Frisuren dargestellt. Tsutaya expandierte weiter und schaffte 1783 den Sprung ins Stadtzentrum von Edo, wo ein neuer Laden mit Direktverkauf in der Nähe der Brücke Nihonbashi entstand.

Der Wettbewerb unter Verlegern in Edo war knüppelhart. Gab es zu Beginn des 18. Jhs. noch 493 in der Stadt, waren es im 3. Viertel des Jhs. bereits über 900. Tsutaya war erfolgreich und publizierte in etwas über 20 Jahren an die 545 Bücher, indem er viel Geld mit sicheren Projekten verdiente wie den Führern, Unterhaltungsromanen und Handbüchern, das er dann in künstlerisch ambitionierte Drucke steckte. Er hatte ein untrügliches Gespür für Talent und holte an Autoren und Bildkünstlern die Begabtesten früh in seinen Stall. So gilt Tsutaya als der Entdecker bzw. wichtigste Förderer der Schriftsteller Santō Kyōden und Takizawa Bakin (s. Der Erfolgsautor, der seinen Beruf nicht schätzte – Takizawa Bakin, S. 93), sowie der Ukiyo-e-Künstler Utamaro, Sharaku und Hokusai (s. Die Holzschnittkünstler, S. 101). Einige von diesen wohnten sogar bei ihm, wenn sie klamm bei Kasse waren und belohnten den Impresario mit ihren besten Leistungen. Tsutayas Zirkel war regelrecht ein »Salon«, in dem Künstler ein- und ausgingen und sich gegenseitig befruchteten.

1790, zur Zeit der reaktionären Kansei-Reformen unter Matsudaira Sadanobu (s. Die unfähigen Shōgune Ieshige, Ieharu und Ienari und der »charismatische Bürokrat« Matsudaira Sadanobu, S. 42), geriet auch Tsutaya Jūsaburō in Schwierigkeiten. Diejenigen seiner Autoren, die aus dem Samuraistand kamen, schieden aus. Die neue Zensur, die Politisches, »Vulgäres« und allzu Luxuriöses unterbinden wollte, nahm Tsutaya ins Visier. Zur Strafe für die Veröffentlichung einer Satire auf die Shōgunats-Politik von Santō Kyōden wurde Tsutayas halbes Vermögen eingezogen. Dieser reagierte besonnen: Er fügte sich dem Druck und brachte statt dessen Utamaro groß heraus, ein Künstler, der vor allem unanstößige Bilder schöner Frauen schuf. Tsutaya konzentrierte seine kreative und geschäftliche Energie, indem er aus Utamaros gemalten Vorlagen Farbholzschnitte neuer Qualität machte, in einer noch nicht gesehenen technischen Perfektion und Schönheit.

Wie hart umkämpft der Markt war, sieht man auch an der Sharaku-Episode (s. Die Holzschnittkünstler: Wer war Sharaku, S. 104). 1794 brachte einer von Tsutayas schärfsten Konkurrenten, der Verleger Izumiya Ichibei, eine neuartige Reihe von Ganzkörperporträts berühmter Schauspieler von Utagawa Toyokuni (1769–1825) heraus. Tsutaya konterte den Angriff im wichtigen Genre Schauspielerporträts, indem er wenige Monate darauf die ersten 28 Bilder von Sharaku, einem bis dahin völlig unbekannten, aber offensichtlich hochbegabten Künstler, präsentierte. Die Publikation war perfekt abgestimmt auf den Beginn der Spätfrühlingssaison im Kabukitheater und Tsutaya investierte erheblich besonders in Sharakus erste Serie, die in bestechender Qualität und im großen Format produziert wurde. Die folgenden drei Serien waren künstlerisch und technisch abnehmend gelingend gestaltet, was einen weiteren Aspekt zum Rätsel um Sharaku hinzufügt. War Tsutaya enttäuscht vom Erfolg dieser Bilder? Hatte Sharaku sein Pulver frühzeitig verschossen? Im Sommer 1797 verstarb Tsutaya an der Beri-Beri-Krankheit (s. Der Erfinder des Sushi »nach Edo-Art« Hanaya Yohei, S. 111). Ohne ihn wäre die bürgerliche Kulturblüte des späten 18. Jhs. in Edo niemals so prächtig ausgefallen.

Der Erfinder des Sushi »nach Edo-Art« Hanaya Yohei (1799–1858)

Eine von Historikern kontrovers diskutierte Frage ist, welche Bevölkerungsgruppe wann wie viel Reis und wie viel anderes Getreide als Hauptnahrungsmittel essen konnte. Aus dem westlichen Lehensgebiet Chōshū wissen wir, dass dort im Jahre 1840 Reis 53 % alles verzehrten Getreides ausmachte. 1874, also wenige Jahre nach Ende der Edo-Periode, machte Reis 63 % des Wertes aller in Japan produzierten landwirtschaftlichen Güter aus. Das Wort *gohan* (gekochter Reis) ist bis heute im Japanischen auch das allgemeine Wort für »Mahlzeit«. Da Reis Basis der Steuerkalkulation wie der Gehälter war, die an Samurai gezahlt wurden, waren die städtischen Reismärkte in der Edo-Zeit gut versorgt und man kann annehmen, dass in den großen Städten Reis in großer Menge unvermischt, also ohne andere Getreidesorten gegessen wurde, während auf dem Lande wie in früheren Zeiten auch Weizen, Buchweizen, Gerste und Hirse zum Reis gemischt wurde.

Weiß polierter Reis wurde beliebt, auch wegen des mit ihm verbundenen Prestiges, denn die ihn erzeugenden Bauern mussten oft selbst mit weniger angesehenen Getreidesorten Vorlieb nehmen. Ungünstigerweise gehen beim

Polieren wichtige Nährstoffe verloren. Auch sorgte das Mischen von Getreidesorten für eine ausgewogenere Ernährung, wie der erste und der zweite Shōgun in Edo, Tokugawa Ieyasu und Hidetada, sie noch praktizierten und dekretierten. Im Laufe des 17. Jhs. verfeinerte die Führungsschicht aber ihren Geschmack, grenzte sich ab, was wie stets von der Bevölkerung in den Städten nach Möglichkeit nachgeahmt wurde. Das Zeitalter des polierten Reis begann, und damit auch das der Krankheit *Edo wazurai*, besser bekannt als Beri-Beri.

Auch Katsu Kokichi (s. Ein Samurai als Lebenskünstler und seine Abwege – Katsu Kokichi, S. 72) litt chronisch an Beri-Beri, Tsutaya Jūzaburō fiel ihr zum Opfer. Japanische Großstädte der Frühen Neuzeit waren zwar erstaunlich wenig von aus unhygienischen Zuständen resultierenden Seuchen betroffen, obwohl es in Edo auch Ausbrüche von Pocken, Cholera und Masern gab. Stattdessen litten viele Bewohner unter diesem Grundfehler in der Ernährung, dessen Ursache man erst Ende des 19./Anfang des 20. Jhs. klar erkannte. Beri-Beri geht vor allem auf einen Mangel an Vitamin B1 zurück, führt zu Müdigkeit und Lethargie zusammen mit zunehmenden Störungen von Herz, Nerven und Kreislauf bis hin zum Tode. Wer in Edo an Beri-Beri erkrankte, wurde von seinem Arbeitgeber oder den Ärzten möglichst auf das Land zurückgeschickt, woher viele Dienstboten und Arbeiter ursprünglich kamen. Man aß dort gesünder und wurde oft wieder voll hergestellt, ohne dass man den genauen Grund dafür wusste.

Neben Reis wurde in Edo natürlich auch Gemüse gegessen, allerdings oft eingelegt und wie viele Speisen in dieser Stadt zur Konservierung kräftig gesalzen. Hoher Salzgehalt und kräftige Würze grenzt die Küche von Edo/Tōkyō bis heute von der Westjapans ab, besonders von Kyōto und Ōsaka. Als drittes Grundnahrungsmittel wurde die aus Soja herzustellende Miso-Paste genutzt, häufig in heißem Wasser zu einer Suppe aufgelöst, aber auch als Würzmittel. Reis mit etwas Gemüse und Miso wurde schon als ausreichende Grundmahlzeit angesehen und viele Mitglieder der unteren Bevölkerungsschichten hatten zufrieden zu sein, wenn sie dies zweimal am Tag bekamen. Diese Art von Ernährung wurde meistens schweigend und zügig eingenommen, bevor man wieder an die Arbeit ging. Hier ging es nur um das Sattwerden, nicht um den Genuss.

Da man kaum Fleisch außer gelegentlich Wildschwein, Hirsch und einigen Wildvögeln aß und auch Hühner so selten waren, dass Eier teuer blieben, war die hauptsächliche Quelle von Protein das, was Flüsse und Meer hergaben. Die Flüsse in und um Edo wurden systematisch von Fischern und Anglern genutzt, außerdem unterhielten Fischgroßhändler große Fangflotten, die in der Bucht von Edo und darüber hinaus aktiv waren. Zunehmend ging es nicht mehr nur um das Sattwerden. Die Basis für eine aufwändige, genussvolle Ernährung vergrößerte sich im Laufe der Edo-Periode, denn bedingt durch Landesausbau, ausgeweitete Handelstätigkeit und die Abwesenheit von Kriegen stieg der Wohlstand auch der Nicht-Samurai in der Bevölkerung. Die ersten Restaurants *(ryōrijaya)* in Edo entstanden in den 1770er-Jahren und für ihre Blütezeit in der ersten Hälfte des 19. Jhs. galt der Spruch, in Edo stünde alle fünf Schritte ein größeres Gebäude, aber alle zehn ein wirklich stattliches, in dem man essen und trinken konnte.

Bezeichnenderweise befanden sich die meisten berühmten Restaurants am Sumida-Fluss, über den sowohl Frischfisch als auch Gäste sie bequem per Boot erreichen konnten. Das berühmteste Restaurant, das »Yaozen«, zählte sogar Daimyō und einmal einen Shōgun zu seinen Gästen. Doch auch für schmalere Geldbeutel entstanden kleine Lokale und Imbissstuben bis hin zu fliegenden Verkäufern *(yatai)*, denn Edo zeichnete sich aus durch eine sehr große Zahl von Männern auf Dienstreisen, also fern vom heimatlichen Herd. Das waren nicht nur die vielen tausend Samurai, die ihre Daimyō jährlich nach Edo begleiteten, sondern auch Geschäftsreisende aus den bürgerlichen Ständen und Wanderarbeiter, die verpflegt werden wollten.

Das Geschäft mit Speisen blühte, und vor diesem Hintergrund trat ein junger Mann namens Hanaya Yohei (1799–1858) in Erscheinung. Yohei wurde in der Provinz Echizen an der Japanischen See geboren und kam wie so viele andere als Junge nach Edo, um mit neun Jahren als Dienstbote und Lehrling bei einem der als *fuda-sashi* bekannten Geschäftsleute anzufangen. Diese waren im Reishandel tätig, verfügten über Lagerhäuser und betätigten sich in Bankgeschäften, denn Reis war im Grunde auch eine Währung. Hanaya versuchte noch einige andere Berufe, vor allem lernte er in einem angesehenen Restaurant und heiratete die Tochter eines Kochs. Als junger Mann lebte Hanaya in den 1820er-Jahren im Viertel Ryōgoku. Dort befand sich seit 1659 eine große Brücke über dem Sumida, was dem Viertel regen Verkehr, viel Zulauf und eine sozioökonomische Struktur bescherte, die weitgehend auf das Vergnügen und die Unterhaltung der Bürger von Edo und von Durchreisenden ausgerichtet war. Es gab große und kleine Bühnen, Freakshows und natürlich Essen und Trinken in großer Auswahl. Hanaya Yohei verdiente sich seinen Lebensunterhalt als fliegender Sushiverkäufer, wobei Sushi zunächst etwas ganz anderes bedeutete als das, was wir heute rund um den Globus genießen. Sushi war zwar schon rund 1.000 Jahre vor Hanaya Yoheis Zeit aus Südostasien bzw. China nach Japan gekommen, war aber über lange Zeit ein Gericht nicht aus rohem, sondern aus in Reis und Essig fermentiertem Fisch, den man erst nach Monaten oder gar Jahren aß.

Um 1500 war der Fisch bei *nama-nare-zushi* noch teilfermentiert und dieses auch noch in der Edo-Periode erhältliche Gericht muss einen wenig appetitanregenden Geruch verströmt haben. Bis zu Hanaya Yohei war der Stand ungefähr der um 1730 von Shōsekiken Sōken festgehaltene, in dessen Rezept der ganze Fisch über Nacht in Sake eingelegt und danach mit gesalzenem Reis gefüllt und fest in Blätter eingewickelt wurde. Nach zwei bis vier Tagen Fermentation im Fass wurde der Fisch mit dem Reis gegessen. Es handelte sich also eher um eine Methode, Fisch haltbar zu machen als um das Darbieten des frischen, rohen Meeresbewohners.

Roher Fisch wurde aber bereits in mancher Form in Edo gegessen und war auch gut zu bekommen. Hanaya Yohei hatte nun die Idee, einfach eine kleine Menge gesäuerten Reis mit der Hand zu formen und eine dünne Scheibe fast rohen Thunfisch, Shrimps, Seeaal oder eine ganze junge Sprotte darüberzulegen. »Fast roh« bedeutet, dass Hanaya den fangfrischen Fisch vorher kurz aufkochte oder mit Essig oder Sojasoße marinierte, um ihn haltbarer zu machen. Die Idee kam möglicherweise von seiner Frau O-Aki. Dadurch entstand annähernd das, was wir heute im Allgemeinen mit *sushi* gleichsetzen. Ein fliegender Händler konnte die Happen mit der Hand frisch vor den Augen seiner Kunden zubereiten. Diese Art von Sushi nannte man *nigiri-zushi*, was »handgeformt« bedeutet. Der Erfolg dieses Snacks war phänomenal, bald war halb Edo verrückt nach *nigiri-zushi*, und über die Hauptstadt hinaus wurde diese Variante als *Edo-mae-zushi* bekannt, also »Sushi nach Edo-Art«, der erste und wohl bis heute bedeutendste Beitrag der japanischen Hauptstadt zur kulinarischen Weltkultur.

Hanaya Yohei werden mehrere wichtige Innovationen zugeschrieben. Auf einer Art Studienreise nach dem ersten großen Erfolg zusammen mit O-Aki und deren Bruder entdeckte er entlang der Tokaidō-Überlandstraße, dass der scharfe grüne Meerrettich Wasabi eigentlich gut zu Sushi passt. Auch der Triumph des Maguro (Thunfisch) geht auf ihn zurück. Leicht verderblich wegen seines Fettanteils, wurde er als Beifang oft weggeworfen oder den Armen überlassen. Maguro war also billig und das erlaubte Hanaya, ein Paar Sushi für fünf *mon* (Kupfermünzen) anzubieten, sodass mehr Menschen sich Sushi leisten konnten. Der Thunfisch wurde damals aber noch zur Verlängerung der Haltbarkeit mit Soja und Mirin mariniert.

Es gibt nur eine einzige ungefähr zeitgenössische Abbildung des bereits älteren Geschäftsmanns Hanaya Yohei. Der Kulturhistoriker Nishiyama Matsunosuke hat uns aber in wenigen Worten eine eindrucksvolle Schilderung hinterlassen, wie wir uns den aufstrebenden Jungunternehmer in trendiger Arbeitskleidung mit seinem mobilen Sushistand und einer gehörigen Portion von Edo-typischem Machismo im Gewühl der neugierigen Menschen in Ryōgoku vorzustellen haben: Der junge Yohei trägt einen mit schmalen Streifen gemusterten modischen Kimono, der Beinfreiheit willen lässig hinten in den aus einer berühmten Manufaktur in Hakata stammenden Gürtel eingesteckt. Sein kurzer, vorne offener Mantel ist breit gestreift und mit schwarzem Seidenkragen versehen. Die teilweise entblößten Beine stecken in Strohsandalen mit weißen Tabi-Socken und Beinlingen aus Baumwolle. Auf dem Kopf sollte man sich ein in Yoshiwara-Art locker übergeworfenes Tuch vorstellen. So ausstaffiert ruft er mit gutturaler Stimme in seinem persönlichen Singsang seine Waren aus, während er ein Stück Sushi nach dem anderen formt und für jeweils einige Kupfermünzen verkauft – Sushi mit Ei für das Doppelte.

Hanayas Erfolg bescherte ihm ein eigenes Lokal, das »Yoheiya«, bis 1932 in Familienbesitz am selben Ort erhalten. Dieser Umstieg von der Straße zu etwas Seriösem war klug, weil die Obrigkeit zunehmend ein gestrenges Auge auf die ambulanten Essensverkäufer warf, teils aus Sorge um die allgemeine Gesundheit, teils, weil man Neuem und Modewellen sowieso immer skeptisch gegenüberstand. Natürlich fanden Hanayas *nigiri-zushi* jede Menge Nachahmer, sodass man am Ende der Edo-Periode schätzte, dass es pro Stadtviertel eine Garküche mit den überaus beliebten Buchweizennudeln (*soba*) gab, aber zwei Sushilokale. Hanaya Yohei lebt in Tōkyō auch im Namen der nach ihm benannten Restaurantkette fort, zu deren Spezialitäten – natürlich! – eine große Auswahl an Sushi-Gerichten gehört.

Kleine Leute, Gesetzlose und Außenseiter in Edo

Während Samurai in ganz Japan lebten und die Kultur des Landes mitprägten, entwickelte sich in der Hauptstadt eine spezielle bürgerliche Lebenswelt, die die Atmosphäre in den Vierteln der »Unteren Stadt« (Shitamachi) prägte. Im vorausgegangenen Kapitel »Das bürgerliche Edo« wurden herausragende Vertreter des bürgerlichen Stands, der *chōnin*, vorgestellt; Männer, deren wirtschaftlicher oder kultureller Erfolg ihre Namen berühmt gemacht hat. Von der Mehrzahl der einfachen Stadtbewohner bis hin zu den sozial Ausgeschlossenen dagegen blieb selten mehr als ein Name erhalten, wenn überhaupt, sodass einige der biografischen Skizzen in diesem Kapitel eher auf das Typische bestimmter Gruppen als auf konkrete Einzelpersonen abheben.

Hausbesitzer und Mieter, Handwerker und ihre Frauen

Chōnin, also Bürger, konnte im engeren Sinn nur sein, wer ein Haus besaß, in dem er mit seiner Familie wohnte und oft auch arbeitete. Zu dieser Gruppe gehörten zwischen 20 und 50 % der allgemein als »Bürger« bezeichneten Bewohner von Edo. Andere, darunter oft neu vom Lande Zugereiste wohnten in hinter der Häuserfront gelegenen, engen Seitenstraßen als Mieter in langen Reihen von einstöckigen Holzhäusern. Diese sogenannten *nagaya* verschwanden erst lange nach dem Zweiten Weltkrieg aus dem Stadtbild von Tōkyō. Gegen Ende des 17. Jhs. hatte das Bevölkerungswachstum zu Raumnot geführt und die anfangs freien Flächen im Inneren der Wohnblöcke füllten sich mit solchen Quartieren, die manche Forscher auch als »Slums« bezeichneten.

Wenn ein Kind in eine solche Familie geboren wurde, lernte es von klein an mit dieser Enge zu leben. Nagaya-Wohnungen hatten nur eine winzige Küche im Eingangsbereich, der zum einzigen, viereinhalb Tatamimatten (ca. neun Quadratmeter) großen Raum führte. Hier passierte einfach alles: arbeiten, kochen, essen, schlafen, streiten, lieben, krank sein und sterben.

Man lebte (Papier-)Tür an Tür und hatte allzeit regen Anteil am Familienleben der Nachbarn, fand aber auch Zusammenhalt und Solidarität. Die bemerkenswerte Fähigkeit vieler Tōkyōter, nur das zu hören und zu sehen, was für sie bestimmt ist – also die Kunst der selektiven Wahrnehmung als ein Aspekt der Höflichkeitskultur – erklärt sich auch aus der historischen Erfahrung der räumlichen Enge.

Wenn sie nicht zur Schule mussten oder mitarbeiteten, waren viele Kinder unterwegs und staunten über die ständig wechselnden Attraktionen der Millionenstadt. Als Teenager wurden viele Jungen von ihren Eltern auf drei bis fünf Jahre gegen geringen Lohn als Lehrling in das Haus eines Handwerkers gegeben. Später wurde der junge Mann *ishoku*, also Geselle, oft beim selben Meister, arbeitete in dessen Werkstatt und lebte meistens weiter in dessen Haus in einem Viertel, das von der gleichen Berufsgruppe bewohnt wurde. Wer für seine Arbeit das Haus verlassen musste wie etwa Bauhandwerker, wurde als *deshoku* bezeichnet. Eine Möglichkeit, selbständig zu werden, allerdings oft in prekärer Lage, war das Leben als *watari*, als umherziehender Wanderarbeiter, die sich für Reparaturen, aber auch als Sakebrauer oder Lacksammler verdingten. Die Zahl der sich auf den Straßen von Edo herumdrückenden, nicht immer ausreichend beschäftigten Tagelöhner war gewaltig.

Ein Handwerker mit mehreren Gesellenjahren und einer gehörigen Portion Glück konnte hoffen, selbst Inhaber eines Handwerksbetriebs zu werden, etwa durch Adoption oder Heirat. Als solcher Meister wurde er Mitglied einer Genossenschaft, *nakama* genannt, deren Charakter durchaus an Zünfte und Bruderschaften im mittelalterlichen Deutschland erinnerte. *Nakama* waren einflussreich. Sie entschieden, wer ihren Beruf ausüben durfte, kontrollierten Qualität und Produktionsmengen und sicherten ihr Auskommen durch Lohn- und Preisabsprachen. Man sparte gemeinsam Geld für Kreditvergabe an Mitglieder und als Notfallhilfe. Das Leben mit den Genossen hatte aber auch eine spirituelle Seite, denn man feierte Feste und beging religiöse Zeremonien gemeinsam.

Die Regierung akzeptierte diese Genossenschaften gegen Besteuerung. Wirtschaftspolitisch und sozial waren sie wichtig, um der wachsenden Macht bedeutender Kaufleute (s. Vom Tellerwäscher zum Millionär in Edo – Kawamura, Kinokuniya und Mitsui, S. 89) etwas entgegen setzen zu können. Diese hatten dafür gesorgt, dass Direktvertriebsläden von Handwerkern in Edo immer mehr verschwanden und organisierten Groß- und Einzelhandel nun selbst. Kaufleute bemühten sich um mehr Einfluss auf die Produktion. Ihr Kapital verschaffte ihnen Kontrolle über die Rohstoffe, die Handwerker brauchten, und machte sie dadurch abhängig. Erst durch die Bildung von Genossenschaften bekamen die Handwerker das nötige Gewicht, um mit den Kaufleuten erfolgreich verhandeln zu können.

War ein Handwerker als Meister oder Geselle etabliert, konnte er ans Heiraten denken. Eine Besonderheit der Gesellschaft von Edo war der Männerüberschuss von fast zwei zu eins. Hauptsächlich entstand dieses Missverhältnis durch die vielen Samurai, die ohne Familie aus der Provinz auf Zeit zuzogen. Aber auch unter Bürgerlichen war der Heiratsmarkt für Frauen grundsätzlich nicht ungünstig; kaum eine musste lange ledig oder Witwe bleiben, und nicht selten waren die Ehefrauen älter als ihre Männer. Im Prinzip wurden die ehelichen Beziehungen durch Traktate im Sinne des *Onna Daigaku* aus dem frühen 18. Jh. geregelt, einer klassisch-konfuzianischen Schrift, die den Gehorsam gegenüber dem Ehemann als »lebenslange Pflicht« der Frau fordert. Für Frauen der Oberschicht galten diese patriarchalischen Regeln allerdings stärker als für Bürgerliche. Bürgerliche Mädchen gingen wie Jungen auf Tempelschulen, konnten lesen, schreiben, rechnen und manchmal noch manches mehr, wie dichten oder die Teezeremonie vollziehen. Ambitionierte Bürgerfamilien gaben ihre Töchter auf Zeit als Zofen in Adelshaushalte, wo sie feine Sitten lernten, um später eine begehrenswerte Partie unter ihren Standesgenossen zu sein.

Eine Ehescheidung auf Wunsch des Mannes war durch ein einfaches Schriftstück möglich; historisch eher ungewöhnlich aber war, dass auch die Frau das Recht auf Scheidung hatte, allerdings war das komplizierter. Ihre Eltern oder der vormalige Heiratsvermittler hatten dem Ehemann den Scheidungswunsch vorzutragen. Lehnte dieser ab, musste die Frau sich zwei Jahre formell in einem von der Regierung anerkannten Tempel aufhalten, danach war sie frei und ledig.

Falls eine Frau aus bürgerlichem Stand sich ihren eigenen Unterhalt verdienen musste, so konnte das in zahlreichen ehrbaren Berufen geschehen. Besonders häufig waren Frauen als Lehrerin, Färberin, Weberin, Herstellerin von Fächern, im Lebensmittel- und Kleiderhandel, als Friseurin oder Kosmetikerin, aber auch als Frauenärztin und Arbeitsvermittlerin tätig.

Iemon und O-Iwa – Von einem gemeinen Ehemann und seinem Rachegeist

Frauen von Samurai gingen keinen bürgerlichen Berufen nach – was auch auf ihre Ehemänner zutraf und vielfach zu finanziellen Problemen im Haushalt führte, vor allem dann, wenn der Mann kein Gehalt von einem Fürsten oder dem Shōgun bezog, wenn er also ein *rōnin*, ein herrenloser Samurai war. Ein solcher Samurai war Tamiya Iemon, der in dem Viertel Yotsuya westlich der Burg von Edo mit seiner als gütig beschriebenen Frau O-Iwa in einem kleinen Haus lebte. Um seine Geldnot zu lösen, kam Iemon mit einem Nachbarn überein, dessen Enkelin zu heiraten – nur stand ihm seine aktuelle Ehefrau O-Iwa im Weg. Iemon begann, sie langsam zu vergiften, wodurch O-Iwas Gesicht schrecklich entstellt wurde. Das verunstaltete Gesicht trug ihr die schlechte Behandlung ihres gesamten sozialen Umfelds ein. Am 22. Februar 1636 starb O-Iwa schließlich und der Überlieferung nach band ihr gemeiner Ehemann den Leichnam an einem Brett fest, das er in den kleinen Fluss hinter ihrem Haus beförderte.

Bis hierher enthält die Geschichte einen, oder genauer gesagt zwei historische Kerne, nämlich die Inspiration durch zwei historisch nachgewiesene reale Mordtaten aus Edo, deren Aspekte und Details verwoben wurden. Mehr noch als der kriminalistische Aspekt trug 1825 eine Kabukiproduktion im Theater Nakamura-za mit der spektakulären Wiederkehr O-Iwas als furchterregendem *onryō* (Rachegeist) zu der damit einsetzenden enormen Popularität der Geschichte bei.

Die meisten der damals rezipierten Geister- und Gespenstergeschichten Japans spielten in Palästen oder übernatürlichen Umgebungen. Mit »Yotsuya Kaidan«, so der Name des später auch mehrfach verfilmten Stücks von 1825, brach der Horror in die Welt der einfachen Bewohner von Edo ein. O-Iwa, die zum Opfer gewordene Frau, wurde nun zur Rächerin und bestrafte die Täter. Deren schlimmster, ihr Ehemann Iemon, wurde selbst zum Opfer, indem ihn O-Iwas Geist terrorisierte. Wie viele japanische Geister trägt O-Iwa ein weißes Bestattungshemd und schwebt mit entstelltem Gesicht und gelöstem Haar auf ihre Opfer zu, denn japanische Geister haben keine Füße. Als Folge der Vergiftung fällt ihr rechtes (in anderen Versionen linkes) Auge aus seiner Höhle – ein schrecklicher Anblick, der auflagenträchtig auch von vielen Meistern im Farbholzschnitt dargestellt wurde. Der Geist verblendet Iemon und macht ihn zum wahnsinnigen Werkzeug ihrer Rache an den Menschen, die sie gemobbt hatten. Nach diversen blutigen Mordtaten ist Iemon völlig in den Wahnsinn getrieben und flieht aus der Stadt. Fast jede neue Produktion des Stoffes in den letzten knapp 200 Jahren erfand neue Details und grausige Varianten, die nach wie vor ihren Effekt auf das sich gruselnde Publikum nicht verfehlen.

Die tatsächliche O-Iwa wurde vermutlich auf dem Friedhof des kleinen Tempels Myōgyō-ji im Stadtviertel Sugamo begraben, wo seit 1986 eine Tafel informiert, dass die Ehe zwischen Tamiya O-Iwa und Iemon schlecht stand und sie krank werden ließ. Nach ihrem Tod sei allerlei Unglück über die Familie Tamiya gekommen, das erst durch das Lesen einer Lotussutra in diesem Tempel geendet habe. Die Besänftigung von Rachegeistern ist extrem wichtig. Auf dem Gelände des längst nicht mehr vorhandenen Wohnhauses der Tamiya in Yotsuya steht noch der alte Familienschrein der Familie, der heute als »Oiwa Inari Tamiya Jinja« bekannt ist. Die Bildungsbehörde Tōkyō vermerkt dort allerdings auf einer Tafel, die Ehe von O-Iwa und Iemon sei eigentlich glücklich gewesen und das 200 Jahre später geschriebene Stück »Yotsuya Kaidan« fern der Realität. Manchmal obsiegen Phantasie und Aberglaube jedoch über rationale Elemente. Wer in den Tempel schräg gegenüber geht und dort vor einem weiteren O-Iwa-Denkmal steht und sich etwas sehr intensiv wünscht, dem könne O-Iwa es wahr werden lassen, so der Volksglaube. Wer aber nur als Schaulustiger komme, dem würde genau wie ihr ein Auge fürchterlich anschwellen.

Für Kabuki-Schauspieler ist ein Gebet an O-Iwas Grab vor dem Beginn einer neuen Aufführung von »Yotsuya Kaidan« eine Selbstverständlichkeit – man weiß ja nie.

Die bürgerlichen Superhelden von Edo – Feuerwehrleute im 18. und 19. Jahrhundert

Edo, das heutige Tōkyō, war vom 17. bis ins 19. Jh. hinein die bevölkerungsreichste Metropole der Welt. Es war auch die am öftesten neugebaute Stadt, denn keine andere Großstadt der Frühen Neuzeit brannte so oft ab wie Edo. In Tōkyō hat sich die Betonung des Vergänglichen in der Tendenz erhalten,

Gebäude nach 30 oder 40 Jahren abzureißen und neuzubauen. In markanten Worten charakterisierte der japanische Historiker Nishiyama Matsunosuke, der Doyen der Edo-Forschung, seinen Gegenstand so: *»Edo – eine Stadt von Samurai, Bürgern, Feuern und erzwungenen Umzügen«*.

Zu den größten Feuern gehörte das Meireki-Feuer von 1657. Damals wurden die Burg des Shōgun, 160 fürstliche Residenzen, 770 Residenzen von Hatamoto (s. Der englische Samurai Will Adams, S. 66, und Ein Samurai als Lebenskünstler und seine Abwege – Katsu Kokichi, S. 72), 350 Tempel und Schreine sowie rund 50.000 Bürgerhäuser zerstört – mehr als die Hälfte der Stadt, deren Einwohnerzahl gleichzeitig um 108.000 Brandopfer sank. Zum Vergleich: im Deutschen Reich gab es bis dahin gar keine Stadt mit einer dieser Opferzahl entsprechenden Einwohnerzahl.

Das Gyoninzaka-Feuer 1772 verwüstete eine Schneise von rund 25 × 3,5 km im Stadtgebiet. Das Heiin-Feuer 1806 nahm sich dagegen fast bescheiden aus, ihm fielen »nur« 10 × 0,9 km sowie 1.200 Menschenleben zum Opfer. Die »Feuersaison« war die Zeit des Übergangs vom Winter zum Frühling. Es war trocken, aber kalt, weswegen viele Heizfeuer in der hölzernen Stadt brannten. Wenn dazu noch der saisonale Nord/Nordwest-Wind kam, war die Gefahr am größten. Am häufigsten brannten die Vergnügungsviertel mit ihren vielen unachtsamen, auch angetrunkenen Gästen sowie die dicht besiedelten Bürgerviertel. Im Durchschnitt registrierte Edo alle sechs Jahre ein großes Feuer und dazwischen ungezählte kleinere, die vielleicht »nur« einen Straßenzug oder ein Stadtviertel verschlangen.

Die Folgen der Feuer waren vielfältig. Natürlich entstand erheblicher finanzieller Schaden. Die Regierung sah sich mit Unruhen konfrontiert, wenn das frustrierte Volk Sündenböcke jagte (noch nach dem großen Kantō-Erdbeben 1923 wurden zahlreiche Koreaner massakriert, wobei die Behörden tatenlos zusahen, s. Der Bürgermeister und das Erdbeben – Gotō Shimpei, S. 174). Andererseits bedeutete die stetige Nachfrage nach Neubauten, dass die Wirtschaft nach jedem Feuer ein neues »Konjunkturprogramm« erhielt. Das Umland wurde durch die gewaltige Nachfrage aus der Stadt in immer größer werdenden Radien entwickelt. Handwerker, die im Feuer ihr Haus verloren hatten, bekamen sofort wieder Arbeit.

Edo war seiner Struktur und Verwaltung nach dreigeteilt in den Bezirk des Shōgun und seiner Samurai, in die Quartiere der Fürsten und ihrer Samurai sowie in die bürgerlichen Viertel. So waren im 17. Jh. zunächst drei verschiedene Feuerwehren entstanden. Die Feuerwehr des Shōgunats machte ihre Präsenz deutlich, indem sie in ihrem Zuständigkeitsbereich ab 1658 neun Meter hohe Feuerwarntürme aus lackiertem Holz aufstellte, auf denen sich je eine große Trommel sowie vier Glocken an den Ecken befanden. Den Feuerwehren, welche die Fürsten aus ihren unterbeschäftigten Samurai aufstellten, waren kleinere, schwarzlackierte Feuerwarntürme bestimmt – auch hier blieb die »Kleiderordnung« gewahrt. Schließlich wurde auch angeordnet, dass die bürgerlichen Feuerwehren in ihren Gebieten pro zehn Wohnblöcke zwei Türme zu errichten hatten, die natürlich noch kleiner zu sein hatten. Diese Feuerwarntürme prägten das Stadtbild von Edo; heute kann man noch einen in der knapp 50 km entfernten Stadt Kawagoe sehen, die man wegen ihres gut erhaltenen edozeitlichen Stadtbildes auch »Little Edo« nennt.

Warum waren diese Türme so wichtig? Die Techniken der Brandbekämpfung in Japan änderten sich bis zum Ende des 19. Jhs. kaum. Einmal vom Feuer erfasst, war es unmöglich, die dichtgedrängten Holzhäuser zu löschen. So bestand das Ziel im Verhindern der Ausbreitung des Feuers. Dazu war es wichtig, möglichst früh und aus der Ferne Brandherde und ihre Bewegungen zu erkennen. Die Warnsignale von den Türmen zeigten auch weiter entfernten Vierteln die Richtung des Brandes, sodass Bewohner Gebiete evakuieren konnten, während die Feuerwehrleute erfuhren, wohin sie zu laufen hatten.

Die mächtigen Standarten der Feuerwehreinheiten, die *matoi*, wurden an den Orten aufgepflanzt, an denen das Feuer zum Stehen gebracht werden sollte. Die Dächer der gerade vom Feuer erfassten Gebäude wurden schnell bestiegen und abgedeckt, damit die Flammen nach oben hinaus konnten. Die Wände brennender Häuser wurden von außen eingedrückt, um die Flammen zu ersticken. Gleichzeitig begannen andere Feuerwehrleute die umliegenden Gebäude abzureißen, indem Pfeiler und Stützbalken weggezogen wurden, worauf die Häuser mit Ziegeldach obenauf einstürzten, was den Flammen die Nahrung nehmen sollte.

Eine solche Brandbekämpfungstechnik stellte ein anderes Anforderungsprofil an Feuerwehrleute als der heutige technisierte Kampf gegen die Flammen. Zunächst brauchte man zahlreiche Einsatzkräfte, dann Werkzeug, das eigentlich zu Bauzimmerleuten passte. Leitern, Sägen, Äxte, Seile und der berühmte Feuerwehrhaken *(tobiguchi)* an seiner langen Stange waren die wichtigsten Materialien. Die tragbare Wasserpumpe wurde erst 1764 eingeführt und diente wegen ihrer geringen Kapazität vorwiegend zum Besprühen des dem Funkenflug ausgesetzten Personals, dessen dicke Schutzjacken und -hauben sich voll Wasser saugten und so Schutz boten.

Wer waren nun diese tapferen, kräftigen Männer, über deren Namen und Einzelschicksale wir wenig wissen, deren Ruhm aber bis in die Populärkultur des 20. und 21. Jhs. hinein strahlt? Zunächst gab es die Feuerwehr des Shōgun, in zwei Wachen geteilt, deren eine für den inneren Perimeter der Burg zuständig war, während sich die andere um die äußeren Bereiche kümmern sollte. Das Personal bestand vorwiegend aus niederrangigen Samurai, die von Wachmännern unterstützt wurden, die Profis in diesem Metier waren. In den Samuraivierteln waren abschnittsweise bestimmte Fürsten verantwortlich. Diese stellten insgesamt vier Brigaden mit je 120 Leuten, die in ihrem Wachdienst alle zehn Tage rotierten. Bis auf den heutigen Tag typisch für japanische Feuerwehren ist der Korpsgeist geblieben, der sich im stolzen Zur-Schau-Stellen schmucker Uniformen und im paramilitärischen Präzisionsdrill manifestiert.

Diese Organisationen erlebten ihren Offenbarungseid im Jahre 1641, als 121 fürstliche Residenzen abbrannten, obwohl alle Kräfte gebündelt wurden und der Shōgun persönlich vom Haupttor seiner Burg aus die Arbeiten dirigierte. Aber erst nach dem Meireki-Feuer von 1657 wurden die Samuraibrigaden vereinheitlicht und ihre Zuständigkeit auch auf die noch schlechter dastehenden Bürgerviertel ausgedehnt. Jede Wache unterstand einem Hatamoto, also einem hochrangigen Samurai des Shōgun. Die Fürsten begannen, ihre Feuerwehren ähnlich wie die des Shōgunats zu organisieren. Alle diese Feuerwehrleute hatten in Edo den zweifelhaften Ruf, besonders raue, trink- und spielfreudige Leute zu sein. Sie verhielten sich oft arrogant und feindselig gegenüber den Bürgern.

Dagegen hatten die Bürgerlichen um 1717 ganze 167 Feuerwehrleute *(machibikeshi)*, die für Gebiete von mehreren 100.000 Bewohnern zuständig waren. Und selbst unter diesen wenigen Leuten waren viele Alte, Kranke und Kinder, die von den Bürgern als Alibihandlung vorgeschickt wurden. Es war klar, dass solche Einrichtungen überhaupt nicht ausreichen konnten.

So kam es unter dem u.a. durch lange laufende Fernsehserien legendär gewordenen, weit blickenden Stadtmagistraten Ōoka Echizen no kami (im Amt seit 1717, s. Edos legendärer Richter Ōoka Echizen, S. 129) zu einer lange überfälligen Reform. Wir sind über die Hintergründe ungewöhnlich gut informiert, weil sich die Tagebücher des Ōoka Echizen no kami erhalten haben. Damals waren die Kassen des Shōgunats leer und die Regierung entschied, dass die Bürger von nun an selbst für ihre Feuerwehr aufkommen sollten. Ōoka Echizen no kami entschloss sich, die Maßnahme nicht nur unter fiskalischen Gesichtspunkten zu sehen, sondern sie zur gründlichen Verbesserung der Lage zu nutzen.

Die Bürgerfeuerwehren entpuppten sich als eine der größten Erfolgsgeschichten von Edo. Am Ende des 18. Jhs. waren sie den Samuraifeuerwehren derartig überlegen, dass sie bei Feuern sogar in das Innere der Burg gerufen wurden. Der Preis für diesen verbesserten Brandschutz war allerdings hoch. Kurz vor 1800 gab es 9.400 bürgerliche Feuerwehrleute, das waren rund zwei Prozent aller Bürgerlichen. Die besser betuchten Kaufleute, die den größten Teil der Kosten zu tragen hatten, beschwerten sich häufig.

Parallel dazu wurden städtebauliche Verbesserungen in Edo durchgesetzt. So wurden viele Häuser, besonders die Lagerhäuser reicher Händler oder Samurai mit ihrem wertvollen Inhalt, in möglichst feuerfester Weise in *kurazukuri*-Technik gebaut. Dadurch wurden die wichtigsten Finanz- und Sachmittel geschützt, um beim Neubau nach einem Brand zügig voranzukommen. Weitblickende Unternehmer lagerten nun auch Bauholzvorräte vorsorglich ein (etwa auf Inseln in der Bucht von Edo), um den nach einem Großbrand sprunghaft ansteigenden Holzpreisen aus dem Wege zu gehen – wodurch diese Preissteigerungen insgesamt etwas reguliert wurden. Abgebrannte Flächen im Häusermeer wurden zum Teil als sichere Orte für Flüchtlinge im Brandfall frei gelassen.

Wie sah eine Bürgerfeuerwehrbrigade um 1800 aus? Jene armen Mieter und Diener von Kaufleuten, also Amateure, die von ihren Herren vorgeschickt worden waren, waren jetzt auf einfache Arbeiten begrenzt. Da der Schwerpunkt der Tätigkeit auf schnellem Dachabriss lag, mussten Spezialisten beschäftigt werden. So wurden Dachdecker *(tobi)* und andere Bauarbeiter als Teilzeit-Feuerwehrleute eingestellt. Die Motivation, den durch Nachtwachen und dergleichen belastenden und gefährlichen Nebenjob anzunehmen, lag offensichtlich weniger im bescheidenen Gehalt, als in dem zu erwerbenden Sozialprestige begründet, denn ab ca. 1780 galten diese Männer als die unbestritten besten Feuerwehrleute Edos.

Eine bürgerliche Brigade unterschied sich in ihrer Zusammensetzung deutlich von den paramilitärischen Samuraifeuerwehren. Bei den Bürgerlichen stand das Fachlich-Praktische im Vordergrund. Der Führer einer Brigade wurde als *tobigashira* bezeichnet. Ihn unterstützten einige Unterführer. Herausgehoben war auch der Standartenträger, ein besonders starker, kühner Mann, der mit seinem bis zu 22 kg schweren Gerät, dem Stolz seiner Brigade, für alle sichtbar auf Dächer in der Nähe des Brandortes zu klettern und dem Funkenregen zu trotzen hatte.

Alle diese Männer wie auch die nächste Gruppe, die Leiterleute, die ebenfalls auf Dächer zu steigen hatten, waren Berufsfeuerwehrleute. Die akrobatisch anmutenden Tricks der Leiterleute in schwindelerregender Höhe sind bis heute Teil jährlich stattfindender Vorführungen der Berufsfeuerwehr von Tōkyō geblieben. Die weiteren Gruppen, die zahlenmäßig starken Hakenmänner sowie die Wasser- und Eimerleute, übten ihre Tätigkeit nebenberuflich aus.

Die Berufsfeuerwehrleute übernahmen Routinedienste und die Wache in den Feuerwehrhäusern, die über die Bürgerviertel verteilt waren. Insgesamt gab es 48 Brigaden, die nach dem System der 48 phonetischen Silbenzeichen des Japanischen, der *Hiragana*, organisiert und benannt waren. Besonders berühmt ist die *me-gumi* (*me*-Brigade), deren 381 Feuerwehrleute sich 1804 eine legendäre Prügelorgie mit 60 Sumoringern beim Shiba-Schrein lieferten, nachdem man ihnen den Zutritt zu einer Sumo-Veranstaltung verweigert hatte. Wer wagte schon eine Prügelei mit Sumo-Ringern, den stärksten der starken Männer? Natürlich die Feuerwehrleute! Aus dem Vorfall wurde ein Kabukistück und im 20. Jh. flimmerten die Abenteuer der *me-gumi* jahrelang wöchentlich über die japanischen Fernsehschirme.

Neben schwerer Schutzkleidung u. a. aus geräuchertem Leder trugen Feuerwehrleute *happi*, die traditionelle weitgeschnittene, vorn offen stehende Westenjacke der Handwerker und Arbeiter. Sie bestand aus oft mit Indigoblau gefärbter Baumwolle und war mit Mustern und natürlich den *Hiragana*-Zeichen der Brigade bedruckt. Diese uniformartigen Kleidungsstücke wurden auch von Fischern, Sänftenträgern und den Mitarbeitern von Firmen getragen. Sie stifteten quasi bürgerliche Identität und betonten das enge Zusammengehörigkeitsgefühl einer bestimmten Gruppe. Die Muster der Feuerwehr-*happi* wurden zunächst von der Regierung bestimmt; sie sollten weithin erkennbar sein. Das hohe Ansehen der Feuerwehr und die attraktive Erscheinung sorgten dafür, dass bürgerliche Zivilisten die Kleidung als Mode entdeckten. Man begann im 18. Jh., sich solche Jacken zuzulegen, die immer reicher bedruckt und bemalt wurden. Dabei wurden auch die Tätowierungen, die viele Feuerwehrleute trugen, auf dem Stoff nachgeahmt. Im heutigen Japan leben die *happi*-Jacken vor allem bei den zahlreichen *matsuri* fort, Volksfeste, bei denen Gruppen von Männern oder Frauen gleich gekleidet große Tragaltäre durch die Straßen einer Stadt tragen und damit an die Nachbarschafts- und Berufstraditionen des alten Edo anknüpfen.

Im 18. Jh. wurden die Feuerwehren immer mehr als Beschützer der Bürger gefeiert, zum Beispiel im Kabuki, wo das kernige Auftreten der selbstbewussten Feuerwehrleute den »rauen Stil« des *aragoto* der Danjūro-Schauspielerdynastie inspirieren half (s. Der Superstar des Kabuki-Theaters Ichikawa Danjūro, S. 98). Die Feuerwehr findet sich auch in der Volksliteratur und im Farbholzschnitt *(ukiyo-e)* stark repräsentiert. In den populären Farbholzschnitten wurden die Feuerwehrleute, besonders der heroische Standartenträger, nahezu zu Superhelden stilisiert. Die Feuerwehrleute waren es auch, die die Mode des Tätowierens in der zweiten Hälfte der Edo-Zeit popularisierten. Die allgemeine Bewunderung ging so weit, dass sogar das typische Zungenrollen der Feuerwehrleute beim Sprechen weithin imitiert wurde; man kann es heute noch in Filmen über japanische Gangster, die Yakuza, hören.

Warum waren die kernigen Feuerwehrleute bei den Bürgern Edos so beliebt? Zum einen erinnerten sie die Bürger, in einer nostalgischen Anwandlung, an die rauen Gesellen, die in den legendären Gründerjahren von Edo am Burgtor rumzulungern pflegten und inzwischen verklärte Kämpfe zu bestehen hatten. Ihr grober, angeberischer Stil entsprach sehr dem männlichen Ideal Edos, das übrigens im Gegensatz zum eher femininen Habitus der anderen Kulturzentren Kyōto und Ōsaka stand. Der Begriff »Edokko« bezeichnet bis heute Menschen, die aus den alten Bürgervierteln Edos/Tōkyōs kommen und, falls männlich, zu prächtigem Imponiergehabe imstande sind. Zum anderen waren die Feuerwehrleute diejenigen Bürger, die es den hochnäsigen Samurai einmal so richtig gezeigt hatten: Sie hatten sie in einer wichtigen Disziplin so deutlich übertroffen, dass das gesamte Bürgertum sich an diesem seltenen Triumph erfreuen konnte.

Im 19. Jh., besonders 1809 und 1811, kam es zu Kämpfen zwischen rivalisierenden Feuerwehrbrigaden, die schließlich das Bonmot »Feuer und Streit sind die Blumen von Edo« prägten. Die Shōgunatsregierung sah dabei geflissentlich weg, denn solange die Feuerwehr im Brandfall gut funktionierte, wurden sogar Verstöße gegen die öffentliche Ordnung toleriert. Feuer und seine Bekämpfung waren nunmehr zu Domänen der Bürger geworden, die diesen Erfolg überschwänglich in ihrer eigenen Kultur feierten.

Die Brandstifterin O-Shichi (1666 o. 1667–1683)

Die Strafjustiz in der Stadt Edo war drakonisch und kannte viele Formen der Bestrafung, die von Geld- und Ehrenstrafen über Zwangstätowierung bis hin zu Prügelstrafen, Verbannung und der normalerweise durch Enthauptung, strafverschärfend durch Kreuzigung, vollzogenen Todesstrafe reichten. Der große Schaden und die vielen Todesopfer, die Feuersbrünste verursachten, waren die Ursache dafür, dass die schwerste Form der Bestrafung, das Verbrennen bei lebendigem Leib, vor allem verurteilten Brandstiftern vorbehalten war. Wäre die ganze Härte dieser Bestrafung der Teenagerin Yaoya no O-Shichi klar gewesen, wer weiß, ob ihr kurzes Leben in Edo nicht anders verlaufen wäre.

O-Shichi war die Tochter eines Gemüsehändlers *(yaoya)* im Bürgerviertel Komagome, dessen Familie 1682 anlässlich eines Feuers in den benachbarten Tempel evakuiert wurde. Dort verliebte sich das junge Mädchen in einen angehenden Priester. Sie konnte aber aufgrund von Standesunterschieden und moralischen Geboten kaum hoffen, ihn jemals zwanglos wieder zu sehen. Da kam sie auf die fatale Idee, im eigenen Haus Feuer zu legen, um bei einer erneuten Evakuierung den Geliebten, dessen Namen und weiteres Schicksal wir nicht genau kennen, wiedersehen zu können.

O-Shichi wurde ertappt und kam schließlich vor ihren Richter. Es gab eine Tendenz, reuige weibliche Angeklagte ein wenig milder zu behandeln, außerdem galt die volle Strafmündigkeit auch erst ab einem Alter von 16 Jahren. Da das Alter von Personen nicht durch amtliche Personalausweise oder ähnliches zu klären war, fragte der Richter O-Shichi nach ihrem Alter. Dabei baute er ihr goldene Brücken und wiederholte seine suggestive Formulierung *»Du bist doch 15, nicht wahr?«* Das arme Mädchen war sich entweder der gravierenden Folgen des Altersunterschieds nicht bewusst oder war einfach viel zu ehrlich, weshalb sie ihr Alter unmissverständlich mit »16« angab. Für eine Fünfzehnjährige hätte der Richter die Strafe auf Verbannung festsetzen können, bei einer voll strafmündigen Brandstifterin hatte er keine Wahl. O-Shichi wurde zum Feuertod verurteilt. Eine andere Variante der vielfach überlieferten und literarisch ausgestalteten Geschichte gibt an, O-Shichi wäre tatsächlich erst 15 gewesen, aber die Aussicht auf eine ewige Trennung vom Geliebten durch Verbannung hätte sie bewogen, stattdessen den Tod zu wählen.

Zur Höchststrafe kam strafverschärfend noch die öffentliche Zurschaustellung der Verbrecherin hinzu. Am 27. März 1682 wurde O-Shichi zusammen mit fünf anderen Brandstiftern auf Pferden festgebunden durch die Straßen von Edo geführt, begleitet von grimmig blickenden Bewaffneten, die große Tafeln trugen, auf denen die Namen der Verurteilten und ihre abscheulichen Taten genau aufgeführt waren. Ein gerührter Zuschauer steckte ihr einen blühenden Kirschzweig an. Am 29. März kam sie zur südlichen Hinrichtungsstätte von Suzugamori im Bezirk Shinagawa. O-Shichi wurde auf einen Reisighaufen gestellt und an einem Pfahl festgebunden, um den eine Art Zelt aus Bambusstöcken errichtet wurde, das dick mit Reisig belegt wurde. Die Verurteilte war so im Moment der Verbrennung den Blicken verborgen und günstigerweise entzogen die von unten auflodernden Flammen dem Inneren der Konstruktion schnell den Sauerstoff, sodass Ohnmacht und Tod rasch eintreten konnten. Es gab aber auch Verbrennungen, bei denen man die Schreie der Sterbenden bis zu acht Kilometer weit hören konnte. Insgesamt sind von 1651 bis 1871 geschätzte 100.000 Personen in Suzugamori hingerichtet worden.

Wir wissen nicht, wie schnell O-Shichi starb, aber wir können den Ort ihres Todes heute noch besichtigen, denn Suzugamori ist eine Gedenkstätte geworden. Es finden sich dort heute noch zwei große Steine, einer mit einem eckigen Loch in der Mitte für das Aufrichten von Kreuzen, einer mit einem runden für den bei Verbrennungen verwendeten Pfahl. Es ist möglich, dass O-Shichi auf diesem Stein stehend gestorben ist.

Wie viele tragische Figuren wurden die verliebte Brandstifterin O-Shichi zu einer literarischen Heldin. Der Schriftsteller Ihara Saikaku nahm ihre Geschichte bereits 1686 in sein enorm populäres Werk *Kōshoku Gonin Onna* (*»Fünf Frauen, die die Liebe liebten«*) auf.

Edos legendärer Richter Ōoka Echizen (1677–1752)

Warum sollte sich die Biografie des Ōoka Echizen no kami Tadasuke, so sein voller Name, eine der berühmtesten und am höchsten angesehenen Figuren aus der Geschichte von Edo, im Kapitel über die »kleinen Leute« wiederfinden? Der Grund liegt in seinem beruflichen Tätigkeitsbereich, denn Ōoka Echizen war als Stadtmagistrat *(machi bugyō)* nicht etwa für die Gefolgsleute des Shōgun, der Fürsten oder andere Samurai zuständig, sondern nur für die bürgerliche Bevölkerung der Hauptstadt. Die Kontrolle dieser Gruppe von mehreren 100.000 Menschen, zu der viele Angehörige niederer Klassen und Kriminelle zählten, die sich keineswegs immer friedlich verhielt, war allerdings eine wahre Herkulesaufgabe, für die den beiden sich monatlich im Amt abwechselnden Stadtmagistraten erstaunlich geringe Hilfsmittel zur Verfügung standen.

Der jeweils amtierende Stadtmagistrat musste täglich dem Rat der Ältesten *(rōju)* Bericht erstatten, ein erlauchtes Gremium aus vier bis sechs hochrangigen Gefolgsleuten des Shōgun mit weitreichenden Befugnissen. Die Verwaltung der Hauptstadt unterstand direkt dem Shōgunat, genau wie in den anderen Metropolen Ōsaka und Kyōto. Diese Tradition lebt bis heute im Status von Tōkyō als *to* (Hauptstadt), nicht etwa *ken* (Präfektur) fort. Der Stadtmagistrat sprach Recht und hatte die drei Stadtältesten *(machidoshiyori)* als die verantwortlichen Vertreter der bürgerlichen Bevölkerung zu beaufsichtigen, außerdem unterstanden ihm Untersuchungsgefängnis und Strafvollzug sowie die Polizei von Edo. Diese setzte sich aus rund 50 Inspektoren im Samuraistand *(yoriki)* zusammen, die ihre Stellung vom Vater erbten, sowie rund 200 Wachtmeistern im Range einfacher Fußsoldaten *(dōshin)* und deren ca. 700 Helfern eine geradezu grotesk kleine Polizeitruppe für die sozial explosive Hauptstadt des Landes. Berücksichtigen muss man dabei allerdings, dass von den Bürgervierteln verlangt wurde, mittels eigener Hierarchien und Strukturen selbst einiges für die Aufrechterhaltung der Ordnung zu tun, wobei das geltende Prinzip der Kollektivhaftung die erwünschte kooperative Haltung beförderte. So hatten die Viertel mehrere Wächter für ihr Gebiet zu unterhalten, die nachts die Zugangstore schlossen und bewachten und die zusätzlich durch Patrouillengänge für Sicherheit vor Kriminellen und Feuern sorgten.

Ōoka Echizen selbst war Karriere-Samurai in Diensten der Regierung und erreichte am Ende seiner langen Laufbahn den Status eines Fürsten mit einem Jahresgehalt von 10.000 Koku Reis. Ihm werden bedeutende administrative Reformen zugeschrieben wie der Aufbau der Bürgerfeuerwehr (s. Die bürgerlichen Superhelden von Edo – Feuerwehrleute im 18. und 19. Jh., S. 120) und eines ersten städtischen Krankenhauses in Edo. Ōoka Echizens Karriere wäre kaum so erfolgreich verlaufen, wenn er nicht als 35-jähriger Landrichter die Stirn gehabt hätte, in einem Grenzverlaufsstreit in Westjapan tätig zu werden und dabei den Unwillen des Fürsten von Kishō in Kauf zu nehmen. Sein Glück war, dass es sich bei diesem Fürsten um niemand anderen handelte als Tokugawa Yoshimune, den späteren »gerechten Shōgun« (Der gerechte Shōgun Yoshimune, S. 38), der ihn überraschend 1717 zum Stadtmagistraten von Edo ernannte (im Amt bis 1736).

Es gibt wohl wenige Japaner, die den Namen Ōoka Echizen nicht kennen. Der Stadtmagistrat und sein Gönner, Shōgun Yoshimune, waren über Jahrzehnte hinweg die Helden mehrerer Fernsehserien, deren bekannteste, *»Abarenbō Shōgun«,* es von 1978 bis 2008 auf über 300 Episoden brachte. Eigentlich fast jede Folge beginnt mit einer finsteren Verschwörung korrupter Amtsträger, reicher Bürger und Banditen, deren Opfer unschuldige Bewohner von Edo werden. Am Ende aber haben Stadtmagistrat und Shōgun, die im Fernsehen oft inkognito operieren, die Übeltäter erkannt und nach einem wilden Schwert-kampf enden diese kniend vor ihrem Richter, dessen bombastischer Auftritt auf der Veranda seines Dienstsitzes, von der aus Recht gesprochen wurde, heroisch inszeniert ist.

Die große Popularität des Stoffes erklärt sich wohl aus der Sehnsucht, auch der der modernen Japaner, nach einer nicht korrumpierbaren Obrigkeit und Schutz durch einen gerechten Richter, zu dessen japanischem Urmodell die Überlieferung – Fakten und Fiktionen – Ōoka Echizen gemacht hat.

Zum Bereich der Fiktionen gehört die große Zahl bedeutender und reicher Übeltäter, die im Fernsehen von Ōoka Echizen überführt wurden. Die Mehrzahl der tatsächlichen Straftäter und der Bestraften waren kleine Leute, deren Verbrechen oft etwas mit ihrem Überlebenskampf zu tun hatten. Auch die für heutige Befindlichkeiten furchtbar harten Urteile, die er wie andere Richter routinemäßig verhängte, werden dem Fernsehpublikum erspart.

Die volkstümlich überlieferten Fälle des Ōoka Echizen teilen sich zum größten Teil in zwei Kategorien. In der einen tritt er als salomonischer Richter auf, der eigentlich unlösbare Streitfälle moralisch integer löst. In einem solchen Fall streiten sich zwei Frauen um einen Jungen, der noch so klein ist, dass er seine wirkliche Mutter nicht erkennt. Nachdem rationale Untersuchungsmethoden kein Ergebnis bringen, macht sich der kluge Richter den weit verbreiteten Aberglauben sowie den übergroßen Respekt vor ihm als berühmten Vertreter der Obrigkeit zunutze.

Er veranstaltet allerlei Firlefanz, um angeblich in die Zukunft sehen zu können. Schließlich gibt er vor, den Jungen und seine Mutter in 20 Jahren gesehen zu haben. Der Junge wäre durch einen Unfall zum hilflosen Krüppel geworden und seine Mutter würde sehr hart in den Reisfeldern für seinen Unterhalt arbeiten müssen. Aufgrund dieser erschreckenden Aussicht verzichtet die falsche Mutter, weshalb der Junge zu seiner wirklichen Mutter kommt. *»Oh, ich vergaß das Ende meiner Vision zu erzählen«* meint Ōoka daraufhin. *»Das Kind wird wieder gesund werden, und noch dazu reich und berühmt. Er lebt mit seiner Mutter und dreizehn Geschwistern viele Jahre lang glücklich zusammen.«* – Die Geschichte macht einerseits deutlich, wie wichtig erwerbsfähige Kinder in einer Gesellschaft ohne staatliche Alterssicherung waren, und andererseits, wie groß das Gefälle zwischen der Metropole Edo und dem Land war. Kein Edokko wollte auf dem Land leben und die Härten des Bauernlebens ertragen.

Andere Fälle sind Kriminalfälle, und auch die verzwicktesten wusste Ōoka gerecht zu lösen. Zu den bekanntesten gehört die *Geschichte von der gefesselten Statue*. Während ein fliegender Stoffhändler im Viertel Meguro im Schatten einer Statue der Gottheit Jizō eingeschlafen war, hatte man ihm einen Ballen Seidenbrokat gestohlen. Da es keine Zeugen oder Hinweise gab, ließ Ōoka die Statue verhaften. Sie wurde mit Stricken gebunden vor den Richter geführt, der ihr die Leviten las. Das Schauspiel führte zu Gelächter unter den Zuschauern, was Ōoka die Gelegenheit gab, jeden Anwesenden wegen Missachtung des Gerichts zu einer Geldstrafe in der exorbitanten Höhe von zehn Goldstücken zu verurteilen. Auf Bitten und Betteln hin wandelte der Richter die Strafe in ein kleines Stück Stoff um, unter der Bedingung, dass wirklich alle umgehend zahlten. Die Leute liefen nach Hause und kamen zurück mit den Stoffstücken. Der bestohlene Händler erkannte tatsächlich einen Abschnitt seines Besitzes wieder und die anschließende Haussuchung bei dem Mann, der ihn gebracht hatte, förderte den gestohlenen Ballen zutage. Der Dieb war überführt. Die Statue konnte ungefesselt zurück zu ihrem Tempel, aber es bürgerte sich ein, dass Bestohlene im alten Edo ein Seil um sie banden, zur Verstärkung ihrer Bitte, dass das Gestohlene zu ihnen zurückkäme. Das Seil wurde nur gelöst, wenn dieser Fall eintrat – längst nicht alle Diebstähle wurden aufgeklärt, sodass die Statue heute vielfach umwickelt und durch die vielen Abreibungen unansehnlich geworden ist. Man kann sie nach wie vor im Tempel Nanzo-in im Viertel Katsushika von Tōkyō aufsuchen, wohin sie 1925 verbracht wurde.

Danzaemon, der Fürst der Ausgeschlossenen

»Er war dünn, fast hager, mit sehnigem Körper und harten, drahtigen Muskeln. An seinem Hals standen die Sehnen wie Taue hervor. Sein Gesicht war schmal und scharf geschnitten; der dünne Mund mit den zusammengepressten Lippen verriet Härte und Entschlossenheit. Sein Haar war dicht, kurz geschnitten und straff aus der Stirn nach hinten gekämmt. Den Kopf hoch erhoben, die Schultern gerade, strahlte der Mann eine Aura von Kraft und Würde aus, die einen seltsamen Kontrast zu seiner abgerissenen, verblichenen Kleidung und zu seinem Status als eta *bildeten. Die zwei Schwerter an seiner Hüfte ließen erkennen, um wen es sich handelte. Danzaemon, der Anführer der Ausgestoßenen, kniete nieder und verneigte sich.«*

So beschreibt die Autorin Laura Joh Rowland Danzaemon – mit schriftstellerischer Phantasie, aber vielleicht einem gewissen Maß an historischer Plausibilität.

Fujiwara Danzaemon Yorikane, so der volle Name des ersten von 13 Danzaemons, die diesen Namen wie einen Ehrentitel über die Generationen vererbten, war das Oberhaupt der *eta* nicht nur in Edo, sondern in den acht Provinzen der Region Kantō. Ausgeschlossene gab es schon im japanischen Mittelalter, aber erst seit Ende des 16. Jhs. sorgte die erstarkende Obrigkeit dafür, dass klarere Abgrenzungen in Kraft traten. Offiziell unterhalb der vier Gruppen der Gesellschaft von Edo stehend (Samurai, Bauern, Handwerker, Kaufleute), wollte diese nur das Nötigste mit Danazemons *eta* zu tun haben. Ursprünglich war es wohl vor allem extreme Armut, die zu diesem Abstieg führte, aber auch bestimmte Tätigkeiten wie Schlachten, Gerben und Bestatten, die mit dem Nehmen von Leben zu tun hatten (ein buddhistisches

Tabu) oder einer spirituellen Verunreinigung, die im Shintō-Kult verabscheut wurde. *Eta* bedeutet nichts anderes als »Haufen von Schmutz« und dank des Berichts des Schriftstellers Shimazaki Tōson über einen Prozess des Jahres 1859 wissen wir, dass das Leben eines *eta* einem Richter genau ein Siebtel des Lebens einer gewöhnlichen Person wert war.

Doch Lederwaren wurden gebraucht, vor allem für militärische Ausrüstungen im Zeitalter von dauernden Kriegen. Dies erkannte der erste Danzaemon, weshalb er sich mit Erfolg um eine Audienz beim zukünftigen Shōgun Tokugawa Ieaysu (s. Tokugawa Ieyasu als zweiter Stadtgründer von Edo, S. 27) bemühte, als dieser 1590 kurz vor der Besitzergreifung von Edo in Fuchu Station machte. So stellte es ein anderer Danzaemon jedenfalls in einem »Herkunftsnachweis« von 1720 dar. Ieyasu soll den Auftrag erteilt haben, den Lederwarennachschub für seine Truppen zu übernehmen, womit die Basis des Wohlstands und auch der Legitimation für Danzaemons Familie gelegt war, der sich bis zum 17. Jh. gegen rivalisierende Bosse durchsetzte. Kurz nach dem angeblichen Treffen in Fuchu starb Ieyasus Lieblingspferd Hanasaki beim Einzug in Edo und der Kadaver wurde den »Eta von Torigoe« übergeben – ein Hinweis auf ihre Funktion als Abdecker und der Nachweis, dass es von Anfang an Ausgeschlossene in Edo gab.

Danzaemon hatte nach dem Zensus von 1800 die Kontrolle über 5.664 *eta*-Haushalte in Edo. Viele von diesen Leuten wohnten und arbeiteten im Kakoi-uchi, einem ummauerten rechteckigen Ghetto im Viertel Asakusa-Shinchō. Danzaemon hatte dort eine Residenz von 3.300 Quadratmeter Größe, von der wir aus der frühen Meiji-Zeit wissen, dass sie 14 große Räume, einen Garten mit Teich, Büros und sogar eine Schuhfabrik enthielt.

Danzaemon nahm Steuern, Abgaben und Arbeitsdienste von seinen *eta* ein, außerdem war er als Lederwaren-Unternehmer tätig und bekam ein Regierungsgehalt wie ein waschechter *hatamoto*, also ein führender Samurai der Tokugawa mit 3.000 Koku Reis als Jahressold. Die Regierung stützte Danzaemon, um die lästige Aufgabe des Ordnunghaltens unter dieser »beschmutzenden« Bevölkerungsgruppe los zu sein – ein Fall von »Outsourcing« der Aufsichtsfunktionen. Danzaemon hielt Gericht über seine Leute, hatte ein eigenes Gefängnis für sie im Ghetto und war verantwortlich für das Wohlverhalten der *eta* in ganz Edo. Er hatte auch die Verantwortung für das ordnungsgemäße Durchführen der Hinrichtungen in Suzugamori (s. Die Brandstifterin

O-Shichi, S. 127), zusätzlich wurden seine Leute von den Behörden gern zum Bewachen, Foltern und Entsorgen der Leichen von Strafgefangenen eingesetzt. Dafür durfte er auf großem Fuß leben, sich wie ein Samurai ein Schwerterpaar in seinen Gürtel stecken und sich wie ein Fürst in einer Sänfte durch die Straßen tragen lassen.

Wer zu Danzaemons Leuten gehörte, blieb zwar in der Regel arm, aber er hatte Arbeit und einen geschützten Wohnbereich. Im Ghetto in Asakusa-Shinchō, aber auch außerhalb, wurden Lederwaren, Lampen- und Kerzendochte (auf die Danzaemon ein Monopol hatte) und Fußbekleidung aller Art hergestellt. Es gab dort sogar Gasthöfe für die Oberhäupter von ländlichen *eta*-Gruppen, die geschäftlich oder zu Prozessen in die Hauptstadt kamen.

Danzaemon war nützlich für die Regierung, allerdings gab es auch Grenzen. So scheiterte er 1708 mit dem Versuch, auch die Kabuki-Schauspieler wie andere Gruppen im Unterhaltungsgewerbe in seinen Machtbereich einzugliedern. Bettler gehörten weitgehend auch nicht zu ihm, sowie eine andere große Gruppe von Ausgeschlossenen, über die Danzaemon nur teilweise die Kontrolle erlangte, die *hinin* (wörtlich: »Nicht-Menschen«).

Hinin waren ursprünglich Gruppen von Armen, oft auch Kranken (Leprakranke) oder anders vom Schicksal Geschlagenen sowie straffällig Gewordenen, die in bestimmten dörflichen Siedlungen oder an für die Gerberei geeigneten Flussbetten *(kawaramono)* lebten (wodurch sich neben Beruf und Abstammung auch das Geburts- bzw. Wohnortprinzip als Kriterium für diesen Status verfestigte). Andere waren als Vaganten unterwegs. Typische Beschäftigungen waren Unterhaltungskünstler, Quacksalber, Wunderheiler, aber auch Tagelöhner und Handwerker. Als Tokugawa Ieyasu in den Jahrzehnten ab 1590 seine Hauptstadt Edo errichten ließ, zogen die Großbaustellen zahlreiche Arbeitsuchende von geringem sozialem Status in die werdende Hauptstadt. Die Zuführung solcher Arbeitskräfte und später die Kontrolle über die gefährlich große Masse der Arbeitslosen übernahmen derbe Männer wie ein gewisser Kuruma Zenshichi, dessen Vater wahrscheinlich Knecht oder gemeiner Soldat bei einer Fürstenfamilie gewesen war. Dieser Zenshichi drängte Rivalen zurück und wurde 1608 vom Stadtmagistraten zum *hinin-gashira* (»Anführer der *hinin*«) ernannt. Dieses Amt mitsamt dem Namen Zenshichi wurde erblich genau wie im Fall des *eta*-Fürsten Danzaemon; es gab auch eine Residenz im Viertel Shin-Yoshiwara mit einem fast 3.000 Quadratmeter großen

Grundstück (1666). Zenshichi war wie Danzaemon für die Ordnung unter seinen Leuten zuständig, besaß ein Gefängnis für sie und verdiente gut. Von 700 *hinin*-Haushalten unterstanden ihm ca. 370, also mehr als die Hälfte der registrierten *hinin*-Bevölkerung der Hauptstadt, die im Gesamtzeitraum zwischen gut 5.000 und 13.000 schwankte.

Hinin verrichteten die Arbeiten, die andere Bevölkerungsgruppen nicht machen wollten. Sie arbeiteten als Straßenkehrer, Fluss- und Kloakenreiniger, Gefängnisaufseher und Helfer der *eta* beim Strafvollzug, Nachtwächter, Abdecker, Häuter und Gerber, die den *eta* Rohleder lieferten, aber auch im Unterhaltungsgewerbe, als Gärtner, Sandalenflicker und vielfach als Bettler. Das Recht auf bestimmte Bettelreviere musste von Leuten wie Zenshichi gepachtet werden. Die Obrigkeit griff sogar auf *hinin* als Hilfspolizisten zurück, besonders wenn es galt, unruhigen Gruppen von arbeitslosen Samurai oder zugereisten Armen mit Gewalt entgegenzutreten. Diese Verbindung hat dazu beigetragen, den Polizeiberuf in Japan bis ins 20. Jh. hinein für viele Bürgerliche nicht erstrebenswert erscheinen zu lassen.

Hinin hatten immer wieder Zulauf von außerhalb Edos und auch durch ehemals Bürgerliche, die als Strafe z. B. für Ehebruch mit einem nahen Verwandten oder nach einem gescheiterten Doppelselbstmord aus Liebe sozial herabgestuft wurden. Deshalb lebten sie stärker über Edo verteilt als Danzaemons *eta* und waren sicht- und angreifbarer. Im Laufe der Geschichte von Edo verschärften sich die Ressentiments von Obrigkeit und Gesellschaft gegen die Ausgeschlossenen. So wurde angeordnet, dass *hinin* im Gegensatz zur sonst bei Männern wie Frauen üblichen Weise ihre Haare kurzgeschnitten zu tragen hätten. 1723 wurden 3.650 *hinin* versammelt und erhielten einen demonstrativen Zwangshaarschnitt. Kleidung, die über das Knie herab reichte, war ebenso verboten wie Hüte und bestimmte kosmetische Verfahren – man konnte *hinin* sofort erkennen und einen weiten Bogen um die Ausgeschlossenen machen. Wer sich als Obdachloser durch Flucht dem Versuch der Behörden entzog, zu einem registrierten (und damit kontrollierbaren) *hinin* zu werden, wurde zunehmend schärfer bestraft, u. a. durch gut sichtbare Tätowierungen. So Kriminalisierte versuchten, die Straftätowierungen in größeren und schöneren Motiven auf der Haut verschwinden zu lassen, was zur Entwicklung der großflächigen japanischen Tätowierungen beitrug. Wegen der bis heute anhaltende Assoziierung solcher Tätowierungen mit Verbrechen kommt es für die meisten bürgerlichen Japaner nicht in Frage, sich selbst welche zuzulegen.

Teile und herrsche – schon frühzeitig entstand Streit zwischen Danzaemon und Zenshichi sowie anderen Führern der *hinin*, die den *eta* ihren relativ bevorzugten Stand neideten. Die Behörden ließen den mit juristischen und gelegentlich handgreiflichen Mitteln ausgetragenen Streit über Generationen hinweg in der Schwebe. Als die *hinin* einmal zu weit gingen, entschieden sich die Herrschenden für Danzaemon als ihren bewährten Vertrauensmann, der somit seinen Einfluss ausdehnen konnte. 1722 wurden drei von sieben Gruppenältesten der *hinin* den *eta* übergeben und hingerichtet, indem man sie an einem für sie symbolischen Ort, einem Flussufer, bis zum Hals eingrub und ihnen den Kopf mit einem Pflug wie Getreidestoppeln abtrennte, was ihre »nicht-menschliche« Natur hervorhob.

Am 28.08.1871 endete die offizielle Diskriminierung der Ausgeschlossenen, die per Dekret zu Bürgern des neuen Japan wurden. Damit endete auch die Herrschaft Danzaemons, des Fürsten der Ausgeschlossenen. Die soziale Ausgrenzung der in der Moderne als *burakumin* bezeichneten Unterschichtsgruppen ist aber trotz vieler Maßnahmen bis heute nicht vollständig beendet. Mehrere japanische Spitzenpolitiker und Firmengründer gehören zu ihnen, was ihnen den Aufstieg gewiss nicht erleichterte, ebenso wie 60 bzw. 70 % der Mitglieder zweier großer Gangstergruppen *(yakuza)*.

TOKYO

東京

Eine neue Elite für eine neue Zeit

Die Wende von Edo zu Tōkyō – Kaiser Meiji (1852–1912)

Als der spätere 122. Kaiser Japans 1852 in Kyōto geboren wurde, zeigte die über 200 Jahre währende Herrschaft der Shōgune aus der Familie Tokugawa im fernen Edo zwar einige Krisensymptome, war aber insgesamt noch stabil. Als der zu Kaiser Meiji gewordene Prinz Mutsuhito aber 60 Jahre später in seinem Palast starb, gab es weder einen Shōgun mehr, noch den Namen Edo. Der neue Kaiserpalast stand in Tōkyō, der Hauptstadt eines modernisierten Landes, das als einziges in Asien zu westlichen Ländern aufgeschlossen hatte.

Als 14-jähriger folgte Prinz Mutsuhito 1867 seinem Vater auf den Thron. Mit dem Kaisertum war keinerlei reale Macht verbunden und im Curriculum für die Ausbildung des jungen Kaisers fehlte das Fach Politik, dafür kam später Deutsch hinzu.

Trotzdem war die Person des Kaisers ein attraktives politisches Objekt für die zahlreichen immer unzufriedener werdenden, meist jungen Samurai. Die starre Ordnung der auf Erbfolge basierenden Gesellschaft unter den Tokugawa-Shōgunen verweigerte ihnen Aufstiegschancen. Gleichzeitig entstand nicht zuletzt durch die Ankunft von US-Commodore Perrys »Schwarzen Schiffen« 1853 und seiner Forderung nach Öffnung des Landes wachsender Druck von außen. Dieses *Gaiatsu* genannte Phänomen wirkte sich mehrfach im Laufe der japanischen Geschichte als Katalysator wichtiger Wandlungsprozesse aus. Da Widerstand gegen das Shōgunat für Samurai schwierig und gegen die eigenen Fürsten in den Lehen fast unmöglich war, richtete sich die Frustration zunächst gegen die Fremden. Als das Shōgunat sich mit seiner veralteten Armee als unfähig zur Vertreibung der Barbaren erwies und die klügeren Köpfe unter den Unzufriedenen auf ersten Studienreisen in Europa und Amerika erkannt hatten, dass die »fremden Barbaren« nicht mit den vorhandenen Mitteln zu schlagen waren, eskalierte die Stimmung. Eine geistig-moralische Alternative zum Feudalismus nach Art des Shōgunats bot sich durch die Lehren der »Japanischen Studien« *(kokugaku)*, die den Blick in jene mythische Vergangenheit des Landes lenkten, als noch keine chinesisch inspirierten Konfuzianisten die Welt regierungsamtlich ordneten, sondern rein japanische Kaiser eine sagenumwobene Herrschaft aufbauten. Zu der Sehnsucht nach *yonaoshi*, der Heilung der Welt durch die »Rückkehr« zur kaiserlichen Herrschaft (die es so tatsächlich kaum gegeben hatte) kam die uralte, heimliche, jetzt offene Gegnerschaft der südwestlichen Lehen Satsuma, Chōshū und Tosa gegen die Tokugawa, die Sieger von 1600/1615. 1867 musste der letzte Shōgun aufgeben, er gab sein Amt formvollendet in Kyōto an den Kaiser zurück (s. Zeitwende und der letzte Shōgun Tokugawa Yoshinobu, S. 48). Der junge Mann auf dem Thron war nun ein Instrument der ehemals Aufständischen, die die »Restauration« *(Ishin)* der kaiserlichen Herrschaft ausriefen und mit dieser neuen Legitimation gegen die nun zu Rebellen gewordenen Tokugawa-Loyalisten vorgehen konnten. Die Meiji-Epoche hat in westlichen Sprachen auch manchmal die Bezeichnung »Revolution« gefunden. Dies ist ein Missverständnis. Breite Bevölkerungskreise waren 1867–69 nicht entscheidend involviert, alle Umwälzungen gingen von Impulsen einer sich neu herausbildenden Elite aus.

Das Jahr 1868 wurde zum Jahr 1 einer neuen Zeitrechnung, zusammen mit dem Kaiser »Meiji« benannt. Die neue kaiserliche Armee rückte gegen Edo vor, aus dem inzwischen Zehntausende von Tokugawa-Loyalisten und ganze Fürstenhöfe geflohen waren. Die jahrhundertelang eingespielte Verwaltung fiel weg, Kriminelle sahen ihre Chance. Prinzessin Atsu, Witwe des vorletzten Shōgun, weigerte sich zunächst, die Burg zu übergeben. Schließlich, nach wilden Kämpfen in Ueno, war die größte Stadt Japans in der Hand der Kaiserlichen. Diese fielen mitnichten über Edos Bewohner und deren Besitz her, sondern ließen sie weitgehend in Ruhe.

Die Lage in Edo war trotzdem verheerend. Die Flucht der adligen Oberschicht bedeutete den Wegfall von Einkommen für eigentlich unbeteiligte Kaufleute, Handwerker und Arbeiter. Edo verlor rund eine halbe Million Bewohner. Es herrschten Unsicherheit über die Zukunft und allgemeine Lähmung. War die Hauptstadt des Kaisers nicht Kyōto? Es gab einen kaiserlichen Erlass, der von der Einrichtung einer neuen »Hauptstadt im Osten« sprach, ohne Kyōto diesen Status abzuerkennen. Der Wortlaut war so unklar, dass die Zeichen für »Hauptstadt im Osten« statt Tōkyō auch »Tōkie« gelesen werden konnten. Darüber hinaus war auch Ōsaka eine Kandidatin.

Die Anführer der kaiserlichen Partei, welche die neue Regierungselite bilden würden, kamen nahezu vollständig aus den drei aufständischen westlichen Fürstentümern. Größtenteils jüngere Samurai aus ländlich geprägten Gebieten, waren sie wenig vertraut mit Edos urbaner Kultur. Kaum einer von ihnen brachte es an seinem neuen Lebensmittelpunkt zu großer Beliebtheit. Am 26. November 1868 schließlich kam der Kaiser und zog in die Burg des ehemaligen Shōgun ein. Kein Jubel brandete ihm entgegen, auf den Straßen herrschte eher ängstliches Schweigen, die Begrüßung war bloß höflich. Aber des Kaisers neue Elite mochte zwar vom Lande kommen, intelligent waren die führenden Köpfe allemal. Sie nahmen den Kampf um »Herzen und Köpfe« der Bewohner von Edo auf. Im Dezember wurden Feiertage ausgerufen und 2.563 Fässer kaiserlichen Sakes ausgeschenkt. Abgesehen von einer kurzen Rückkehr nach Kyōto zu Beginn des Jahres 1869, die der Kaiser zur Heirat mit der Hofadligen Ichijō Haruko nutzte, blieb er fortan dauerhaft in seiner neuen Hauptstadt im Osten, die jetzt offiziell Tōkyō hieß.

Ebenso geschickte wie praktische Symbolpolitik folgte, als der Kaiser den Burgperimeter verkleinern ließ (sicherlich müsste man korrekt sagen: Als dieser im Namen des Kaiser verkleinert wurde). Der neue Herr musste sich nicht mehr durch mehrere Mauerringe vor seinen Untertanen schützen. Die Steine der äußersten Mauer wurden zum Bau von soliden Brücken über die vielen Wasserwege der Stadt genutzt. Die Tokugawa hatten Brücken wenig geschätzt, weil sie die Sicherheit ihrer Burg verringert hätten. Jetzt waren sie eine Voraussetzung dafür, dass die Hauptstadt von einer Stadt der Fußgänger und Wasserwege zu einer wurde, in der der Verkehr zunehmend auf Rädern und Schienen unterwegs war.

Kaiser Meiji konnte aber mitnichten sofort seine Hofhaltung in der Burg einrichten, denn diese war durch die Wirren stark ramponiert, und 1872/73 brannten noch einmal viele der alten Gebäude nieder. Obwohl 1871 die höfischen Institutionen mitsamt des Hofadels von Kyōto nach Tōkyō gezogen waren, musste sich der Kaiser mit verschiedenen vorübergehenden Residenzen begnügen, wenn er nicht auf Reisen durch die Provinz unterwegs war, um die neue Ära zu festigen – ebenfalls ein intelligenter Schachzug der neuen Regierung. 1889 konnte er endlich in seinen neuen, riesigen Palast im Innern der Burg einziehen, eine Mischung aus der edelsten altjapanischen Bauweise mit dem neusten Schrei aus dem Westen wie Möbel, Vorhänge und gläserne

Kaiser Meiji (mit Vollbart) anlässlich der Hochzeit seines Sohns Yoshihito, des späteren Kaisers Taishō, mit der fünfzehnjährigen Prinzessin Kujō Sadako im Jahre 1900. Sitzend die Kaiserin mit den vier überlebenden Töchtern des Kaisers. Auffallend ist der Kontrast zwischen der formell-westlichen Hofkleidung der Erwachsenen und der japanischen Tracht der kleinen Kinder. Dieser Dualismus prägte die Entwicklung Tōkyōs für lange Zeit.

Schiebetüren. Dieser Palast gehört zu den hunderttausenden von Gebäuden, die Tōkyo 1945 bei den US-Luftangriffen verlor. Genau wie seinen heutigen Nachfolgebau haben ihn nur wenige »Normalsterbliche« hinter den alles verdeckenden Burgmauern betreten können.

Gleich zu Beginn seiner Regentschaft ließen die Mächtigen den Kaiser verkünden, er werde jetzt mit den »Übeln der Vergangenheit« brechen. Dazu gehörte die Auflösung der alten Feudalfürstentümer und sogar die Abschaffung des privilegierten Stands der Samurai (was einige von ihnen nicht ohne Blutvergießen hinnahmen). Der tragende neue Slogan hieß *Bunmei Kaika,* was mit »Zivilisation und Aufklärung« oder »Zivilisierung und kulturelle Erneuerung" übersetzt werden kann. Dies war weniger politisch gemeint, sondern bezog sich darauf, so schnell wie möglich zu den entwickelten Ländern des Westens aufzuschließen, und zwar auf allen technischen, wissenschaftlichen und wirtschaftlichen Gebieten, vor allem aber auch im Bereich der militärischen Sicherheit. Dies wurde mit einem zweiten Slogan ausgedrückt: *Fukoku Kyohei,* etwa: »Reiches Land, starke Armee«. Für den Kaiser bedeutete das, dass er sich seinen Untertanen als den neuen, überlegenen Einflüssen gegenüber aufgeschlossen zeigen musste. Er trat in westlicher Uniform auf, fuhr in einer offenen Kutsche und trug Vollbart.

Nicht überliefert ist, ob der Monarch freiwillig mit der uralten Abneigung der meisten Japaner gegen den Verzehr von Fleisch mit Ausnahme von Wild brach. Jedenfalls hatte die Regierung mit wenig Erfolg versucht, den Verzehr von Fleisch zu propagieren, wie von Fukuzawa Yukichi (s. Ein Mann, der das Risiko nicht scheute – Fukuzawa Yukichi, S. 165) empfohlen, damit die Bevölkerung größer und kräftiger wurde. 1872 verkündigte man nun, dass der Kaiser »regelmäßig« Rind und Lamm verzehre, woraufhin der meijizeitliche Fleischboom ausbrach. Speisen wie Sukiyaki oder Tonkatsu fehlen heute in kaum einem japanischen Restaurant weltweit. Die unkritische Übernahme westlicher »Errungenschaften« ging so weit, dass die Kaiserliche Armee um teures Geld im Grunde schon obsolete Offizierssäbel in westlicher Art einführte, obwohl im ganzen Land Hunderttausende hochwertiger Samuraischwerter in den Schmucknischen der Wohnhäuser standen.

Das naive Imitieren alles Westlichen, das von Besuchern aus dem Westen selbst mit Verwunderung und Belustigung registriert wurde, ebbte in den 1880ern ab und wich einer reflektierteren Auswahl dessen, was man übernehmen oder zurückweisen wollte. Unter Kaiser Meijis Enkel Hirohito (Kaiser ab 1926, s. Der Kriegskaiser Hirohito, S. 192) erfolgte dann eine zunehmend eskalierende Gegenreaktion, in der sogar der früher so bewunderte Kern westlicher Zivilisation, ihre Rationalität, zurückgewiesen wurde.

Während sich Kaiser Meiji immer mehr zu einer im Volk sehr beliebten, überväterlichen Figur entwickelte, blieb ihm familiäres Glück tragisch versagt. Er hatte zwar 15 Kinder, alle mit offiziellen Konkubinen gezeugt (er selbst war auch das Kind einer solchen), aber zehn dieser Kinder wurden nicht älter als zwei Jahre. Vier Töchter erreichten Lebensalter zwischen 51 und 84 Jahren. Sie alle wurden standesgemäß mit Angehörigen des Hochadels verheiratet. Des Kaisers einzig überlebender Sohn Yoshihito (1879–1926) wurde zwar 1912 als Kaiser Taishō der Nachfolger seines Vaters, war aber geistig nicht stabil und konnte nie an seine Statur heranreichen. Ehen mit Partnern aus dem kleinen Pool der Hochadligen, die im Laufe der Generationen zu nahen Verwandten geworden waren, forderten ihren Tribut. Erst mit der Abschaffung des Adels und gesellschaftlicher Modernisierung nach 1945 wurde es möglich, dass Kaiser Meijis Urenkel, der heutige Kaiser Heisei (Akihito), eine Bürgerliche heiratete.

Nach dem Tod des genuin angesehenen Kaisers wurde ihm und seiner Witwe Shōken, die sich als Unterstützerin des Roten Kreuzes ausgezeichnet hatte und zwei Jahre nach ihrem Mann starb, ein großartiger Shintō-Schrein im westlichen Stadtteil Harajuku errichtet, der Meiji-Schrein. Shintō wurde ab seiner Regierungszeit als neue Quasi-Staatsreligion auf Kosten des Buddhismus gefördert. Viele Schreine aus dieser Zeit sind heute noch in Tōkyō erhalten, darunter der überaus kontroverse Yasukuni-Schrein, in dem Japans Kriegstote seit 1868 verehrt werden, rund 2,5 Millionen Seelen, darunter 1068 als Kriegsverbrecher Eingestufte.

Vom Terroristen zum Vater der Verfassung – Itō Hirobumi (1841–1909)

Der japanische Historiker Takii Kazuhiro sieht Itō Hirobumi (1841–1909) als die vielleicht bedeutendste Figur der zweiten Generation der Gründer und Lenker des Meiji-Staats nach dem Abtritt der ersten Generation, verkörpert vor allem durch Kido Takayoshi (verstorben 1877), Saigō Takamori (Selbstmord nach gescheitertem Aufstand 1877) und Ōkubo Toshimichi (ermordet 1878).

Doch gibt es überraschend wenig biografische Arbeiten über Itō. Vor allem scheint seine Art zu irritieren, sich an Trends anzupassen und öfters die eigene Position zu wechseln. Wo stand er? Was war eigentlich Itōs ideologischer Kern? Ganz anders sah es der bekannte Romancier Shiba Ryōtarō: *»Das ist genau das, was einen großen Staatsmann ausmacht: Er war die Flexibilität in Person!«* Die fehlende eigene »große Vision« glich Itō durch hervorragendes taktisches Geschick und seine Verhandlungskünste aus. Er schmiedete Zweckbündnisse, war meistens bereit zur Überarbeitung seiner Ziele und wechselte nach Bedarf und Gelegenheit von Posten zu Posten. Itō arbeitete sich Schritt um Schritt voran, er »fuhr auf Sicht«, um eine heute beliebte Phrase zu verwenden. Itō war viermal Ministerpräsident, Präsident des Oberhauses, Vorsitzender des Geheimen Staatsrats, Präfekturgouverneur, Minister- und Staatssekretär in diversen Ressorts und Generalresident in Korea, um nur einen Teil seiner Ämter zu nennen.

Der stramm konservative Innenminister Shinagawa Yajirō (1843–1900), ein alter Weggefährte seit Schulzeiten im Lehen Chōshū, beklagte sich bitter: *»Graf Itō ist besessen davon, dass alles glatt laufen muss. Er weigert sich, im Vorfeld eine klare Politik festzulegen; stattdessen besteht er darauf, stets mit dem Strom mitzuschwimmen.«* Trotz dieser Abneigung erreichte Itō in seiner langen Karriere viel mehr als die meisten seiner Wettbewerber im Haifischbecken der japanischen Politik. Er wurde der erste Ministerpräsident seines Landes, Modernisierer und Vermittler westlicher Ideen, Vater der Meiji-Verfassung und Gründer der Partei Rikken Seiyūkai, aus der nach dem Zweiten Weltkrieg Japans Dauerregierungspartei LDP hervorging. Anders als seine prinzipienfesteren und manchmal idealistischeren Zeitgenossen wurde Itō Hirobumi zum Prototypen des patriarchalischen, dauerhaft erfolgreich agierenden japanischen Berufspolitikers.

Itō Hirobumi wurde 1841 in bescheidenen Verhältnissen im westlichen Lehen Chōshū geboren und erlangte nur durch Adoption niederen Samuraistatus. Schon die Aufnahme in die angesehene Höhere Schule Shōka Sonjuku 1857 auf Empfehlung war ein großer Erfolg. Der junge Itō und seine Kameraden kamen unter den Einfluss des flamboyanten Lehrers Yoshida Shōin (geboren 1830), der die radikalsten Lehren vom nötigen Umsturz des Tokugawa-Regimes, der Wiederaufrichtung kaiserlicher Direktherrschaft und der Vertreibung der westlichen Mächte aus Japan verbreitete, zunächst im Klassenzimmer, dann mit dem Schwert in der Hand. 1859 wurde Yoshida Shōin in Edo auf der nördlichen Richtstätte Kozukahara hingerichtet. Itō begrub den Geköpften mit Kameraden im Tempel Ekō-in. Als loyale und überzeugte Schüler sahen sich die jungen Männer in der Pflicht, weiterzukämpfen für ihren toten Meister – mit Methoden, die wir heute als Terrorismus bezeichnen würden. Itō Hirobumi war 1862 an der Ermordung des Altertumsforschers Hanawa

Jirō beteiligt, über den fälschlich gesagt wurde, er suche nach historischen Vorbildern, um den Kaiser abzusetzen. Kurz davor hatte er zu den Brandstiftern gehört, die die neue, zum Glück noch leer stehende britische Gesandtschaft abfackelten.

Noch im selben Jahr war Itō einer von fünf jungen Samurai, die heimlich vom Lehen Chōshū zum Studium ausgerechnet an das University College in London geschickt wurden. Diese Fünf waren Japans erste Studenten in Europa überhaupt. Dieser Eindruck veranlasste Itō zu einem seiner großen Positionswechsel. Er erkannte, dass man die »Westlichen Barbaren« nicht mit Aussicht auf Erfolg bekämpfen konnte, sondern lieber alles daran setzen sollte, ihren auf fast allen Gebieten vorhandenen Vorsprung aufzuholen, indem man ihre Technologien und, mit mehr Vorsicht, ihre Ideen aufnahm.

Nachdem Chōshū der inzwischen stark untermotivierten Armee des Shōgun erfolgreich die Stirn geboten, aber den Geschützen westlicher Kriegsschiffe nicht hatte widerstehen können (Bombardement von Shimonoseki 1864), setzten sich die Reformer durch. Chōshū schloss 1866 eine Allianz mit dem Lehen Satsuma, historische Erbfeinde, die aber nun am gleichen Strang zogen, um den Shōgun loszuwerden und unter dem Banner des Kaisers eine neue Ordnung zu kreieren. Itō Hirobumi war mittendrin, unersetzlich durch seine englischen Sprachkenntnisse. Unter anderem war er an der militärischen Modernisierung beteiligt (Einführung der Wehrpflicht, Ausrüstung mit modernen westlichen Schusswaffen, Erwerb von Dampfschiffen).

1866 löste er die drei Jahre zuvor geschlossene Ehe mit seiner Frau Sumiko auf, um im nächsten Monat eine ehemalige Geisha namens Umeko zu heiraten. Der junge Itō war ein leidenschaftlicher Mann und die Jahre um das Ende des Shōgunats herum waren zu turbulent, um sich lange mit gesellschaftlichen Feinheiten aufzuhalten. Itōs Charakter selbst wird immer wieder als offen, begeisterungsfähig und selbstbewusst beschrieben bis zu einem Punkt, an dem er Zeitgenossen auf die Nerven gehen konnte. Aber seine unkonventionelle zweite Ehewahl erwies sich als Erfolg: Seine schöne neue Frau stürzte sich voller Energie in die Aufgabe, einem immer höher aufsteigenden Politiker eine passende Ehefrau zu werden. Umeko lernte Lesen und Schreiben. Sie studierte Dichtung, Brettspiele und Englisch. Später wurde sie als Frau des Ministerpräsidenten »First Lady«. Seit 1883 gab es in Tōkyō den Rokumeikan, eine Art Club, wo westliche Gäste »angemessen« bewirtet und Bankette und Bälle abgehalten wurden, damit die japanische Elite sich westliche Etikette aneignen und den Rückstand zu den Westmächten auch auf gesellschaftlichem Gebiet aufholen konnte. An dem umstrittenen Gebäude war nichts japanisch außer dem Garten, sogar die Speisekarten waren auf Französisch, ein für viele vermutlich abschreckendes Fremdheitserlebnis. Der Politiker Itō, der das Ohr seines Kaisers Meiji besaß, veröffentlichte damals eine offizielle Aufforderung an die kaiserlichen Prinzen, Minister und Adligen, dass bei offiziellen Anlässen auch von deren Ehefrauen westliche Kleidung getragen werden sollte.

Überhaupt war die Einbeziehung von Ehefrauen in diese Art von gesellschaftlicher Repräsentation eine neue Idee für Japans Elite. Besonders anstößig erschien traditionalistischen Gegnern die westliche Art, Mann und Frau miteinander tanzen zu lassen. Itō Umeko erwies sich als loyale und tatkräftige »First Lady«. Sie brachte sich auch noch den Gesellschaftstanz bei und bot nun am Rokumeikan Damen Tanzkurse an und organisierte Bälle – der Einladung einer solchen Lehrerin konnte man sich kaum entziehen. Ihr Gemahl, Itō Hirobumi, ließ es sich nicht nehmen, bei einem der Kostümbälle als venezianischer Edelmann verkleidet zu erscheinen. Der Rokumeikan gedieh nur wenige Jahre und die Lust der meisten Japaner auf westlichen Gesellschaftstanz hält sich noch heute in Grenzen. Das Ehepaar Itō aber hatte damals der Modernisierung einen weiteren Impuls gegeben. Möglich wurde dies auch wegen der über Jahre anhaltenden Nähe Itōs zu Kaiser Meiji.

Nach dem 1869 schließlich erreichten definitiven Sieg über die Anhänger des Shōgunats verlief auch für Itō Hirobumi die politische Karriere nicht mehr im Dienste seines alten Lehensherrn, sondern in der Machtzentrale der neuen kaiserlichen Regierung in Tōkyō. In rascher Folge bekleidete er immer wichtigere Regierungsämter und sammelte Erfahrungen auf diversen Politikfeldern. Erneut konnte er im Ausland erworbenes Wissen (USA 1870–71) einbringen und war 1871 maßgeblich am ersten Währungsgesetz beteiligt. Itō wirkte an zahllosen Verwaltungs- und Gebietsreformen mit und war verantwortlich für das System der »Kaiserlichen Universitäten«, deren erste und wichtigste die 1877 gegründete Universität Tōkyō wurde.

Auf- und Ausbau der Regierung seit 1868 bedeutete auch den Umzug der neuen politischen Klasse nach Tōkyō. Viele Führungspersönlichkeiten der neuen Meiji-Ära kamen wie Itō aus dem westlichen Lehen Chōshū oder aus Satsuma. Standesgemäße Häuser wurden in Tōkyō errichtet, wobei die Bereitschaft interessierter Kreise, »Geschenke« zu machen, bei Grundstückserwerb und Bau halfen – es gab Skandale um Itōs politische Weggefährten und Gegenspieler wie Ōkubo, Inoue und Ōkuma und auch um Yamagata Aritomo (1838–1922), der wie Itō aus der Schule Shōka Sonjuku hervorgegangen war. Dieses Grundübel der japanischen Politik ist bis heute nicht völlig ausgeräumt, aber Itō Hirobumi konnte sich weitgehend von öffentlichen Peinlichkeiten fernhalten. Interessanterweise ist sein Haus im japanischen Stil erhalten, allerdings nicht am Originalstandort in Tōkyō-Shinagawa, sondern zusammen mit seinem Geburtshaus in der Stadt Hagi, Zentrum des ehemaligen Lehens Chōshū. Sehr eindrucksvoll lässt sich der großbürgerlich-adlige Lebensstil der Meiji-Zeit in den Empfangsräumen betrachten, denn der Kontrast zum hüttenartigen alten Anwesen seiner Eltern macht Itōs aus eigener Kraft vollbrachten Aufstieg deutlich. Tōkyō war im letzten Drittel des 19. Jhs. zu einem Ort geworden, wo auch Menschen aus kleinen Verhältnissen eine große Karriere machen konnten.

Die zügig in der Stadt um sich greifende Modernisierung erzeugte auch Enge und Schmutz, sodass bei denen, die es sich leisten konnten, gegen Ende des Jahrhunderts der Wunsch nach einem idyllisch gelegenen Sommerhaus entstand. Seit 1887 war die Kleinstadt Ōiso – am Meer südwestlich von Tōkyō gelegen – vom 60 km entfernten Shinagawa aus ohne Umsteigen mit der Bahn erreichbar (Itō selbst hatte viel dazu beigetragen, Eisenbahnstrecken politisch durchzusetzen) und es entstanden an die 150 Strandvillen im Besitz einflussreicher Politiker und anderer Größen des 19. und 20. Jhs. Itō verbrachte mit zunehmendem Alter immer mehr Zeit in Ōiso, wo sein Haus ihn überlebte und noch lange als Chinarestaurant genutzt wurde, das aber heute nicht mehr existiert.

Während seiner ersten 21 Jahre ähnelte der Meiji-Staat einer »Entwicklungsdiktatur«. Eine Oligarchie aus vom Kaiser ernannten Politikern, Militärs und Beamten rang in nichtöffentlichen Ratssitzungen um den richtigen Kurs bei der Modernisierung des Landes. Ein sie kontrollierendes Parlament gab es nicht, regiert wurde per Erlass. Modernisierungsschübe gingen von japanischen Delegationen aus, die Amerika und Europa bereisten. Es war während seines Dienstes als einer der vier stellvertretenden Leiter der Iwakura-Mission 1871–73, als Itō sein großes politisches Thema entdeckte. Neben den

USA wurde auch die Hauptstadt des jungen Deutschen Kaiserreichs, Berlin, besucht und am 11. März 1873 traf Itō Kaiser Wilhelm I. und Bismarck – den deutschen Bismarck, denn deutsche Beobachter in Japan wurden später nicht müde, Itō als den »japanischen Bismarck« zu bezeichnen. Alle westlichen Länder hatten eine Verfassung, und sei es eine ungeschriebene wie in Großbritannien. Wieder in Japan, nahm die Bewegung zur Etablierung einer Verfassung Fahrt auf und zog Politiker unterschiedlicher Couleur in ihren Bann. Grob gesprochen ging es darum, entweder ein parlamentarisches System britischer Art oder eine konstitutionelle Monarchie preußisch-deutscher Prägung einzuführen. Da es kein Parlament als Forum der Debatte gab, wurde der Kampf mit Zeitungsartikeln, öffentlichen Reden, Intrigen, Eingaben und Versuchen, den Kaiser für seine Sache zu gewinnen, geführt.

Itō stand für das preußisch-deutsche Modell, das autoritärer und exklusiver war als das britische, ihm aber mehr Stabilität für eine junge Nation versprach – schließlich waren das moderne Japan und das Deutsche Reich erst 1868 bzw. 1871 begründet worden. 1882/83 ging Itō erneut nach Europa, um Verfassungen u. a. bei Prof. Rudolf von Gneist an der Berliner und bei Professor Lorenz von Stein an der Wiener Universität zu studieren. Schon drei Tage nach seiner Rückkehr durfte er dem Kaiser persönlichen Bericht erstatten und wurde Minister im kaiserlichen Haushalt; eine Schlüsselposition. In für ihn typischer Art schuf Itō Schritt um Schritt 1883/84 die Grundlagen für eine Verfassung durch Gesetze, die den kaiserlichen Haushalt absichern würden, sowie für die Neuinszenierung des japanischen Adels. Er selbst wurde *hakushaku* (Graf). 1885 entstand im Zuge einer Regierungsreform das Amt des Ministerpräsidenten neu und Itō Hirobumi trat es als Erster an. Als 1888 der Verfassungsentwurf fertig war, gab Itō dieses Amt auf, um als Vorsitzender des Geheimen Staatsrats größtmöglichen Einfluss auf die Annahme des Entwurfs zu haben. Am 11. Februar 1889 war es soweit: Die erste Verfassung Japans wurde feierlich verkündet, Itō Hirobumi vom Kaiser belobigt.

Sicherlich lässt sich sagen, dass der Politiker Itō es meisterlich verstand, Sachthemen mit der Förderung seiner eigenen Karriere zu verbinden – ist das nicht gerade die Essenz eines Lebens als Berufspolitiker? Jedenfalls engagierte sich Itō weiter mit vielen Reden und Publikationen für die neue Verfassung. Fortan gab es Wahlen, die zwar nicht heutigen Standards genügten, aber sie brachten Parteien hervor, die sich im Parlament öffentliche Debatten lieferten und den Stil der politischen Auseinandersetzung langsam veränderten. Wie wichtig Itō das neue System war, dokumentierte er auch dadurch, dass er sich 1890 zum ersten Präsidenten des neuen Oberhauses wählen ließ. Sicherlich ist es nicht unangebracht, dass der Bau des heutigen japanischen Parlaments gleich zwei Statuen seines »Vaters« Itō Hirobumi aufweist, eine innen und eine außen.

Der ältere Itō wurde noch dreimal Ministerpräsident, auch Marquis *(kōshaku)* und sogar Fürst (ebenfalls *kōshaku*, mit einem anderen Schriftzeichen). Es gab allerdings auch Niederlagen. So verhinderte etwa ausgerechnet sein engerer Landsmann Yamagata 1900 die Ausweitung des Kreises der Wahlberechtigten. Vor allem auf zwei Feldern hinterließ Itō weitere Spuren. Nachdem er jahrelang Vorstöße unternommen hatte, die auch an der Abneigung des Kaisers gescheitert waren, gründete er 1900 seine Partei Rikken Seiyūkai (»Verein der Freunde konstitutioneller Politik«), Vorläuferin der heutigen LDP. Damit waren bereits damals die beiden hauptsächlichen Lager aufgestellt: Itōs Konservative mit einem Teil der Liberalen gegen die Progressiven mit einem anderen Teil der Liberalen. Aus dieser Tradition erklärt sich auch das heutzutage völlig deplatziert wirkende Wort »liberal« im Namen der Liberal-Demokratischen Partei (LDP). Itō hielt den Parteivorsitz bis 1903.

In seinen letzten Lebensjahren wurde Itō tiefer in die Konflikte gezogen, die sich aus Japans kolonialem Ausgreifen in Ostasien ergaben. Er reiste viel nach China zu diplomatischen Verhandlungen, vor allem aber war er in Korea, wo seine Staatskunst als Generalresident das koloniale Ausgreifen Japans abfederte. Itō selbst sah sich keineswegs als Wegbereiter der Annexion Koreas, die schließlich 1910 erfolgte und unendliches Leid über dieses Land brachte. Vielmehr scheint es ihm um eine patriarchalische Förderung von moderner Entwicklung gegangen zu sein, die die Koreaner vor dem Status gleichgeschalteter imperialer Untertanen Japans hätte bewahren können. Nach dem Annexionsbeschluss durch die japanische Regierung, den Itō nicht mittrug, trat er zurück als Generalresident und reiste weiter in China und Korea in politischen Missionen. Am 26. Oktober 1909 wurde Itō Hirobumi in Harbin von dem koreanischen Nationalisten Ahn Chung-gun ermordet. Der Betrachter kann sich nicht von dem Eindruck befreien, dass der gefeierte koreanische Patriot den falschen Mann erschoss.

Der aufgeschobene Freitod – General Nogi Maresuke (1849–1912)

Der weißbärtige General in seiner Galauniform kann die Siegesmeldung nicht mehr weiterlesen. Schluchzend fällt auf ein Knie, sieht zu Boden. Da berührt ihn eine Hand am Rücken, er sieht hoch und in das ihm zunickende, verständnisvolle Gesicht seines Kaisers! Das Unerhörte war geschehen – Kaiser Meiji, ein von niemandem zu berührender lebender Gott, war von seinem Thron aufgestanden und auf seinen Untertanen zugegangen. General Nogi hatte 1905 die schwer befestigte Hafenstadt Port Arthur von den Russen erobert, schon zum zweiten Mal nach 1894, aber um welchen Preis? 58.000 japanische Soldaten waren tot oder verwundet. Nogi selbst hatte beide Söhne verloren, außerdem war er es gewesen, der seine jungen Rekruten ins Artillerie- und Maschinengewehrfeuer gejagt hatte, um einige Quadratkilometer auf der Halbinsel Liaodong in China in japanischen Besitz zu bringen.

Die Szene findet sich am Ende von Masuda Toshios epischem Film *203 Kochi* (»Die Schlacht um Port Arthur«) von 1980 und wurde von den beiden größten Altstars des japanischen Kinos gespielt, Mifune Toshiro als Kaiser Meiji und Nakadai Tatsuya als Nogi Maresuke (ausgesprochen »Mareske«). Die außergewöhnliche Kaiserliche Konferenz *(gozen kaigi)* fand 1905 tatsächlich statt, wenn die Berührung auch eine filmische Zutat zu sein scheint. Sie zeigt den Schmerz des tragischen Siegers ebenso wie die besondere Beziehung zu seinem Kaiser. Als der alternde Kaiser sieben Jahre später, am 30. Juli 1912, nach 44-jähriger Regierung starb, folgte ihm Nogi Maresuke mit seiner Frau Shizuko in ihrem Haus in Tōkyō-Akasaka am Morgen des Begräbnisses in der Manier altjapanischer Krieger in den Tod. Nogis rituelle Selbstentleibung erklärte er in einem Abschiedsbrief mit dem Wunsch, für militärische Fehler der Vergangenheit und die vielen tausend Toten von Port Arthur zu büßen. Seinen Leib stellte Nogi der medizinischen Forschung zur Verfügung.

Der Kaiser, der selbst so viele Kinder verloren hatte, hatte seinen General in seinem Schmerz erkannt und ihm nach Port Arthur die Söhne des Hochadels zur Erziehung anvertraut, darunter auch den späteren Kaiser Hirohito, auf den der General einen möglicherweise zentralen Einfluss ausübte. Damit verpflichtete der Kaiser Nogi auch, weiterzuleben um weiterzudienen. Nogi nahm sich dieser Aufgabe an und setzte Maßstäbe für eine integre, moralisch korrekte Ausbildung. Er lebte auf geborgter Zeit, nur noch solange, wie der Kaiser selbst leben würde. Den Großteil seines Vermögens stiftete er für Veteranenhospize und Denkmäler im ganzen Land; auch überzeugte er die japanische Regierung, in Port Arthur an die gefallenen russischen Soldaten zu erinnern. Nach seinem Tod wurde Nogi zu einer Shintō-Gottheit erhoben, und neben seinem Anwesen, an der nach ihm benannten Straße Nogizaka in Tōkyō, steht seit 1923 der Nogi-Schrein. Der großen allgemeinen Bewunderung für Nogi Maresuke ist es zu verdanken, dass Haus, Stall und Teile des Gartens bis heute einschließlich Nogis blutgetränkter Kleidungsstücke erhalten sind. Die Gebäude wurden 1902 solide, aber nüchtern bis spartanisch aus Holz ausgeführt, angeregt durch französische Militärarchitektur, die der Hausherr in Europa gesehen hatte. Ein anderes, bedeutenderes Haus brauchte der General nicht.

Nogi Maresuke war 1849 in Edo geboren worden, als Sohn eines Gefolgsmanns der Fürsten Mōri aus Westjapan. Jugend und Ausbildung erlebte er im Lehen Chōshū, genau wie Itō Hirobumi (s. Vom Terroristen zum Vater der Verfassung – Itō Hirobumi, S. 143), mit dem ihn auch die konsequente Hingabe an die neue Zeit unter Kaiser Meiji verband, sonst aber nicht viel. War Itō durch und durch Politiker, trat Nogi nach dem Bürgerkrieg 1869 in Kyōto in die Kaiserliche Garde ein. Er war Soldat und würde es immer bleiben. Itō und Nogi stehen in sehr klarer Form für die zivile bzw. die militärische Ausprägung der neuen Führung Japans. 1871 wurde Nogi Major und kämpfte in den 1870ern gegen Aufständische in Westjapan. 1877 eroberten Saigō Takamoris Rebellen die Fahne des Regiments, das Nogi führte, und voller Scham bereitete sich der Oberst auf den rituellen Freitod (*seppuku*) vor. Man konnte ihn davon abbringen, aber die Schande begleitete Nogi bis 1912, als er in seinem Abschiedsbrief noch einmal auf diese Episode Bezug nahm. Nogi Maresuke war ein Mann, der den sühnenden Freitod zweimal aufschob, 1877 und 1905, um ihn nach der Entpflichtung durch den Tod seines Kaisers 1912 doch nachzuholen.

In den Jahrzehnten nach 1877 stieg Nogi nach und nach bis zum Generalsrang auf. Als General der Dritten Armee fiel es auf Nogi, im Japanisch-Russischen Krieg von 1904/05 die massiv verteidigte russische Festung von Port Arthur in China anzugreifen, die er bereits einmal 1894 in einem Handstreich eingenommen hatte.

1904/05 wurden schwerste Artillerie, Maschinengewehre, Suchscheinwerfer, Stacheldraht, fotografische Aufklärung per Ballon und Feldtelefone eingesetzt. Wahrscheinlich hätte es eines militärischen Genies bedurft, einen neuen Weg zu finden, die Festung anders als frontal und direkt in der Hölle des modernen Kriegsschauplatzes anzugreifen. Nogi Maresuke war kein solches Genie; noch zehn Jahre später, zu Beginn des Ersten Weltkriegs, hatten die Generale keinen Weg gefunden, ihre Truppen vor dem maschinellen Zerfleischtwerden zu bewahren. Die Einnahme des 203 Meter hohen Hügels, der dem Film seinen Titel gab, kostete allein 8.000 japanischen Soldaten das Leben; praktisch die gesamte 7. Division ging zugrunde. Nogi wusste keinen anderen Weg, als Welle um Welle stürmen zu lassen. Der Druck wuchs in Tōkyō, Nogi seines Kommandos zu erheben, doch in einem sehr ungewöhnlichen Akt ergriff der Kaiser während einer Sitzung des Obersten Kriegsrats das Wort und verfügte, dass der General auf seinem Posten bliebe. Am Ende fiel Port Arthur, aber mehr als ein Drittel der insgesamt eingesetzten 150.000 japanischen Soldaten waren tot oder verwundet. Da einheitsweise aus denselben Gebieten rekrutiert wurde, wurden ganze Dörfer ihrer aktivsten jungen Männer beraubt.

Nogi war nun ein Held, der sich keineswegs wie einer fühlte. Wie viele gebildete Japaner alter Zeiten verfasste er Gedichte – Kaiser Meiji allein um die 100.000 –; ein Gedicht von Nogi aus dieser Zeit ist betitelt mit *Triumphlied*:

»Als General des Kaisers entschied ich das Schicksal einer Million –
Die Schlacht endete in Bergen von Leichen.
Mit dieser Scham muss ich nun vor ihren alten Vätern stehen:
Ein Triumphlied? Wie viele Männer werden nach Hause kommen?«

Vielleicht liegt Nogi Maresukes wirkliches Heldentum, wenn man das Wort benutzen möchte, in seiner fairen Behandlung sowohl der russischen Kriegsgefangenen als auch der chinesischen Zivilbevölkerung und außerdem in der Art, in der er sich eingestand, nur begrenzte Fähigkeiten zu haben und Verantwortung für die Folgen seines Handelns übernahm. Es bedurfte eines weisen Kaisers, um dem General nach Port Arthur noch sieben Jahre einzuräumen, in denen er seinem Land und vielleicht auch der eigenen Seele Gutes tun konnte.

Tōkyō wird modern

»Aufzeichnungen über das Prosperieren von Tōkyō« – Die Stadtschreiber und -beobachter Terakado, Hattori und Itō

Als aus Edo am 17. Juli 1868 offiziell Tōkyō wurde, wurde es zur japanischen Hauptstadt. Die Stadt war der politische, kulturelle und wirtschaftliche Brennpunkt des jungen Meiji-Staats mit einer noch unsicheren, aber potenziell verheißungsvollen Zukunft. Noch wenige Jahre zuvor, in den Jahren des schleichenden Verfalls des Tokugawa-Shōgunats und seiner Feudalinstitutionen, hatte es um die Zukunft der Stadt eher bewölkt ausgesehen.

Als ein veritables Seismometer der Stimmung in Edo/Tōkyō kann eine einmalig japanische Gattung der Stadtliteratur gelten, die *Tōkyō (Edo) hanjō ki*, auf Deutsch etwa »Aufzeichnungen über das Prosperieren von Tōkyō (Edo)«. Hinter dem sperrigen Titel verbergen sich sehr abwechslungsreiche Textsammlungen von oft 300 bis 500 Seiten Länge, die nicht nur über wirtschaftliches Prosperieren, sondern vor allem über Stadtbild und -charakter, Gesellschaft, Kultur und Mentalitäten berichten, und zwar immer konsequent aus der Perspektive von »innen« (also aus der Mitte der Stadt heraus) und von »unten«, also aus Sicht ihrer Bewohner, nicht der regierenden Eliten.

Das erste bedeutende Werk dieser Gruppe stammt von Terakado Seiken, der 1832–1836 sein *Edo hanjō ki* herausbrachte. Terakado wurde 1796 als Sohn eines wohlhabenden Bauern in Mito geboren, aber seine Mutter zog ihn in Edo auf, wo er mit 13 Jahren zur Vollwaisen wurde. Er schlug sich als nicht fest beschäftigter konfuzianischer Gelehrter und Privatschulgründer in Edo durch. Seine Versuche, in den Dienst des Lehens Mito aufgenommen zu werden, scheiterten wie die Anstrengungen seines Zeitgenossen Katsu Kokichi (s. Ein Samurai als Lebenskünstler und seine Abwege – Katsu Kokichi, S. 72), in den aktiven Dienst des Shōgun berufen zu werden.

Terakado bezeichnet sich, ähnlich wie Kokichi, der in seinen Erinnerungen die Selbstbezeichnung *musui* wählte, als *muyō no hito*, einen nutzlosen

Menschen. Doch auch solchen lächelt das Schicksal manchmal, denn Terakados großer Durchbruch kam 1831, als er während einer Erkrankung begann, den ersten Band seines *Edo hanjō ki* niederzuschreiben, durchaus aus finanziellen Erwägungen, wie er freizügig einräumte. Typisch für das Genre, dessen Wurzeln bis zurück ins 7. Jh. reichen, ist einerseits die Verwendung von Büchern, aus denen er reichlich zitiert, andererseits das Einbringen seiner eigenen Erinnerungen, Erfahrungen, An- und Einsichten als Hauptquellen. Die Publikation 1832 war ein großer Erfolg und vier weitere Bände folgten. Da Hanjōki neben sachlich-beschreibenden Passagen immer auch Humor, Satire und einen nicht eben dezenten Blick auf des Volkes Maul enthalten, kosteten ihn die drakonischen Tempō-Reformen der Obrigkeit 1842 das Aufenthaltsrecht in Edo, weshalb er zum Wandergelehrten und zu einer Art mietbarem Autor mit einer stetig wachsenden Publikationsliste wurde, der 1859 in der Provinzstadt Niigata ebenfalls ein Hanjōki verfasste. 1868, im Wendejahr von Edo zu Tōkyō, verstarb Terakado mit 72 Jahren.

Bei Terakado erscheint Edo in den 1830ern als ein Ort der Stagnation, in dem sich junge Energie nicht entfalten kann und die Obrigkeit einen langsam obsolet werdenden Status Quo verteidigt, ohne über ein zukunftstaugliches Konzept zu verfügen. Auf diesen historischen Abschnitt folgten noch mehrere Jahrzehnte zunehmender Verwirrung, bis 1868 die neue Zeitrechnung begann. Das neue Tōkyō hatte nach dem Auszug der Fürsten und fast aller Samurai nur noch 500.000 Einwohner (nach bis zu 1,4 Millionen im 18. Jh.) und war geprägt durch riesige Freiflächen, auf denen die inzwischen ausgeplünderten Residenzen der Fürsten gestanden hatten, die nun an den Staat zurückgefallen waren. Der Rückgang war so dramatisch, dass die neue Regierung 1869 eine »Maulbeer-und-Tee-Politik« ersann, für die sie 300.000 Quadratmeter solcher Flächen zur Erzeugung von Seide und Tee freigab, beides für den Export lukrativ. Zeitweilig wurde ein grüner Tee der Marke Shōtō bekannt – er wurde in Shibuya angebaut, heute ein Wand an Wand dicht bebauter Bezirk Tōkyōs mit milliardenschwerem Immobilienbestand.

Doch diese landwirtschaftliche Verirrung war nur vorübergehend und bald wandte man sich dem Auf- und Ausbau einer wirklich urbanen Kapitale zu. Industrialisierung, Modernisierung des Verkehrs und Aufbau der zentralstaatlichen Institutionen führten schnell wieder zu Masseneinwanderung vom Land (1873: knapp 600.000 Einwohner, 1898: 1,5 Millionen). Optimismus brach sich Bahn, dessen Geist der frühen Meiji-Zeit sich am besten in Hattori Bushōs *Tōkyō shin hanjō ki* (*Neue Aufzeichnungen über das Prosperieren von Tōkyō,* 1874–1876) widerspiegelt.

Hattori Bushō (1842–1908) griff die von Terakado einem 100-jährigen, die Stadt Edo überfliegenden Kranich in den Mund gelegte Frage auf, ob die Stadt in 100 Jahren noch blühen würde angesichts der von Terakado konstatierten Verfallsmerkmale. Der Kranich fragt außerdem kokett, ob nach Terakados Tod wohl noch irgendjemand so wie dieser das Blühen der Stadt würde beschreiben können. Hattori Bushō nahm die Herausforderung schon nach 50 Jahren an. Tōkyōs Vergangenheit als Edo ignorierte er komplett – seine neue Stadt lebte in der Gegenwart und wurde für die Zukunft aufgebaut. Vielleicht wurde Hattoris drastischer Schritt dadurch begünstigt, dass er erst mit 29 Jahren in die Stadt gekommen war, also keine eigenen Erinnerungen an das alte Edo einbringen konnte.

Hattoris Tōkyō ist eine Stadt, die Neuankömmlinge mit offenen Armen aufnimmt und, jenseits der Fesseln der ehemaligen Feudalgesellschaft, allen Tüchtigen, nicht nur den Hochgeborenen, eine Chance bietet. Dies entspach genau dem Zeitgeist in der Mitte der 1870er-Jahre, für die die Regierung die Parole *Bunmei Kaika* ausgegeben hatte, also Zivilisierung und Erneuerung (nach westlichem Vorbild, s. Die Wende von Edo zu Tōkyō – Kaiser Meiji, S. 138).

Hattoris Buch ist quasi eine Gebrauchsanweisung für die Stadt, er berichtet von Neuheiten wie dem Telegrafenamt, Fleischereien mit Rindfleisch, der Eisenbahn mit dem neuen Bahnhof Shimbashi und der Fotografie. Da Hattoris Buch nicht belehren, sondern unterhalten sollte, mischte er Humor und Ironie in seine Texte, so etwa in seine Betrachtung einer weniger epochalen Neuerung aus dem Westen, den Guckkastenattraktionen, die sich nach der Eröffnung einer solchen Einrichtung durch »irgendjemanden« in Asakusa rasch ausgebreitet hätten, und nun besonders auf den Grundstücken der ehemaligen Fürstenresidenzen anzutreffen wären. Bis jetzt schien »kein respektabler Geschäftsmann« diese Form von Unterhaltung zu fördern. Es handele sich meistens um ein- oder mehrstöckige Hütten, die vorn weiß angemalt, hinten aber verwahrlost sind: *»wie schmutzige Mädchen, die sich nur die Gesichter pudern«*. Die Holzplanken sind bemalt, sodass sie wie Stein aussehen, *»genau wie der Eingang zum Haus eines Quacksalbers«*. Man sehe durch Eingänge wie

»Augen von Riesenschlangen« in Maschinen hinein, das Ganze für nur einen *Sen* (Die Kupfermünze *Sen* war von 1873–1944 die kleinste Denomination. 100 *Sen* ergaben 1 *Yen*. 1873 verdiente z. B. ein Straßenbauarbeiter 12,5 *Sen* am Tag). Gezeigt werden Bilder der Wunder des Westens, wie eine Stahlbrücke in London, die *»länger als ein Regenbogen«* ist, außerdem hätte man *»einen deutschen Krieg eingerollt und hier ausgepackt«*. In der letzten Schau liegt die *»Göttin der Schönheit«* nackt in einem Bett. *»Schade, dass sie ein Bein angehoben hat, so dass wir nicht bewundern können, was sich dahinter verbirgt«*, merkt Hattori an. All diese Wunder und Sensationen seien geeignet, *»Landeier und Ungebildete«* in Erstaunen zu versetzen. Trotzdem hätte die Guckkastenschau mehr erzieherischen Wert als andere Unterhaltungsformen, er nennt als negative Beispiele die *»Tiger von Asakusa«* (die in Wirklichkeit bemalte Katzen waren) und die *»Drachen der Yorozuyo-Brücke«* (Schlangen mit aufgemalten Schuppen). Andererseits, und hier gibt Hattori seinen ironischen Grundton auf, seien die Guckkastenschauen wie eine *»Weltreise auf einen Blick«*, die die neuesten Errungenschaften und Sitten aller Nationen vorstellt. Sie sollten das Wissen der Menschen vergrößern und ihren Augen Freude vermitteln, *»obwohl wir nicht genau wissen können, ob die Bilder die Wirklichkeit zeigen oder nicht.«*

In dieser Passage spiegelt sich die zeitgenössische Freude am Entdecken des Westens und an der Adaption seiner Errungenschaften. Da wirkliche Auslandsreisen für die Mehrzahl der Tōkyōter noch lange nicht in Frage kamen, konnten sie sich wenigstens mit damals modernen, wenn auch ein wenig anrüchig präsentierten Medien weiterbilden und unterhalten.

Hattori beobachtete sehr genau und wusste das Gesehene und Gehörte lebendig wiederzugeben. So wendet er sich auch den Verlierern der Meiji-Reformen zu, wie etwa den Rikscha-Fahrern, deren schlechte Lebens- und Arbeitsbedingungen er benennt, nicht aber ohne die erst wenige Jahre alte Erfindung der Rikscha an sich zu preisen. Sie hatte die Sänfte in kurzer Zeit aus dem Straßenbild der Stadt verdrängt und in den 1870ern waren rund 50.000 Rikschas in der Stadt unterwegs. Eine andere Gruppe, die es nicht unbedingt leicht hatte, waren die nach und nach ihren Elitestatus sowie ihre alten Posten einbüßenden Samurai. Hattori lässt zwei von ihnen auftreten, die gerade einen Laden eröffnet haben und sich über ihr Ungeschick beim Warenverkauf unterhalten. Einer schlägt vor, statt Händler sollten sie doch besser Beamte werden – eine historisch sehr genaue Beobachtung, wählten doch viele Samurai genau diesen Weg (neben dem der Medizin) und sicherlich nicht zufällig genießen diese beiden Berufsgruppen auch im heutigen Japan noch viel Prestige, wobei auch ein wenig von der in der Edo-Zeit von Bürgerlichen beklagten Hochnäsigkeit vieler Samurai in die Moderne mitgebracht worden ist.

Hattori Bushōs Hanjōki enthält Texte, die von Essays, Glossen und Reportagen bis hin zu fiktiven Dialogen und Erzählungen reichen. Sein Werk erschien in vielen Auflagen und machte ihn so berühmt, dass er auch als eine Art Gründervater des modernen japanischen Journalismus angesehen wurde.

Der dritte vorgestellte Hanjōki-Autor, Itō Gingetsu (1871–1944), veröffentlichte sein *Saishin Tōkyō hanjō ki* (Neueste Aufzeichnungen über das Prosperieren von Tōkyō) 1903 zu einer Zeit, als die Stadt sich wiederum in einer ganz anderen Stimmung befand. Itō, geboren in Akita, brach die Mittelschule mit 17 Jahren ab und vertauschte seine beschauliche Heimat mit einem bewegten Leben in Tōkyō. Nicht zuletzt seine zahlreichen Wohnortwechsel, aber auch seine Arbeit als Journalist, Kritiker und Essayist für die Zeitung *Yorozo chōhō* belegen die Vielfältigkeit seiner Interessen. Itō hatte Interesse an den politischen und sozialen Verhältnissen seiner Wahlheimat und versuchte, das Interesse an Stadtforschung und -diskurs aus engen akademischen Zirkeln in die Öffentlichkeit zu tragen, wie sein Essay *Was ich mir vom Leser hinsichtlich der Stadtforschung erhoffe* von 1905 belegt.

Itōs Tōkyō am Anfang des 20. Jhs. hatte, im Vergleich zu dem Hattoris 30 Jahre zuvor, bereits teilweise zum Westen aufgeschlossen: Viele monumentale Bauprojekte waren inzwischen realisiert worden. Die zentralen Bauten des neuen Staates standen, während die ersten zentralen Plätze und breite, lange Boulevards Assoziationen zu den städtebaulichen Vorbildern weckten, vor allem zu Paris und London, in einigen Bereichen auch zu Berlin. Typisch für Tōkyō war das Fehlen einer großen, zentralen städtebaulichen Idee, die alles überwölbte; stattdessen gab es ein Patchwork von Einzelprojekten, 15 Stadtbezirken *(ku)* und über 1.000 Stadtvierteln *(chō)*, verbunden durch ein modernes Verkehrsnetz. Das Regierungsviertel in Hibiya, geplant von den deutschen Architekten Böckmann und Ende, wurde nie realisiert. Es entstand dort 1903 der erste westlich gestaltete Park Tōkyōs, der Itō gar nicht recht gefallen wollte. 1889 war der neue Kaiserpalast auf dem Gelände der alten Burg fertig. Seit 1890 stand auch das Parlamentsgebäude, 1896 kam die Staatsbank dazu, 1910 der Akasaka-Palast für den Kronprinzen, 1911 das an die Pariser Oper angelehnte Nationaltheater. Alle diese Projekte werden bei Itō kaum erwähnt.

Mit jedem Neubau verschwand ein weiteres Stück des alten Edo; zusätzlich brachte die moderne Stadt auch Probleme. Bis zum Anfang des 20. Jhs. gab es mehrmals Cholera-Epidemien, die Lage der zugereisten Fabrikarbeiter war verheerend. Fragen um die Stadt der Zukunft wurden um 1900 in den Zentren der Welt, auch in Tōkyō, lebhaft verhandelt, sowohl in ästhetischer Hinsicht als auch in politischer, mit japanischen Ablegern marxistischer bis hin zu utopisch-sozialromantischer Denkschulen.

Rund 15 Jahre vor Itōs Hanjōki war die erste von mehreren Retro-Wellen aufgetreten, die dem verschwindenden Edo und der »guten, alten Zeit« nachtrauerten. Um 1900 war die simple Fortschrittsgläubigkeit der frühen Meiji-Jahre verflogen, man interessierte sich wieder für die Vergangenheit und sah der Zukunft verhaltener entgegen.

Itōs *»modernitätskritischer Romantizismus«* (Evelyn Schulz, S. 117) war aber auch Ausdruck der Suche nach Identität in der schnell wachsenden Hauptstadt und insbesondere des Wunsches nach einer besser gestalteten Gesellschaft. Im ersten seiner beiden Bände schildert er das *»süße Tōkyō« (amaki Tōkyō)*, im zweiten das *»bittere Tōkyō« (nigaki Tōkyō)*. Wie seine Vorgänger legt er großen Wert darauf, die besondere Identität der Tōkyōter durch ihren besonderen Lebensstil zu begründen – ein Tōkyōter weiß, wie auch schon der Bewohner von Edo vor ihm wusste, wie man sich vergnügt. Itōs schriftstellerische Methode bestand darin, durch die 15 Stadtbezirke zu wandern und zu berichten, was er *»sehe, rieche und schmecke«*. Das achte Kapitel des 1. Bandes, *Erziehung von Zunge und Nase*, beinhaltet ganz konkret Vorschläge für die Gestaltung von drei Tagen in Tōkyō mit dem Schwerpunkt auf kulinarischen Vergnügungen. Moderne Attraktionen kommen bei ihm kaum vor, stattdessen betont er die traditionellen Vergnügungen der Tōkyōter, vor allem Sumō, das Theater und die Kirschblütenbetrachtung.

Streben nach Vergnügen und Konsum auch für breitere Schichten sind bei Itō eines der konstituierenden Merkmale wahrer Tōkyōter Identität; seine Mitbürger liebten Dynamik und Neuigkeiten und waren stets bereit, sich dem Wandel anzupassen und ihm Genuss abzugewinnen. Dieser Hedonismus stand durchaus im Kontrast zur Tendenz der Meiji-Regierung, harte Arbeit und Fleiß als Kerntugenden ihrer Zeit zu betonen. Als zweites Merkmal des »echten« Tōkyōters trat laut Itō ein extremer Pessimismus zu Tage. Die realen Nöte des urbanen Lebens sowie die völlig unkalkulierbaren Gefahren, die aus ständig drohenden Bränden, Erdbeben, Flutkatastrophen und Verbrechen erwuchsen, führten zur Verdrängung in massenhaft ausgelebten Vergnügungen und einer gewissen *Carpe diem*-Grundstimmung.

Itōs Beobachtungen könnte man sicherlich durch entsprechende Betrachtungen sowohl der vorangegangenen Edo-Zeit als auch des heutigen Tōkyōter Lebens untermauern. Vollends zur archetypischen Darstellung der Grundzüge der Tōkyōter Mentalität wird das von Itō entworfene Bild durch ein drittes Element, das tägliche Rollenspiel der Bewohner, die fast alle gleichzeitig mehreren gesellschaftlichen Gruppen angehörten. Damals wie heute ist die ständige Zuwanderung aus der Provinz ein markantes Merkmal der Stadt und viele Neu-Tōkyōter organisierten sich damals landsmannschaftlich. Darüber hinaus war man Bürger in einem der über 1.000 Stadtviertel, die einen überschaubaren lokalen, quasi dörflichen Rahmen mit einer florierenden nachbarschaftlichen Organisation boten. Und schließlich waren alle Tōkyōter Staatsbürger Untertanen ihres Kaisers, an die im Verlauf der ersten 45 Jahre des 20. Jhs. immer neue patriotische Anforderungen gestellt wurden. Ein jeder spielte also seine Rollen, durchaus auch mit Vergnügen in diesem Schauspiel des urbanen Lebens. Man stellte sich dar und aus und keine Gelegenheit in Tōkyō war laut Itō mehr dazu geeignet als das entspannt-elegante Flanieren unter blühenden Kirschblüten im Frühjahr.

Gute Nachrichten hatte Itō für Neuankömmlinge: Man musste nicht in eine seit mindestens drei Generationen in Tōkyō ansässige Händler- oder Handwerkerfamilie hineingeboren sein, um sich die Identität der Stadt anzueignen. Man könne sie auch erlernen, am besten durch häufiges Zuhören bei den Rakugo-Geschichtenerzählern in den beliebten Varietés der Stadt, von denen es auch heute noch einige besonders im Stadtteil Asakusa gibt.

Itō machte auch konkrete, fast modern anmutende Vorschläge, wie man der fortschreitenden Umweltzerstörung durch Industrieprojekte entgegen treten könnte. Im 2. Buch, dem *Bitteren Tōkyō*, beschreibt er Ortsteile voller Verlierer, wie die bedrohte Fischerinsel Tsukadajima und das berühmte Mukōjima auf der östlichen Seite des Sumida-Flusses. Neu angesiedelte Fabriken führten zu schweren Krankheitswellen unter Fabrikarbeitern und -arbeiterinnen in ihren slumartigen Wohnheimen. Vermüllung, Verpestung und Zustellung durch Werbung machten solche Plätze in Itōs Worten zu *»Orten des Lebenskampfes«*. Im für seine Blütenpracht berühmten Mukōjima, einem bedeutenden Ort auch in der Tōkyōter Literatur, wurden laut Itō inzwischen sogar Kirschbäume gefällt, um in Fabriken verfeuert zu werden. Itō schlug vor, die Industrie aus Mukōjima auszulagern und den Ort in einem offiziellen Vergnügungsort in parkähnlicher Gestaltung umzuwandeln. Historische Gebäude sollten erhalten, Werbung und »hässliche« Bauten verboten werden. Ganz pragmatisch liest sich Itōs Vorschlag, wenn er dem möglichen Einwand leerer öffentlicher Kassen mit dem Vorschlag einer Eintrittsgebühr begegnet. Er sah ein, dass er den »Fortschritt« der von der Regierung massiv betriebenen Industrialisierung nicht verhindern konnte, versuchte aber, wenigstens einen Teil des guten Alten zu musealisieren und für Einheimische und ausdrücklich auch Touristen zu erhalten. Leider gehört es zur Realität des unter chronischer Platznot leidenden Tōkyō, dass sich nur selten die Idee der Erhaltung von Altem gegenüber der Macht von verbeamteten Planern und millionenschweren Investoren durchsetzen kann.

Ein neues Theater – Kawakami Otojirō (1864–1911) und Sadayakko (1871–1946)

Die herrschenden Oligarchen der Meiji-Zeit waren offen für alles, was ihnen am Westen nützlich erschien. Dies bezog sich vor allem auf technische, wissenschaftliche und einige kulturelle Errungenschaften. Demokratische Ideen dagegen gehörten im 19. und frühen 20. Jh. nicht zu den von der Mehrzahl der Mächtigen erwünschten Importen. Dagegen wandte sich der Politiker Itagaki Taisuke (1837–1919) mit seiner 1875 gegründeten Bewegung für Freiheit und Bürgerrechte *(Risshisha)* und ab 1881 als Chef der Liberalen Partei *(Jiyutō)*. Unter den Bedingungen des 19. Jhs. war die direkte Ansprache des (Wahl-)Volks entscheidend für die Verbreitung von Ideen, und so hielt Itagaki Reden im ganzen Land, bei denen es oft turbulent zuging; sogar ein Mordanschlag wurde auf ihn verübt. Doch auch Itagakis eigene Leute waren keine Kinder von Traurigkeit. Kawakami Otojirō, aus einfachen Verhältnissen in Fukuoka ausgerückt, war Gelegenheitsarbeiter und Polizist gewesen. In Tōkyō hatte er sich zeitweise von Essensgaben auf Gräbern ernährt, bis ihn der berühmte Fukuzawa Yukichi (s. Ein Mann, der das Risiko nicht scheute – Fukuzawa Yukichi, S. 165) entdeckte und ihm eine Anstellung als Bediensteter, der auch studieren durfte, an seiner Bildungsstätte Keiō Gijuku gab. Aber auch von dort war der junge Otojirō wieder ausgerückt. Schließlich betätigte er sich als *sōshi* (Agitator) für Itagaki. Der junge Mann zeigte unter dem selbstgewählten Namen »Kind der Freiheit« herausragendes Talent mit seinen hinreißenden, satirischen Reden und Liedern vor dem einfachen Volk. Schnell wurden die Behörden auf dieses gefährliche Subjekt aufmerksam. Insgesamt kam er auf angeblich 180 Verhaftungen und sechs Aufenthalte hinter Gittern.

Zu seinem eigenen Glück entdeckte der mit einem Bann als politischer Redner belegte Kawakami Otojirō eine andere aufregende Bühne für sich: Die Bretter, die die Welt bedeuten. Eine Aufnahme in das Schauspieleretablissement des altehrwürdigen Kabuki kam für einen Hergelaufenen wie Kawakami nicht in Frage, aber er konnte Rakugo lernen, eine heute noch in Tōkyō praktizierte Form von Alleinunterhaltung durch einen auf der Bühne sitzenden Erzähler von zotigen Geschichten. Kawakami lernte auch das neue »Amateurtheater« *(shosei shibai)* kennen. Junge Aktivisten wie er konnten hier dem Publikum realistischeres, von der zeitgenössischen westlichen Bühnenkunst inspiriertes Theater bieten, das auch kritische politische Töne anschlug. Erfolge in Ōsaka und Yokohama führten Kawakami an ein erstklassiges Haus in Asakusa, immer noch das Zentrum der Unterhaltungskultur der Hauptstadt. 1888 verarbeitete er in einer eigenen Produktion das gescheiterte Mordattentat auf Itagaki in einer satirischen Szene, in der ein sehr machoartig ausstaffierter Samurai gegen Regierung, Reiche und starke Verwestlichung vom Leder zieht. Kawakami war aber vorsichtiger geworden und präsentierte auch traditionelle Stücke, allerdings in neuem Gewand. 1892 spielte er vor der Kaiserin, was sein Durchbruch war.

Obwohl kein Anhänger allzu liberaler Ideen, war Ministerpräsident Itō Hirobumi (s. Vom Terroristen zum Vater der Verfassung – Itō Hirobumi, S. 143) von Kawakamis Neuerungen beeindruckt und lud ihn zu einer privaten Feier ein, wo Kawakami auch eine von Itōs Lieblingsgeishas vorgestellt wurde, Koyama Sada, von ihren westlichen Fans später Sadayakko genannt (geboren 1871 in Tōkyō). Sadas bzw. Sadayakkos hinreißendes Aussehen und ihre künstlerische Ausbildung machten sie ihm zur Traumfrau und 1894 heirate-

Die Ginza um 1900 als Modell im Edo-Tōkyō-Museum. 1612 entstand hier auf einem ehemals versumpften Gelände eine Silbermünze, die 1872 in einem Großfeuer unterging. Das Viertel wurde danach als Verbindung zwischen dem wichtigen Bahnhof Shimbashi und der Ausländersiedlung Tsukiji in westlicher Manier als Symbol für »Zivilisation und Aufklärung« in Backstein neu bebaut. Die Ginza ist bis heute als gehobenes Einkaufsviertel im Herzen Tōkyōs beliebt.

ten die beiden. Kawakami Otojirō war im Jahr zuvor in Paris gewesen und führte eine Neuerung nach der anderen in seinem Theater *Kawakami-za* ein: der stilisierte Sprechduktus und das schwere Make-up des Kabuki verschwanden und es wurde nur noch die Bühne, nicht mehr der Zuschauerraum, beleuchtet, und zwar mit elektrischen Birnen. Kawakami wusste immer, was dem Publikum gefiel und so gab er ihm Novitäten und spektakuläre Inszenierungen. Die Kreativität des Impresarios wurde allerdings immer wieder von Finanzproblemen gedämpft, Pfändungen kamen nicht selten vor. Trotzdem schaffte er es, seinen Theaterneubau, ein massives dreistöckiges Gebäude aus Backstein mit der Inschrift *»Theatre Kawakami«* 1896 in großem Stil zu eröffnen. Damit übernahm er sich allerdings und verlor das Haus wieder.

Die Kawakamis brauchten Geld und kamen auf eine Idee, die bis heute in Japan hervorragende Einnahmemöglichkeiten verspricht – er kandidierte für das Parlament. Er suchte sich einen ländlichen Wahlkreis aus und richtete zusammen mit Sadayakko fantasievolle Wahlkampf-Events aus. Sogar die nationale Presse wurde auf den ungewöhnlichen Kandidaten aufmerksam, entstammend einfachsten Verhältnissen als *»zweiter Sohn des zweiten Sohns eines Händlers«* und gescheiterter Betreiber eines Etablissements der, mehr oder weniger, Halbwelt in Tōkyō. Die verheerende Berichterstattung führte zu Kawakamis Niederlage. Die Zeit war nicht reif für die Wahl eines Abgeordneten solcher Herkunft.

Kawakamis nächster Versuch, der drückenden Schuldenlast zu entkommen, brachte weit größeren Erfolg. In Kobe traf das Paar auf einen Geschäftsmann, der eine Chance darin sah, japanische Kultur im Westen zu vermarkten. Mit frischem Geld sammelte man eine neue Truppe und fuhr 1899 nach San Francisco. Bis 1902 tourten die Kawakamis auf zwei Reisen durch die USA und viele europäische Staaten. In Japan war gemäß jahrhundertealter Tradition der Schauspielerberuf Männern vorbehalten und Sadayakko hatte im Kawakami-za nur hinter der Bühne wirken können. Sei es aus Gründen des recht kleinen Ensembles oder höherer künstlerischer Berufung, in Übersee trat sie auf die Bühne, tanzte und war sofort der Star der Truppe. Sie begeisterte als »echte Geisha« Scharen von Menschen und war sicher die im Ausland berühmteste Japanerin ihrer Zeit. Max Slevogt malte sie und ihren Ziehsohn 1901 in bunten Farben in Berlin.

Die zweite Zutat zum Erfolgsrezept war der sichere Instinkt ihres Mannes zu erkennen, was die Theaterbesucher sehen wollten – natürlich Geschichten von Samurai, schönen Frauen, mit wenig Dialog, aber dramatischen Auftritten und »exotischem« Flair. Kawakami mischte die spektakulärsten Abschnitte aus verschiedenen Kabuki-Dramen, gab eigene Erfindungen hinzu und ließ alles auf eine dem westlichen Publikum vertraute Art spielen. Sadayakko erinnerte sich später: *»Wir spielten eine merkwürdige Mischung aus japanischen Stücken, aber die Amerikaner liebten sie und erfreuten sich an unseren prunkvollen Kostümen.«*

Nach dem riesigen Erfolg als Vermittler japanischer Kultur im Westen wollten die Kawakamis in Japan mit westlicher Bühnenkunst reüssieren. Es ging nun mit Shakespeare, Kindertheater nach deutschen Märchen und sogar einem Science-Fiction-Stück namens *Star Worlds* gegen das alte, steif gewordene Kabuki. Aber auch aktuelle Ereignisse wie der Japanisch-Russische Krieg von 1904/05 wurden sensationell auf der Bühne umgesetzt. Sadayakko wurde zur wirklichen Schauspielerin, Japans erste seit 300 Jahren, die sich auf der Bühne zwischen Männern bewegte. Sicherlich wären heutige Zuschauer entsetzt über den melodramatischen, effekthascherischen Stil, der im Theater der Kawakamis gepflegt wurde (berühmt wurde Otojirōs Auftritt als »Hamlet« auf einem Fahrrad), aber getreu der Tradition des edozeitlichen Theaters ging es ohne staatliche Subventionen ausschließlich um zeitgenössische Unterhaltung. Neben der Einführung zahlreicher Stücke und Aspekte des westlichen Theaters in Japan leisteten die Kawakamis einen weiteren wichtigen Beitrag für die japanische Bühnenkunst, indem sie in Ōsaka neben einem Kaiserlichen Theater das Kaiserliche Ausbildungsinstitut für Schauspielerinnen gründeten, das dabei mitwirkte, diesen Beruf systematisch für Frauen zu öffnen.

Kawakami Otojirō starb 1911 an Aszites und einer bis zum Hirn reichenden Entzündung. Er wurde von Frau, Sohn und seinen Schauspielern aus dem Krankenhaus zu seinem eigenen Theater getragen und starb auf den Brettern, die ihm die Welt bedeutet hatten. Kawakami Sadayakko gab eine Bronzestatue ihres Mannes in Auftrag, die auf dem Friedhof des Familientempels Sengaku-ji stehen sollte. Die örtlichen Honoratioren waren entsetzt – wie konnte das Bildnis eines solchen Parvenüs auf diesem heiligen Grund stehen? So wurde die Statue des bedeutenden Theaterpioniers und Kulturvermittlers 1914 auf dem öffentlichen Friedhof Yanaka im Stadtteil Taitō aufgestellt.

Kawakami Sadayakko pflegte ihre Karriere als Tänzerin noch bis 1918 und gründete in Nagoya, wo sie in wilder Ehe mit einem eigentlich verheirateten Mann lebte, ihre eigene Textilfirma. In Tōkyō gründete sie eine Theaterschule für Kinder und starb 1946 mit 75 Jahren im westlich von Tōkyō gelegenen Kurort Atami.

Ein Mann, der das Risiko nicht scheute – Fukuzawa Yukichi (1835–1901)

Fukuzawa Yukichi führte in seinem Leben viele Projekte zu Ende; er kam zeitweilig sogar dem selbst formulierten Anspruch nahe, *»der einzige wirkliche Vermittler westlicher Bildung«* im Japan der Meiji-Zeit zu werden. Und in der Tat, sein Buch *Seijo Jijō* (*Things Western* auf Englisch, zehn Bände 1867, 1868 und 1870) war eine leicht verständliche, lehrreiche Beschreibung der Zustände in westlichen Ländern und wurde derartig prägend, dass die ganze Gattung der den Westen vermittelnden Bücher als *Fukuzawa-Bücher* bezeichnet wurde. In insgesamt 57 Publikationen breitete er sein Wissen über den Westen und seine Schlussfolgerungen und Ideen für Japan aus.

Wie die meisten großen Persönlichkeiten der neuen Zeit wurde Fukuzawa als Sohn eines einfachen Samurai in der Provinz geboren (1835). Eine der wenigen Möglichkeiten, langweiligem Wachdienst zu entkommen, bestand in der Aufnahme von *Rangaku*, Holländischen Studien, was bedeutete, Lesefertigkeit zu erwerben, um das Wissen aus importierten Büchern auf Niederländisch aufnehmen zu können. Mit 19 kam er nach Nagasaki und begann seine Studien auf Vermittlung von Okudaira Iki, einem ranghohen Verwandten seines Lehnsherrn. Dieser zeigte ihm später ein vor kurzem für die fürstliche Summe von 23 Goldstücken erworbenes holländisches Buch über das Befestigungswesen. Fukuzawa beherrschte diese Sprache zwar wohl noch nicht vollkommen, erkannte aber sofort, was für einen Schatz des Wissens er vor sich hatte. Er fragte vorsichtig, ob er das Buch drei oder vier Tage lang ausleihen dürfte. In Wirklichkeit behielt er es rund einen Monat und schrieb alle 200 Seiten samt Plänen ab – heimlich, Nacht für Nacht bis zur völligen Erschöpfung. Die Episode ist in Fukuzawas Autobiographie von 1897 geschildert und man merkt, wie wenig respektabel ihm dieser Mitlernende erschien, der gar nicht zu wissen schien, welchen Schatz er da besaß und ihn wochenlang nicht zurückforderte. Fukuzawa suchte sich andere Lehrer und vervollkommnete das Niederländische binnen drei Jahren.

1858 schickte ihn sein Lehnsherr als Sprachlehrer zur Residenz in Edo – welch eine Chance für den aufgeweckten jungen Mann, der hier später seine eigene Schule ins Leben rief. Fünf Jahre zuvor hatten amerikanische Schiffe die Tür zu Japan aufgestoßen und das hitzige Klima in der Hauptstadt deutete auf große Umbrüche hin. Seine Ermordung war immer *»eine unangenehme Möglichkeit«*, wie Fukuzawa sich klar war. Die Zeit von ca. 1850 bis in die 1930er sah Hunderte von politisch-ideologisch begründeten Morden in Edo/ Tōkyō; wer sich aus dem Fenster lehnte, riskierte, Opfer eines fanatisierten Schwert- oder Revolverschwingers zu werden.

Als Fukuzawa 1859 in der Ausländersiedlung des gerade für die Fremden geöffneten Hafenstädtchens Yokohama erstmals auf eine größere Zahl von Männern aus dem Westen traf, war seine Überraschung groß. Zunächst konnte er, obwohl er das Niederländische fließend beherrschte, die Ladenschilder nicht lesen. Niemand schien ihn zu verstehen. Schließlich konnte er sich gerade einmal mit einem deutschen Ladeninhaber, einem Herrn Knüpfer, rudimentär schriftlich verständigen. Es musste eine andere Sprache sein, die in der Welt dominierte – Fukuzawa Yukichi wurde klar, dass er noch einmal von vorne anfangen und Englisch lernen musste. Mit dem ihm eigenen Eifer erbat er fünf Goldstücke von seinem Clanherrn und gab sie für ein kleines Englisch-Niederländisches Wörterbuch aus. Nun brachte er sich, ohne Lehrer, auch diese Sprache völlig aus Büchern bei. Die richtige Aussprache ließ er sich von japanischen Seeleuten erklären, die als Schiffbrüchige Kontakt mit Englischsprachigen gehabt hatten.

Fukuzawa gab seine etablierte Position auf und wurde wieder zum Schüler. Er war sicher nicht der einzige, der erkannte, dass das mühsam Gelernte weitgehend nutzlos war, aber einer der wenigen, die so früh und konsequent einen riskanten neuen Weg gingen – die Feindseligkeit gegenüber den »westlichen Barbaren« und den Japanern, die mit ihnen zusammenarbeiteten, war damals groß in Edo. Fukuzawa gab seine Lebenszeitstellung beim Fürsten Okudaira auf und bot sich 1860 zur ersten Mission der Shōgunatsregierung in die USA an. Zwar kannte er den Kapitän gar nicht, wurde aber doch als dessen Diener angenommen – Frechheit kommt weiter. Als einer der wenigen rudimentär englischsprachigen Japaner überhaupt spielte er als Dolmetscher tatsächlich eine viel bedeutendere Rolle.

Auf der Basis eines mitgebrachten Exemplars von *Webster´s Dictionary* entwickelte er das erste englisch-japanische Wörterbuch überhaupt. Wie gut sich der junge Mann selbst zu vermarkten wusste, geht auch aus einer berühmten Episode um ein (erhaltenes) Foto aus Amerika hervor. Es zeigt Fukuzawa im Kimono sitzend, neben sich stehend eine hübsche junge Frau aus den USA. Er hatte das Bild aus San Francisco mitgebracht und es erregte viel Aufsehen und Bewunderung unter seinen Kollegen, die einen engeren Kontakt vermuteten. In Wahrheit hatte Fukuzawa nur die Tochter des Fotografen im Atelier gebeten, sich kurz zu ihm zu stellen, und hatte das Foto erst nach der Abreise zurück nach Japan vorgezeigt, damit sich niemand ein ähnliches besorgen konnte.

Die Regierung beschäftigte ihn nun offiziell in der Übersetzungsabteilung ihres Außenamts und Fukuzawa konnte an Reisen nach Frankreich, England, Holland, Preußen, Russland und Portugal teilnehmen. Er breitete sein erworbenes, noch sehr elitäres Wissen in Buchform aus und wurde langsam bekannt in Edo. Aber die Regierung der Tokugawa taumelte unaufhörlich ihrem Ende entgegen, und auch Fukuzawa Yukichi stand Arbeitslosigkeit, wenn nicht Schlimmeres bevor. Interesse an den ideologischen Positionen der Regierung wie auch ihrer Gegner hatte er nicht, insbesonders sah er deren Fremdenfeindlichkeit als falsch für Japans Zukunft an. Er würde für niemanden das Schwert schwingen. Die meisten Regierungsmitarbeiter packten ihre Sachen und verließen Edo vor der nahenden kaiserlichen Armee. Einige Unbelehrbare rüsteten sich zum Kampf.

Fukuzawa dagegen kaufte 1867 in der sich leerenden Stadt ein 1.300 Quadratmeter großes Grundstück mit Langhaus und Schuppen in Shinsenza im Stadtteil Shiba. Die Bauhandwerker waren schon froh, überhaupt genug für ihre Mahlzeiten zu verdienen. Er wechselte einmal mehr seinen Lebensweg. Inmitten der großen Unsicherheit eines Epochenumbruchs investierte er in seine Bildungsstätte in einer Stadt, von der niemand wusste, wie ihr zukünftiger Status sein würde. Er ließ mehr Gebäude errichten und brachte seine eigene Bibliothek in die Schule ein, die sehr schnell die Zahl von 100 Studenten überschritt und schon 1871 umziehen musste. Wichtiger als die Sicherheit als abhängig Beschäftigter eines Fürsten oder der Regierung war es ihm, seinen eigenen Weg zu gehen. Fukuzawa fehlte es nie an Selbstsicherheit, aber hier erwies er sich geradezu als Prophet: Er wurde nicht einer, sondern wirklich DER unabhängige Vermittler westlicher Bildung in den ersten Jahrzehnten der neuen Hauptstadt Tōkyō.

Distanz hatte Fukuzawa zur alten Regierung entwickelt, besonders hatten ihn die konfuzianisch Gelehrten gestört: »*In unserem Land gehörte Bildung in die Welt der Herrschenden; sie war nur ein Amt der Regierung.*« Er wandte sich gegen neokonfuzianische Dogmen als Bildungsideale und gegen andere chinesische

Einflüsse, etwa im Medizinstudium. Schon 1858 als Student hatte Fukuzawa laut seiner Autobiographie die »*2000 Jahre alten Medizinmärchen*« der chinesischen »Heilpraktiker« vehement abgelehnt (»*Später gehen sie dann in ihre Heimat und bringen dort die Leute um.*«). Bildung sollte modern, also westlich geprägt und allen Begabten zugänglich sein. Dies erklärt auch Fukuzawas heute eher befremdlich wirkende nationale Begeisterung angesichts Japans Sieg über den – in seiner Sicht – obsoleten alten Lehrmeister China 1894/95.

Ein Beispiel für Fukuzawas ernormen Einfluss als Hüter westlichen Wissens ist die Geschichte, wie ihn 1871 die Stadt Tōkyō um Hilfe bzw. Information bat, wie eine moderne Polizeitruppe im Westen funktionierte. Die Sicherheitsorgane des alten Shōgunats waren durch mit dem Gewehr patrollierende Soldaten aus den siegreichen Lehensgebieten des Westens abgelöst wurde, was inzwischen zu sehr an einen »Kriegsschauplatz« erinnerte. Fukuzawa übersetzte verschiedene Passagen über Polizei aus den Büchern seiner Bibliothek und band die Arbeit zu »*einer kleinen Broschüre*« zusammen, die er bei der Stadtverwaltung »abgab«. Auf dieser Basis kam Tōkyō zu einer modernen Polizei, der *Junra*, und Fukuzawa im Gegenzug kostenlos zur Pacht eines neuen, mehr als 30.000 Quadratmeter großen Grundstück in Mita für seine Schule. Später konnte er 43.000 Quadratmeter mit Gebäuden für gut 500 Yen erwerben, ein »*ausgesprochener Spottpreis*«, wie er selbst festhielt. Für 1898 schätzte er den Wert auf das Hundert- oder Tausendfache – Zeugnis einerseits für die Richtigkeit von Fukuzawas Vision und seine Geschäftstüchtigkeit, aber auch für die positive Entwicklung, die Tōkyō im letzten Drittel des 19. Jhs. insgesamt nahm.

Neben seiner Tätigkeit als Autor war seine Schule, *Keiō Gijuku*, Fukuzawas Hauptbeschäftigung. Aus einer bescheidenen Akademie für Holländisch hat sich seit 1858 bis heute eine, wenn nicht die führende, Privatuniversität des Landes entwickelt, mit 33.000 Studierenden an zehn Campus in und um Tōkyō herum. »Keiō« bezeichnet das Kaiserjahr 1867, »Gijuku« steht für das englische Konzept einer *Public School* – Wissen wurde nicht mehr exklusiv dem Samurainachwuchs einzelner Lehensgebiete vermitteln, sondern öffentlich angeboten und, zum ersten Mal in Japan, durch eine feststehende jährliche Studiengebühr bezahlt. Zunächst spezialisierte sich »die Keiō« auf Westliche Studien, von Fukzawa auch »Okzidentologie« genannt, einschließlich Sprachen, Naturwissenschaft, Technik und Medizin, und entwickelte sich seit 1890 zur Volluniversität. Fukuzawa selbst drückte auf einer Feier mit Alumni 1896 seine Ziele aus:

»Keiō Gijuku sollte sich nicht als einfach irgendeine Bildungsinstitution sehen. Ihre Mission sollte sein, modellhaft für den Adel aus Intelligenz und Tugend zu stehen, und klar zu machen, wie das auf Familie, Gesellschaft und Nation angewendet werden kann. Dies sollte in konkrete Taten umgesetzt werden. Wir erwarten von allen Studenten, durch die Verwirklichung dieser Mission zu Führern der Gesellschaft zu werden.« Fukuzawa glaubte im Gegensatz zu vielen Oligarchen an der Staatsspitze an die Notwendigkeit lebendiger Debatte. Das 1875 auf dem Mita-Campus gebaute und erhaltene »Debattierhaus« legt davon bis heute Zeugnis ab. Da alle Studierenden wie die Lehrenden kontinuierlich lernen sollten, blieben die Hierarchien bei der Keiō flach, denn als Lernende waren sich Studenten wie Professoren gleich. Die neue Hochschule war so gut, dass die Regierung ihr 1879 den Status einer staatlichen Universität anbot. Fukuzawa blieb sich treu und lehnte ab. Von Regierungsbürokratie hielt er nicht viel. Dabei beschränkte er sich jedoch nicht auf den akademischen Elfenbeinturm, sondern wurde auch ein Gründungsmitglied der berühmtesten Gesellschaft fortschrittlicher Gelehrter der Meiji-Zeit, der 1874 gegründeten Meirokusha.

Aber auch eine Persönlichkeit wie Fukuzawa Yukichi allein konnte liberalen Ideen nicht zum vollen Durchbruch verhelfen. Seine Keiō-Universität gab diese allerdings weiter und unter den zahlreichen Alumni, die zu Führern ihres Landes auf ihren Gebieten wurden, gibt es nicht wenige, in deren unabhängigem Denken sich der Pionier wiedergefunden hätte, so die Ministerpräsidenten Tsuyoshi Inukai, Ryutaro Hashimoto und Junichiro Koizumi, Dutzende von Ministern und über 300 Vorstandsvorsitzende von Großunternehmen wie der aktuelle Toyota-Chef Toyoda Akio.

Fukuzawa Yukichi starb 1901 im Alter von 68 Jahren. Jedes Jahr am 3. Februar treffen sich Keiō-Alumni an seinem Grab im Zenpuku-Tempel im vornehmen Viertel Azabu.

Das Mitsui-Imperium und seine Manager – Dan Takuma (1858–1932) und Ikeda Shigeaki (1867–1950)

Neben zahlreichen Klein- und Kleinstbetrieben wurde die japanische Wirtschaft von der Meiji- bis zur Shōwa-Zeit von großen Konzernen kontrolliert, den *Zaibatsu*, die alle bis auf Sumitomo ihren Sitz in Tōkyō hatten. Das im

19. Jh. neu entstandene Wort Zaibatsu setzt sich aus den Zeichen für »Reichtum« und »Clique« zusammen oder etwas vornehmer ausgedrückt: Holdinggesellschaften in Familienbesitz. Solche Konglomerate bestanden aus miteinander vielfach verflochtenen Unternehmen in verschiedenen Branchen, darunter unbedingt ein Finanzdienstleister und eine Handelsgesellschaft, über denen eine einzelne Holding thronte, die allein einer mächtigen Unternehmerfamilie gehörte. Die vier größten Zaibatsu Sumitomo, Mitsui, Mitsubishi und Yasuda allein hielten zu Beginn des Zweiten Weltkriegs 30 % der japanischen Schwerindustrie einschließlich Bergbau, 50 % des Maschinenbaumarkts und 70 % aller Börsenwerte.

Der Einfluss der Zaibatsu reichte bis tief in Politik und Militär; man sagte, die große Partei *Rikken Seiyukai* sowie die Armee wären Zweigstellen von Mitsui, während die Rivalin Mitsubishi die Partei *Rikken Minseito* und die Marine kontrollierte. Jeder Krieg, jede erfolgreiche koloniale Unternehmung machte die Konzerne reicher. Macht und Einkommen der Konzerne beruhten auch auf Monopol- bzw. Oligopolstellungen, auf der Verweigerung von größerer Beteiligung der Beschäftigten am Gewinn und auf fragwürdigen Geschäften wie der Währungsspekulation. Gleichzeitig entstand in dieser Zeit die Basis für die nach dem Zweiten Weltkrieg dominierende »Salaryman«-Ethik, nach der Mitarbeiter lebenslang beschäftigt wurden und dem Unternehmen durch unbedingte Loyalität verbunden waren. Diese Ethik wurzelte wiederum in der Wertewelt der feudalen Samuraiclans, die bis in die 1870er-Jahre hinein bestanden hatten.

Zwei der großen Zaibatsu hatten ihren Ursprung in der Edo-Zeit, Sumitomo und Mitsui (s. Vom Tellerwäscher zum Millionär in Edo – Kawamura, Kinokuniya und Mitsui, S. 89). Mitsui Takatoshi und seine Erben hatten seit dem 17. Jh. in Edo ein Unternehmen aufgebaut, das schon damals auf verschiedenen Feldern aktiv war, darunter Textilhandel und Bankwesen. Nach der Wende 1868 weitete man die Aktivitäten im Handel aus und gründete 1876 die Mitsui-Bank mit Masuda Takashi (1848–1938) als Präsidenten, heute noch als Sumitomo Mitsui Banking Corporation eine der drei größten Banken des Landes. Entscheidend für die Entfaltung zum modernen Zaibatsu aber war der Einstieg in Bergbau und Schwerindustrie, und hier hatte Mitsui einen dicken Fisch an der Angel: Dan Takuma (1858–1932). Dan war ein weiterer kleiner Samuraisohn, der seinen Aufstieg seiner noch sehr exklusiven westlichen Bildung verdankte. Auf seine Teilnahme an der Iwakura-Mission 1871 nach Amerika mit anschließendem Bergbaustudium am Massachusetts Institute of Technology folgte nach einer Assistenzprofessorstelle an der Universität Tōkyō der Wechsel in den Regierungsdienst, Abteilung Bergbau. Als Ingenieur kam Dan 1884 zu den Miike-Minen in Kyūshū, dem größten Kohlebergwerk des Landes, das 1872 verstaatlicht worden war. Als die Regierung die Mine während eines weiteren Studienaufenthalts Dans in England verkaufte, war der Mitsui-Konzern bereit, einen besonders hohen Preis zu zahlen, angeblich, um den fähigsten Bergbauingenieur des Landes gleich miteinzukaufen. Dan Takuma zeichnete sich in dem sehr rauen und gefährlichen Geschäft aus und stieg zum Generalmanager der Mine auf. In den Minen von Miike starben bis zur Schließung 1997 Hunderte. 1894 bekam Dan Takuma einen Sitz im Vorstand von Mitsui Mining und 1914 wurde er Generaldirektor der Mitsui Holding, der nur noch der Familie Mitsui selbst verantwortlich war.

Dan Takuma verlegte das Schwergewicht von Mitsui vom Handel in den industriellen Bereich (Bergbau, Stahl, Schiffs- und Maschinenbau, Chemie) und sicherte der Firma enorme Gewinne. Zu seinem Aufstieg in die absolute Spitzengruppe der japanischen Unternehmerschaft kam auch soziale Anerkennung: 1928 wurde Dan im Range eines Barons geadelt, eine schier unglaubliche Ehre für einen Kaufmann, der in einer Zeit geboren worden war, als diese Klasse sozial noch unter der Bauernschaft eingeordnet worden war. Dan war auch der erste Direktor des Japanischen Industrie-Clubs, einer Arbeitgebervereinigung, die sich u. a. den Kampf gegen die Vertreter von Arbeitnehmerinteressen zur Aufgabe machte. Als die Regierung Hamaguchi 1929 einen Gesetzentwurf vorlegte, der die Bildung von Gewerkschaften legal gemacht hätte, führte Dan die Arbeitgeber dagegen ins Feld. Das Gesetz kam durch das Unterhaus, aber im aristokratisch geprägten Oberhaus scheiterte es.

Zaibatsu-Manager lebten gefährlich, denn ihre Tätigkeit missfiel nicht nur demokratisch Bewegten und Arbeitnehmervertretern, sondern auch dem ultranationalistischen rechten Rand. Ein von radikalen Ideen erfüllter ehemaliger Herumtreiber und Gelegenheitsspion, Inoue Shirō, hatte 1923–1924 ein »Erleuchtungserlebnis« gehabt und nannte sich jetzt »Priester Nissho« (»Der von der Sonne Berufene«). Er unterhielt eine Art Schule für Rechtsextreme in Ibaraki und entschied, dass pro-westliche, liberale Politiker sowie Zaibatsu-Manager seiner Vision von Japans Zukunft im Weg stünden, in der der Kaiser erneut als absoluter Herrscher restituiert wäre. Nissho sammelte zwanzig junge Männer, vor allem Marineoffiziere und Studenten, um sich, gab ihnen zwanzig Pistolen und die Namen von zwanzig ausgesuchten Feinden. Nach der Devise *Ichinin issatsu* (*»ein Mann, ein Mord«*) sollte jeder ein Opfer töten. Nur zwei der jungen Männer konnten sich dazu durchringen. Dan Takuma war eines ihrer Opfer. Der junge Mörder Nishinuma Goro, ein Bauernsohn, wartete mit einem Bild Dans vor dem prunkvollen Hauptgebäude der Mitsui-Bank. Ein einzelner Schuss genügte. Der anschließende Prozess offenbarte, wie blind die Justiz auf dem rechten Auge war: Der Hauptverantwortliche Inoue Nissho wurde 1934 nur zu lebenslanger Haft verurteilt, kam aber bereits 1940 frei. Im Gerichtssaal hatte er ausreichend Zeit, seine wirren Thesen zu verbreiten. Viele Beobachter und Teile der Öffentlichkeit waren bewegt von der »Ernsthaftigkeit« seiner Sorge um das Vaterland, schließlich kämpfte er ja für den verehrten Kaiser – was konnte daran verkehrt sein, denn Zaibatsu-Führer waren wenig beliebt.

Dan Takumas Defacto-Nachfolger an der Spitze des Mitsui-Konglomerats war Ikeda Shigeaki (1867–1950), auch unter dem Namen Ikeda Seihin bekannt. Ikeda hatte an Fukuzawas Keiō Gijuku (s. Ein Mann, der das Risiko nicht scheute – Fukuzawa Yukichi, S. 165) sowie in Harvard Wirtschaft studiert und wurde wie auch eine ganze Gruppe seiner Kommilitonen von der Keiō 1895 zur Mitsui-Bank geholt. Schon hier zeigte sich der Wunsch japanischer Unternehmen, eher einen verlässlich gleichartig ausgebildeten Nachwuchs zu haben als Außenseiter und mögliche Querdenker einzustellen. Bei der Mitsui-Bank machte Ikeda rasch Karriere, unternahm weitere Auslandsreisen, um modernste Bankmethoden zu studieren und heiratete schließlich 1901 die älteste Tochter des Bankchefs. 1909 wurde er zweiter Mann, 1919 dann Geschäftsführender Direktor bei dieser Kernfirma des Mitsui-Imperiums. Die 20er Jahre waren auch finanzwirtschaftlich eine turbulente Zeit, doch Ikeda steuerte Japans größte Bank, inzwischen modernisiert als Aktiengesellschaft, durch alle Stürme. Dabei waren ihm alle Mittel recht und er nahm die Pleiten von Geschäftspartnern und Rivalen genauso in Kauf wie die Aufregung über seine spekulativen Währungsgeschäfte.

1932, als er Dan Tukuma nach dessen Ermordung an die Spitze nachfolgte, war Ikeda klar, dass es Reformen und vor allem eines verbesserten öffentlichen Images bedurfte, um die Zaibatsu abzusichern. Einer seiner Einfälle war, sich auch karitativ öffentlichkeitswirksam zu engagieren. Die Familie Mitsui, deren persönliche Herrschaft über das Wirtschaftsimperium nicht mehr in die Zeit passte, verdrängte Ikeda aus den Führungspersonen. Erstmals wurden Aktien wichtiger Mitsui-Firmen an der Börse angeboten. Und schließlich führte Ikeda ein Pensionierungsalter von 70 Jahren für Spitzenmanager bei Mitsui ein, und hielt sich 1937 selbst an die neue Regel.

Doch selbst dieses sanftere Image half den Zaibatsu nach dem verlorenen Zweiten Weltkrieg nur teilweise. Zu tief waren sie in den militärisch-industriellen Komplex verstrickt gewesen. In Mitsuis Minen von Miike etwa waren zahlreiche Kriegsgefangene unter menschenunwürdigen Arbeitsbedingungen zu Tode gekommen. Einige Zaibatsu-Familien wurden von den Amerikanern enteignet, die anderen Konglomerate mussten sich eine mehr horizontale als vertikale Struktur geben und wurden als *Keiretsu* in neuer Form, aber oft mit altem Namen wiedergeboren, so auch Mitsui 1950.

Ikeda Shigeaki selbst war mit 70 Jahren noch jung genug, 1937 eine zweite Karriere im Staatsdienst zu starten. Er wurde Präsident der Bank von Japan, Finanzminister, Minister für Handel und Industrie und Mitglied des Geheimen Staatsrats – die Zaibatsu hatten »ihren« Mann direkt im Herzen des Kriegsregimes. Ikedas Name wurde sogar als möglicher Ministerpräsident gehandelt. Im Gefängnis zwischen Dezember 1945 und Juni 1946 als mutmaßlicher Klasse A-Kriegsverbrecher, kam er mit einem lebenslangen Politikbann davon. Trotzdem griffen sogar die amerikanischen Sieger auf Ikedas Insiderkenntnisse zurück, um Zaibatsu zu entflechten und aufzulösen; Ikeda zog sich den Hass vieler ehemaliger Mitsui-Kollegen zu. Von einem ehemaligen Mitarbeiter eines Zaibatsu wurde eigentlich größtmögliche Loyalität buchstäblich bis an sein Lebensende erwartet. Auch in der japanischen Politik blieb seine Stimme wirksam; Ikeda lebte nämlich nach dem Krieg als Nachbar des Ministerpräsidenten Yoshida Shigeru im mondänen Ōiso südlich von Tōkyō (s. Vom Terroristen zum Vater der Verfassung – Itō Hirobumi, S. 143). Auch Yoshida hatte seine Vergangenheit als Rüstungsminister abgeschüttelt und sich auf die Seite der Interessen der Sieger gestellt; da kamen die Ratschläge eines alten Kollege wie Ikeda Shigeru sicher gelegen. Ikeda starb 1950 in Ōiso.

Das doppelte Ende der alten Stadt

Der Bürgermeister und das Erdbeben – Gotō Shimpei (1857–1927)

Die Meiji-Regierung wehrte sich lange Zeit gegen eine größere lokale Autonomie für Tōkyō und setzte damit die Politik des Shōgunats fort, das die drei Schlüsselstädte Edo, Kyōto und Ōsaka unter direkter eigener Kontrolle gehalten hatte. An der Spitze Tōkyōs stand zwischen 1868 und 1943 ein von oben eingesetzter Präfekturgouverneur. Sage und schreibe 34 Männer hatten dieses Amt in dieser Zeitspanne inne. Oft hatten sie kaum eine Beziehung zur Hauptstadt oder Basis in Tōkyō und nahmen den Posten nur wahr als eine Sprosse ihrer persönlichen Karriereleiter im Regierungsdienst. Zu den wenigen bedeutenden Persönlichkeiten unter diesen Gouverneuren zählte Tomita Tetsunosuke (1835–1916, Gouverneur 1891–93). Er hatte jahrelang als Diplomat Erfahrungen in den USA, in London und in Shanghai gesammelt, bevor ihn das Finanzministerium 1882 erst zum Vize-Gouverneur der neu gegründeten Bank von Japan machte, dann 1888 zu ihrem Gouverneur. In diesem Amt versuchte Tomita, einen zentralen Diskontsatz einzuführen und den Wechselkurs stabil zu halten.

Nach Meinungsverschiedenheiten wechselte er ins Oberhaus des Parlaments und wurde 1891 Gouverneur von Tōkyō. Als solcher bestand seine größte »Leistung« darin, im Amt gewesen zu sein, als drei Distrikte im Gebiet des Tama-Flusses zu Tōkyō hinzu kamen, was das westliche Hinterland enorm erweiterte und späteres Wachstum ermöglichte. Nach seiner Zeit als Gouverneur wurde Tomita ab 1893 zu einem überaus aktiven Geschäftsmann und gründete u. a. eine Bank, eine Feuerversicherungs-Gesellschaft, die Kyoritsu-Frauenuniversität und war Vorstandsmitglied bei der Staatsbahn. Mit Fug und Recht lässt sich sagen, dass die 28 Monate als Gouverneur der Hauptstadt Tōkyō zu den am wenigsten ereignisreichen in Tomita Tetsunosukes Leben gehörten.

Allerdings gab es in Tōkyō eine Präfekturversammlung und einen gewählten Stadtrat. Erst 1898 setzten sich fortschrittliche Parteien durch und das

Oberhaus erlaubte am 1. Oktober (seither als »Bürgertag« in Tōkyō ein Feiertag) die Einrichtung des Amtes eines Bürgermeisters neben dem Amt des Gouverneurs, wobei letzteres weiterhin mit ineffektiven Honoratioren besetzt wurde. Stadt- und Präfekturverwaltung wurden getrennt und seit den 1920ern wurde der Bürgermeister von den Mitgliedern des Stadtrats gewählt. 1943 zerschlug die totalitäre Regierung von Tōjō Hideki jedoch alle demokratisch legitimierten Strukturen – als Großstädter hatten die Tōkyōter oft fortschrittliche Parteien gewählt, als das noch möglich war – und stellte einen Gouverneur an die Spitze der Metropolitanregion Tōkyō. Bürgermeister hat es in Tōkyō als einziger Gemeinde in Japan seitdem nicht mehr gegeben. Die Regierung und ihre Hauptstadt, das ist eine spezielle Beziehung in Japan.

Im Schlüsseljahr 1923 war Gotō Shimpei (1857–1929) Bürgermeister von Tōkyō. Im Unterschied zu manchen anderen Mitgliedern der Elite hatte Gotō eine solide fachliche Ausbildung – er war Mediziner. Im Innenministerium arbeitete er sich bis zum Leiter des Medizinischen Büros hoch. Nach weiteren Studien, auch in Deutschland, beschäftigte Gotō sich als Ministerialbeamter mit einem dringenden Problem der rasch wachsenden Hauptstadt, der Verbesserung der Wasserversorgung und Abwasserbeseitigung.

Diesen Hintergrund brachte er in die japanische Kolonie Taiwan mit, wo er seit 1898 als erster Ziviladministrator Maßstäbe setze. Die Grobheiten des Militärs lehnte er ab, stattdessen entwickelte er die sanitäre Infrastruktur, errichtete Häfen, Bahnlinien, Krankenhäuser und eine medizinische Hochschule, förderte Post- und Telegrafenwesen und drängte den Opiumkonsum zurück. Eine Rarität unter den Kolonialisten seiner Zeit dürfte der von Gotō gegründete *Provisorische Rat zur Erforschung der alten Sitten von Taiwan* gewesen sein – Gotō erkannte, dass es Sinn machte, die Traditionen der Bevölkerung zu kennen, um auf ihnen aufbauend ein angemessenes neues System errichten zu können, statt ihnen die »Errungenschaften« des Mutterlands einfach so überzustülpen.

Als er 1906 auf den Posten des Direktors der neuen Südmandschurischen Eisenbahn wechselte, war Taiwan finanziell selbsttragend. Ab 1908 wurde er u.a. Kommunikations-, Innen- und Außenminister in Tōkyō. 1914 erlebte Gotō als der für die Staatsbahn Verantwortliche die Eröffnung des neuen Hauptbahnhofs Tōkyō im Viertel Marunouchi, das nun mit Bahnhof und Rathaus in den Mittelpunkt des Stadtkörpers rückte. Gotō hatte dem Architekten

Tatsuno Kingo aufgetragen, etwas zu bauen, das *»die Welt erstaunen«* ließe, und er bekam es. Die heute noch vorhandene, gewaltige rot-weiße Backsteinfassade mit ihren Kuppeln ist eine Kathedrale des Bahnverkehrs und zu einem Wahrzeichen Tōkyōs geworden.

Ohnehin hatte Gotō, der Macher, Großes mit der Hauptstadt vor, deren Bürgermeister er 1920 wurde. Sie sollte durchgreifend modernisiert werden. Um Widerstände zu reduzieren, war damals wie heute ein eminentes – am besten externes – Fachgutachten eine wichtige Waffe. Gotō ließ 1922 den berühmten amerikanischen Historiker und Stadtforscher Charles Beard nach Tōkyō kommen, um mit ihm sein neu gegründetes Institut für Stadtforschung anzukurbeln (Dieses »Institute for Municipal Research« besteht noch heute als unabhängige Stiftung). Er beauftragte Beard, sich vorzustellen, er wäre Bürgermeister von Tōkyō und müsse für die Bürger eine Analyse auf wissenschaftlicher Basis sowie Lösungsvorschläge für die Probleme ihrer Stadt ausarbeiten. Mit »Problemen« meinte Gotō einfach alles: Von der Stadtanlage über den Verkehr bis hin zu der Besteuerung. Er erwartete *»frei und ohne Vorbehalt«* gemachte Vorschläge.

Beard war *»tief beeindruckt von den japanischen Beamten…nichts, das im Westen vor sich ging, schien ihren Adleraugen zu entgehen. Ihnen stehen die neusten technischen Zeitschriften auf Französisch, Deutsch und Englisch zur Verfügung, und sie lesen sie.«* Beard unterbreitete zahlreiche praktische Vorschläge wie die Berechnung des von Haushalten zu bezahlenden Strompreises durch neu zu installierende Messgeräte, anstatt wie vorher nach der Anzahl der Glühbirnen. Bildung und Wohlfahrt sollten ebenso verbessert werden wie die Entwässerung. Er argumentierte dafür, mehr Ressourcen auf die Entwicklung des Stadtzentrums zu konzentrieren, was Gotō sehr gefiel. Im politischen Bereich sollte die doppelte Regierungsweise durch Präfektur- und Stadtverwaltung abgeschafft und der Bevölkerung bessere Kontrollmöglichkeiten darüber gegeben werden, wie die Beamten ihr Steuergeld ausgaben.

Am Ende wurde kaum etwas von Beards Ideen umgesetzt, vor allem nicht die politischen: Die verschwenderischen und undemokratischen Zustände in der Stadtverwaltung waren direkte Folgen des politischen Willens des Establishments, und wer ließ sich schon gern in sein Finanzgebaren hineinleuchten oder gar den Posten wegnehmen. Gotōs Durchsetzungskraft war aber durch den Tod seines Verbündeten, Ministerpräsident Hara Takeshi, ge-

Tōkyō ist auch beim Verkehr Japans größte Metropole. Die Marunouchi-Fassade des Bahnhofs Tōkyō, rechts im Bild, wurde 1914 eingeweiht und überstand als eines von wenigen Gebäuden der Stadt sowohl das große Kantō-Erdbeben 1923 und den Zweiten Weltkrieg als auch die Neubauwut der Nachkriegsjahrzehnte.

schwächt, der 1921 ausgerechnet am Südportal von Gotōs Bahnhof Tōkyō von einem Rechtsextremisten ermordet worden war. Und die Verantwortlichen in Tōkyō hatten bald eine weitere gute Ausrede für ihre Reformunlust: Am 1. September 1923 um 11 Uhr 59, Charles Beard war erst vor einigen Monaten abgereist, bebte die Erde in Tōkyō.

Die Seismographen in der zentralen Wetter-Behörde waren sofort außer Gefecht, nur das Gerät in der Kaiserlichen Universität lieferte Daten: Es gab über 1.700 Erdstöße in drei Tagen. Die Zahl der Toten kann man nur schätzen, sie lag bei über 140.000. Mindestens 30.000 Tote gab es am Nachmittag allein in einem Park östlich des Sumida-Flusses, der eigentlich ein sicheres Fluchtgebiet sein sollte. Um die Mittagszeit waren in vielen der hölzernen Häuser der Unteren Stadt Gas- und Holzkohlenfeuerstellen in Betrieb, was zu Tausenden von Bränden führte. Wirbelwinde schufen mindestens 130 Feuersäulen, die bis zu über 100 Meter hoch waren. Die Geflüchteten am Sumida wurden im Feuertornado eingeäschert. Viele andere Opfer ertranken, weil die Zahl der Brücken immer noch unzureichend war und viele der vorhandenen aus Holz waren, die in Flammen aufgingen. Im Vergleich zu früheren Großbeben trugen auch Errungenschaften der Moderne zum Chaos bei: Oberirdische Stromleitungen und brennbare Chemikalien forderten ebenfalls Menschenleben.

Rund drei Viertel aller Gebäude der Stadt waren zerstört oder erheblich beschädigt. Zerstört waren der erste Bahnhof Shimbashi und der erste »Wolkenkratzer« Ryōunkaku, ein Backsteinbau von 1890 mit zwei hölzernen Obergeschossen und dem ersten je in Japan eingebauten Fahrstuhl, der zwölfstöckig über Asakusa aufgeragt hatte. Fünf von 15 Stadtbezirken hatten über 90 % Gebäudeverluste, alle lagen in der Unteren Stadt. Überlebt hatten vor allem neuere Bauten aus Stein im westlichen Stil wie das Imperial Hotel. Auch das Mitsukoshi-Kaufhaus widerstand dem Erdbeben, brannte dann aber aus. Für Tōkyō bedeutete die Katastrophe auch den Beginn des Bemühens um immer ausgefeiltere Techniken zu einer wirklich erdbebensicheren Bauweise und den Durchbruch hin zur Verwendung von Stein bzw. Beton und Stahl beim Bau repräsentativer Gebäude statt Backstein und Holz. Eine andere bis heute die Stadtgestalt verändernde Auswirkung war eine gewisse Verlagerung des Schwerpunkts der Stadt von Ost nach West, von der Unteren in die Obere Stadt. Während die alten östlichen Zentren, allen voran Asakusa, darniederlagen, waren die Schäden im Westen um die Vororte Ikebukuro, Shinjuku und Shibuya viel geringer gewesen. Dort gab es weiter Industrieproduktion und viele Tōkyōter zogen einfach um. Alten Vergnügungsvierteln wie dem Yoshiwara liefen neue wie das Kabuki-chō in Shinjuku den Rang ab.

Noch tagelang kam es zu erschütternden Szenen in der Stadt. Ein böses Gerücht besagte, ein feindseliges Land im Westen hätte eine Erdbebenmaschine entwickelt und diese auf Tōkyō gerichtet; ein anderes, Koreaner hätten Brunnen vergiftet. Wie verzweifelt müssen viele Tōkyōter gewesen sein, so etwas zu glauben und sich zu Pogromen hinreißen zu lassen. Sogar Polizisten sollen sich als Aufwiegler betätigt haben. Obwohl die Regierung nur *»wenige hundert«* Tote einräumte, scheinen es eher mehrere tausend gewesen zu sein, und Männer in Uniform ermordeten gleich noch einige sozialistische Aktivisten dazu.

Es gab jedoch auch Stimmen, die im Untergang des Alten die Chance auf etwas Neues erblickten. Zu diesen gehörte der Schriftsteller Tanizaki Jun'ichiro (1886–1965), der sich während des Großen Kantō-Bebens in den Bergen von Hakone westlich der Stadt aufhielt. Tanizaki war froh, dass die alte, unbequeme Stadt (er war aufgewachsen in ihrem Kern in Nihonbashi) endlich verschwunden war. Er freute sich auf einen Neubau nach moderneren Plänen, die den Bewohnern mehr Raum zum Leben geben würden, und den *»Grandeur einer neuen Metropole«*, für deren Errichtung er zehn Jahre ansetzte. Er sah *»ein geordnetes Muster von Straßen«* mit *»einer Flut von Automobilen«* entstehen und *»die geometrische Schönheit von Block auf Block übereinander gebaut, von Hochbahnen, U-Bahnen und Straßenbahnen durchzogen, und die Erregung einer nachtlosen Stadt, mit Vergnügungsvierteln, die jenen von Paris und New York nahekommen«*.

Sicherlich hatte Tanizakis Vision für damalige Verhältnisse mehr gemein mit Science-Fiction-Filmen wie *Metropolis*, aber nach 1945 wurde sie doch weitgehend Wirklichkeit. Nicht aber nach 1923, was verwundert, denn Gotō Shimpei war zwar wenige Monate vor dem Beben aus dem Bürgermeisteramt ausgeschieden, wurde aber in der seit dem 2. September 1923 unter Kriegsrecht amtierenden Regierung unter Admiral Yamamoto Gonnohyōe in einer anderen wichtigen Funktion eingesetzt: Gotō wurde erneut Innenminister mit dem Portefeuille für den Wiederaufbau der Hauptstadt. Er rief Charles Beard aus den USA zurück und legte gewaltige Pläne vor. Aufbauend auf seinem alten Plan und diesen steigernd postulierte Gotō ein Netzwerk großer Boulevards, die wie Arterien vom Stadtzentrum wegführten und ein jeder fast 200 Meter breit sein sollte, um zukünftigen Verkehr aufzunehmen. Kanäle, Parks, Flussläufe und das Transportwesen sollten völlig neu organisiert werden. Allein statt der veranschlagten 4 Milliarden Yen, bekam Tōkyō am Ende nur 600 Millionen zusammen und der Widerstand gegen die Ansprüche der fernen Hauptstadt auf Kosten des restlichen Landes, ein immer wiederkehrendes Thema in Japan, führte zum Scheitern Gotōs schon im Januar 1924. Die Regierung Yamamoto war bereits im Dezember 1923 zurückgetreten, um die Verantwortung für den Mordversuch eines Studenten am Kronprinzen zu übernehmen.

Gotōs visionärer Plan, die Hauptstadt neu als eine weniger dicht besiedelte Metropole zu errichten, scheiterte nicht nur an Kleingeist und Geldmangel; ihm fehlte wohl auch das Verständnis für die realen Probleme der obdachlos gewordenen Bewohner. In den Wochen nach dem Beben schossen, nach Polizeiberichten, jede Woche an die 10.000 Holzbaracken ungenehmigt aus dem Boden und schufen vollendete Tatsachen. Und dann war da noch die traditionelle Struktur von Edo/Tōkyō als ein Patchwork aus tausend kleinen Städtchen. Das Bedürfnis nach der gewohnten »kleinteiligen Kuscheligkeit« im Rahmen der Metropole stand und steht bis heute in Tōkyō zentral erdachten Bebauungsplänen diametral entgegen. Eigentlich erstaunt es, dass Gotō diese einfachen, aber wichtigen Bedürfnisse seiner Bürger nicht einbeziehen konnte oder wollte. Schließlich war er es, der 1924, als die Tōkyōter Firma Shōkōsha die erste für breitere Käuferschichten bestimmte Uhr produzierte, dieser den Namen »Citizen« (Bürger) gab, in der Hoffnung, der vormalige Luxusgegenstand würde für viele Bürger erschwinglich. Immerhin erfüllte sich dieser Wunsch.

Trotzdem stellte Gotō mit dem kleinen Teil seiner Bebauungspläne, der tatsächlich umgesetzt wurde, wichtige Weichen für die Zukunft. Eine der Riesenstraßen, Shōwa-dori, wurde gebaut, wenn auch etwas weniger breit. Sie verbindet Ueno mit der Ginza. Wichtiger noch, unter ihr begannen die Arbeiten an Tōkyōs erster U-Bahn-Linie, die 1927 Ueno mit Asakusa verbinden sollte. Seit 1939/41 schließlich verbindet die Ginza-Linie Asakusa und Shibuya, zwei zentrale Orte des alten und des neuen Tōkyō, der Unteren und der Oberen Stadt. Auch kleinere Straßen wurden breiter und überlegter neu angelegt, dazu entstanden über 50 neue Parks. Das Straßennetz wurde ergänzt, blieb aber im Kern das alte, das schon in Edo bestand. Dies führt zu der typischen Erfahrung bei Stadtspaziergängen, wie sie Nagai Kafū (s. Der Flaneur Nagai Kafū, S. 189) über Jahrzehnte hinweg unternahm und die auch der heutige Besucher noch machen kann, dass man vielerorts zwar ausschließlich von im 20. und frühen 21. Jh. erbauten Gebäuden umgeben ist, sich aber ohne größere Schwierigkeiten anhand eines Stadtplans aus der Edo-Zeit orientieren kann.

Zu Gotōs Karriere gehört auch die jahrelange Verbundenheit mit Deutschland – er hatte in Berlin bei Koch und in München bei Pettenkofer studiert. Gotō glaubte an die Bedeutung auswärtiger Kulturpolitik für Staaten und Bürger und sorgte dafür, dass die Japanbesuche der deutschen Nobelpreisträger Albert Einstein und Fritz Haber 1922 und 1924 zu Großereignissen wurden. Gotō sorgte auch dafür, dass die nach dem Ersten Weltkrieg in Finanznöten steckende deutsche Wissenschaft sehr namhafte Beträge von Unternehmern aus Japan erhielt und stellte damit klar, dass die deutsch-japanischen Wissenschaftsbeziehungen keine Einbahnstraße mehr waren. Gotō war aktiv in der Deutschen Gesellschaft für Natur- und Völkerkunde Ostasiens (die heute noch in Tōkyō bestehende OAG) und wurde 1927 Präsident des neuen Japanisch-Deutschen Kulturinstituts.

Gotō Shimpei starb 1929 an den Folgen einer Gehirnblutung und liegt in Tōkyō begraben.

Die »Neue Frau« Yosano Akiko (1878–1942)

Die im Jahre 1889 im Namen von Kaiser Meiji erlassene Verfassung (s. Vom Terroristen zum Vater der Verfassung – Itō Hirobumi, S. 143) beschränkte das passive Wahlrecht zum Unterhaus auf über 30-Jährige, die mindestens 15 Yen Grund- oder Einkommenssteuer bezahlten und männlichen Geschlechts waren. Damit waren genau 1,14 % der Gesamtbevölkerung wahlberechtigt. An der für Frauen vorgesehenen Stellung hatte sich seit der Edo-Zeit nicht viel geändert, sie sollten vor allem gute Ehefrauen und weise Mütter, bevorzugt von Söhnen, werden. Das seit 1898 geltende japanische Bürgerliche Gesetzbuch gab dem Ehemann als Haushaltsvorstand weitgehende Macht über die Frauen seiner Familie, die er weiterhin sogar in die Prostitution verkaufen konnte, wenn es ihm gefiel.

1878 wurde in der Handelsstadt Sakai ein Mädchen namens Hō Shō als Tochter eines wohlhabenden Konditors geboren. Sie sollte später den Ehenamen Yosano führen mit dem selbst gewählten Vornamen Akiko und maßgeblich eingreifen in die Debatte um ein neues Frauenbild. Obwohl ihre Eltern bildungsorientiert waren und zwei Söhne zum Studieren nach Tōkyō schickten, durfte die aufgeweckte Tochter bis 1894 nur die Mittelschule besuchen, danach musste sie im Geschäft der Familie arbeiten und ihre Bildung in eigene Hände nehmen. Mit 15 Jahren hatte sie, teils heimlich, bereits einen großen Teil der klassischen Literatur ihres Landes aus der väterlichen Bibliothek gelesen, wobei sie entdeckte, dass in der Heian-Periode vor fast 1.000 Jahren bereits Frauen als Dichterinnen brilliert hatten und akzeptiert worden waren.

Die junge Akiko machte sich daran, Gedichte alter Autoren zu »verbessern«, schrieb bald eigene und hatte eine Affäre mit Yosano Tekkan, der als Dichter die progressive Literaturzeitschrift *Myōjō* in Tōkyō herausgab. Bereits Mitte der 1890er erschienen erste Gedichte von ihr und 1901 verließ sie Sakai, um in Ehe mit Yosano Tekkan in Tōkyō im damals noch vorörtlichen westlichen Stadtteil Shibuya zur Miete zu wohnen. Der gut aussehende Tekkan muss ein flamboyanter Typ mit erheblicher Ausstrahlung auf das weibliche Geschlecht gewesen sein, den Akiko bis zu seinem Tod 1935 trotz seiner zahlloser Affären und späteren Misserfolge inbrünstig liebte. Sie widmete ihm zahlreiche Liebesgedichte.

Eines ihrer berühmtesten Gedichte, *Kimi shinitamō koto nakare (»Du sollst nicht sterben«)*, erschien 1904, als ihr jüngerer Bruder zum Japanisch-Russischen Krieg eingezogen wurde (s. Der aufgeschobene Freitod - General Nogi Maresuke, S. 150). Es ist manchmal verstanden worden als ein vor allem pazifistisch angelegter Text, aber tatsächlich ging es Akiko wohl um ganz private Emotionen und um die Familie:

»Geliebter Bruder,
Ich weine um dich.
Du sollst nicht sterben.
Haben dich Mutter und Vater,
die dich Letztgeborenen
mehr als alle anderen liebten,
gelehrt ein Schwert zu führen?
Um zu töten?
Haben sie dich 24 Jahre lang aufgezogen
und dabei gesagt:
»Töte und stirb«?

Du,
der des Vaters Namen erben wird –
ein Meister stolz auf seinen alten Namen

als Kaufmann in dieser Stadt Sakai –
du sollst nicht sterben.
Ob Port Arthur fällt oder nicht
ist gleichgültig.
Weißt du nicht,
das so etwas nichts bedeutet
für das Haus eines Kaufmanns?
Nichts…«

Neben dem Erstaunen über die Modernität des eigentlich traditionell verfassten Gedichts fällt auf, wie tief der Stachel bei Akiko zu sitzen schien, als Mädchen nicht dieselben Chancen bekommen zu haben wie der jüngere Bruder. Ihr Vater hatte sich eigentlich auf einen Jungen gefreut, um den Sohn zu ersetzen, der ihm kurz zuvor gestorben war. Wohl auch deshalb wählte er den männlich klingenden Vornamen Shō (den sie später durch das weiblicher klingende, gleich geschriebene Aki in Akiko ersetzte). Bis zum 12. Lebensjahr wurde das Mädchen in Jungenkleider gehüllt. Diese frühen Erfahrungen prägten Akiko in ihrem Ringen um ein angemessenes Verhältnis der Geschlechter zueinander, das auf eine Stärkung der Stellung und Chancen der Frau hinauslaufen musste.

Faszinierenderweise war Yosano Akiko nicht nur Literatin, sondern auch insgesamt 13-fache Mutter und Haupternährerin ihrer Familie nach dem Ende der Zeitschrift Ihres Mannes 1908. Kurioserweise wurde sie auch zur ersten allein mit der Transsibirischen Eisenbahn nach Europa reisenden Japanerin, wo sie 1912 ihren über alles geliebten Ehemann Tekkan besuchte, dem sie selbst den Parisaufenthalt zur seelischen Erholung unter Mühen finanziert hatte.

Yosano Akiko wurde zunächst berühmt für ihre meistens um die Liebe kreisenden Gedichte und deren, für die damalige Zeit, vor Erotik knisternde Sprache. Zunehmend geriet sie, auch schon mit ihrem Gedicht für den jüngeren Bruder von 1904, das ihr Vorwürfe der Majestätsbeleidigung und Steinwürfe gegen ihr Haus eingetragen hatte, in öffentliche Auseinandersetzungen. Zu ihren liberalen Ansichten über Sexualität trat ihr großes Anliegen der Verbesserung der Lage der Frauen. In zahlreichen Essays sprach sie ihre Sicht auf die Übel ihrer Zeit aus. 1921 schritt sie mit anderen zur Tat und gründete in Tōkyō das Kolleg Bunka Gakuin, an dem sie bis 1942 japanische Literatur unterrichtete – die erste höhere Bildungsanstalt in Japan, an der Koedukation praktiziert wurde. Yosano Akiko sah den Schlüssel zur Gleichberechtigung im Zugang zu Bildung gleich dem männlichen Geschlecht, und das gemeinsame Lernen würde den Mädchen nützen. Schülerinnen und Schüler sollten sich ohne Zwang frei entfalten lernen können und erhielten sogar Sexualkundeunterricht.

1912 folgte auf den Kaiser Meiji dessen Sohn Yoshihito (Kaiser Taishō, 1912–1926), einziger überlebender Sohn unter den 15 Kindern seines Vaters und seit einer Meningitis-Erkrankung in seiner Kindheit geistig beeinträchtigt. Phasen relativer Handlungsfähigkeit wechselten sich bei Kaiser Taishō ab mit Debilität, weshalb schon 1921 sein Sohn Hirohito, der spätere Kaiser Shōwa, die Regentschaft übernahm (s. Der Kriegskaiser Hirohito, S. 192).

Der vorübergehende Verlust einer thronenden, väterlichen Kaiserfigur mag zum Zeitgeist dieser manchmal als »Taishō-Demokratie« bezeichneten Epoche beigetragen haben. Sie waren Japans »Wilde Zwanziger«, sein »Jazz Age«, in dem vieles möglich wurde. 1918 entstand die erste Frauenuniversität in Tōkyō. Studierende diskutierten »DeKanSho«, die zeitgenössische Kurzform von Descartes, Kant und Schopenhauer; andere wurden als »Marx Boys« und »Marx Girls« bezeichnet. Man unterhielt sich in Kino, Theater und Oper. Die Stimmung schwankte zwischen Pariser Fin de Siècle und Weimarer Dekadenz. Zwischen dem Ersten Weltkrieg, von dem Japans Industrie profitiert hatte, und 1925 lagen Reisaufstände, die Gründung der kommunistischen Partei, das verheerende Kantō-Erdbeben von 1923, die Erringung des universalen Wahlrechts ab 25 (aber nur für Männer) und, wenige Monate darauf, das gänzlich undemokratische »Gesetz zur Aufrechterhaltung der öffentlichen Sicherheit«, das für zwei Jahrzehnte zur Grundlage der Verfolgung nicht-genehmer politischer Kreise wurde.

Die Zwei-Millionen-Metropole Tōkyō wurde zur boomenden Staat, in der auch für Frauen neue Lebensweisen entstanden. Die bald, ganz ähnlich ihrem zeitgenössischen deutschen Pendant, der »Neuen Frau«, als »Modern Girl« (kurz: *mogā*) bezeichnete junge Tōkyōterin war nicht mehr nur Tochter, Ehefrau oder Mutter, sondern sie ging auch aus, bildete sich, arbeitete und konsumierte. Geschäfte und Hersteller in Tōkyō entdeckten Frauen als Empfängerinnen von Werbung und das förderte die bis heute zu den Besonderheiten der Stadt zählende vielfältige, fast ausufernde Shopping-Kultur. Arbeit gab es in der Industrie z. B. als Weberinnen, Lift-Girl, Telefonistin, Bahnangestellte, Kosmetikerin, Verkäuferin in eleganten Warenhäusern, aber auch als Lehrerin, in den Künsten, im Schauspiel und in den Medien. Trendsetter wurden die *jokyū*, von denen es bald Zehntausende gab. Eigentlich waren *jokyū* einfach Bedienungen in den wie Pilze aus dem Boden schießenden Milchbars, Cafés und Bierkellern, doch die von ihnen gespielte Frauenrolle war mehr. Sie schenkten Männern ihre Gunst, wenn diese ihnen gefielen, aber sie arbeiteten nicht für den Besitzer eines Bordells.

Überhaupt waren die Cafés, von denen es 1911 eins, 1939 landesweit aber 37.000 gab, der Tummelplatz der *mōga*. Zentrum und Kathedrale des größten Chics war der Innenstadtbezirk Ginza mit seinen Warenhäusern und eleganten Lokalen, das »Klein-Europa« von Tōkyō. Das angesagte *mōga* verzichtete auf den traditionellen Kimono, trug stattdessen Rock und Bluse, die Haare kurz geschnitten und griff mit verruchtem Blick durchaus auch nach einer Zigarette, mit Halter natürlich. In dieser kosmopolitisch orientierten Epoche entschied nicht mehr die Regierung allein, was aus dem Westen rezipiert werden sollte, sondern eine breite Konsumentengruppe bildete ihren Geschmack aus und sorgte für die Einfuhr europäisch-amerikanischer Waren, Sitten und Ideen, von denen sich ein Teil bis heute fest in der japanischen Alltagskultur etabliert hat.

In diesem offeneren Klima wurde auch die Stimme Yosano Akikos gehört, die immer klarer für die Gleichberechtigung der Geschlechter eintrat. Die finanzielle Konsolidierung der Familie Yosano erlaubte ihr 1927, ein eigenes Haus im Stadtteil Ogikubo errichten zu lassen. Akikos liebevoll »Kamelienlaube« genanntes Arbeitszimmer hat sich sogar erhalten, es wurde nach ihrem Tod demontiert und 1974 beim Kurama-Tempel in Kyōto wieder aufgebaut.

Im Jahre 1935 starb Yosano Tekkan überraschend. Am 18. Mai 1942, mitten im Krieg, folgte ihm Akiko mit 63 Jahren nach, nachdem sie noch auf ihrem Sterbelager Gedichte verfasst hatte. Akikos elf erwachsen gewordene Kinder brachten es alle zu etwas in ihrer Stadt Tōkyō. Ihr zweiter Sohn Shigeru (1904–1971) leitete als Generalsekretär die Olympischen Spiele von Tōkyō 1964, währenddessen Sohn Kaoru (geb. 1938) über 30 Jahre Parlamentsabgeordneter war und Minister sowie Chefkabinettssekretär wurde.

Der Skandal um O-Sada (1905–nach 1970)

Abe Sada war die Frau, die 1936 den aufsehenerregendsten Sexskandal verursachte, den Tōkyō bis dahin erlebt hatte. O-Sadas Familie lebte im Viertel Kanda nicht weit vom Bahnhof Tōkyō, ihr Vater stellte als Handwerker Tatami-Matten her. Materiell ging es den Abes gut. Zwei ihrer drei Geschwister waren »Troublemaker«, und auch O-Sada wurde zu einem schwierigen, aber auch sehr selbständigen Teenager. Schon früh hatte sie diverse sexuelle Beziehungen einschließlich einer Vergewaltigung im Alter von 15 Jahren erlebt. 1922 wussten die Eltern sich keinen Rat mehr und gaben sie für einen Geldbetrag an ein Geisha-Haus in Yokohama ab. Was sich wie Menschenhandel anhört, war in den 20er-Jahren immer noch nicht selten, und tatsächlich entsprach die dortige Ausbildung in Musik und Tanz O-Sadas Interessen. Doch war ihr Einstieg in diese damals echte Unterhaltungsstars hervorbringende Profession viel zu spät, sie würde nie genug lernen können, um einen hohen Rang zu erreichen. O-Sada lief nach fünf Jahren weg und verbrachte die Jahre bis 1936 teilweise fern von Tōkyō. Sie nahm die meisten Tätigkeiten wahr, die einer Frau im »Wasserhandel« *(mizu shōbai)*, dem in der Nacht erblühenden Unterhaltungsgewerbe, offenstanden: Kellnerin, lizensierte und unlizensierte Prostituierte sowie Mätresse eines wohlhabenden Mannes, Kasahara Kinnosuke.

Dieser musste 1936 über O-Sadas Vorgeschichte aussagen und sicher ist ihm sein Statement nicht leicht gefallen: *»Sie war nicht zufrieden, wenn wir es nicht zwei-, drei- oder viermal getan hatten. Sie bestand darauf, dass ich die ganze Nacht lang meine Hand an ihren Schamteilen hielt… Am Anfang war´s toll, aber nach ein paar Wochen wurde ich ein bisschen müde.«* Es wird klar, auf was sich Männer einließen, die sich mit O-Sada einließen. O-Sada ihrerseits charakterisierte Kasahara als *»Abschaum«*, der *»mich nicht liebte und wie ein Tier behandelte«*.

Da war der 42-jährige Ishida Kichizō ein feinfühligerer Mann. Der Restaurantbesitzer lebte das Leben eines gepflegten Playboys, während seine Ehefrau das »Yoshidaya« im westlichen Stadtbezirk Nakano tatsächlich leitete. Abe Sada hatte auf den Rat eines wohlmeinenden älteren Patrons gehört und sich entschlossen, das Restaurantgeschäft kennenzulernen, um später selbst ein Lokal aufmachen zu können. Vielleicht hätte das sogar geklappt, wenn sie nicht ausgerechnet im »Yoshidaya« mit ihrer Ausbildung angefangen hätte. Ishida warf sofort ein Auge auf die Neue und machte ihr im April 1936 (erfolgreiche) Avancen. Die beiden verabredeten sich nach ersten Begegnungen in einem *machiai* (»Teehaus«, der Vorläufer der heutigen Love Hotels) in Shibuya, wo bis heute ganze Straßenzüge diese Art von Einrichtungen anbieten. Die beiden verbrachten volle vier Tage zusammen auf ihren Futons und zogen danach noch in zwei andere Teehäuser weiter, wo sie rund um die Uhr Sex hatten, Sake tranken und sich dabei manchmal von den romantischen Liedern einer Geisha begleiten ließen. Erst am 8. Mai, nach zwei Wochen, kehrte Ishida zurück zu Geschäft und Ehefrau.

O-Sada, die Unersättliche, begann sofort, sich ihren Liebhaber zurückzuwünschen, trank und beneidete seine Frau. Am 9. Mai sah sie ein Theaterstück, in dem eine Geisha ihren Liebhaber mit einem großen Messer angriff. Zwei Tage später besorgte Ishida auf ihren Wunsch hin ein Messer, und schien sich für die neue Variante des Liebesspiels zu interessieren, für das er das Ganze gehalten haben muss. Der kontroverse Film *Im Reich der Sinne* (*Ai no Korida*, 1976) von Ōshima Nagisa enthält an dieser Stelle der Geschichte folgenden furchterregenden Dialog. Ishida: *»Alles, was dich glücklich macht, macht auch mir Vergnügen.«* – O-Sada: *»Und wenn ich dich töte?«*

O-Sada hielt ihr Messer an Ishida Kichizōs Penis und sagte, sie würde ihn abschneiden, damit er mit keiner anderen Frau Sex haben könne. Das Paar steigerte sich weiter in ihre Beziehung hinein und experimentierte mit Strangulation beim Orgasmus. Am 16. Mai würgte O-Sada Ishida mit ihrem Kimonogürtel so stark, dass dieser 30 Schmerztabletten nehmen musste. Gegen 2.00 Uhr am 18. Mai erwürgte sie den Schlafenden. Nach einigen Stunden schnitt sie seine Genitalien ab und wickelte sie in ein Zeitschriftencover ein. Auf der Leiche hinterließ sie die Worte *Sada Kichi futari-kiri* (*»Sada und Kichi für immer vereint«*). Die nächsten drei Tage lief sie durch Tōkyō, kaufte ein, sah einen Film und stieg unter falschem Namen in einem Gasthof in Shinagawa ab. Die ganze Zeit trug sie Ishidas Genitalien bei sich. Als die Geschichte am 19. Mai in den Zeitungen herauskam, war sie eine Sensation. Die ganze Stadt suchte nach O-Sada, zahllose Falschmeldungen kamen bei der Polizei ein. Einmal kam es fast zu einer Massenpanik in der Ginza, wo jemand behauptete, sie gesehen zu haben. Am 20. Mai wurde sie verhaftet und berichtete der Polizei freizügig von allen Einzelheiten ihrer Tat. Die Sensationsberichterstattung flammte Ende 1936 wieder auf, als Abe Sada vor Gericht stand. Statt eines perversen Monsters sahen die Beobachter eine gefasste junge Frau. Selbst der Richter räumte ein, von Aspekten der Geschichte sexuell erregt zu sein. Trotzdem bekam O-Sada einen fairen Prozess und schließlich sechs Jahre Haft wegen Mords zweiten Grades und Verstümmelung einer Leiche. Ihre Aussagen erstaunten. Sie versuchte nichts abzustreiten oder zu entschuldigen, sondern erklärte den Mord, indem sie darauf hinwies, noch nie einen Mann so geliebt zu haben wie Ishida Kichizō. Sie hätte realisiert, dass sie ihn nicht ewig so lieben könnte wie in jenen rauschhaften Wochen. Sie wollte ihn aber nicht verlieren, also hätte sie ihn aus Liebe getötet und auch vorgehabt, ihrem eigenen Leben ein Ende zu setzen. Sie forderte sogar die Todesstrafe gegen sich selbst.

1941 wurde O-Sada aus dem Gefängnis Tochigi entlassen und lebte unter falschem Namen verheiratet in der Nachbarpräfektur Saitama. Von 1936 an bis heute erschienen immer wieder Artikel, Bücher, Filme und pornografische Produkte über sie. 1947 kam ein regelrechter Reißer heraus, sodass ihr Mann buchstäblich davonrannte. Werke aus der Nachkriegszeit betonen oft den Aspekt von Abe Sada als »Kämpferin« gegen Totalitarismus und Männerherrschaft, Abe Sada selbst aber immer, auch in ihrer Autobiografie, das Motiv ihrer übergroßen Liebe zu Ishida. Sie trat auf der Bühne in Einaktern auf und arbeitete seit 1952 in einer Arbeiterkneipe in Inari-chō in Tōkyō, während sie selbst unauffällig in Shitaya lebte, wo die Mieten niedrig waren. Der legendäre Filmkritiker Donald Richie sah sie mehrmals in den 60er-Jahren in der Kneipe und veröffentlichte 1987 eine meisterhafte kleine Skizze von Abe Sada als resoluter Kellnerin, die sich über die Neckereien der Gäste ärgerte, in einem seiner Bücher. 1970 verschwand O-Sada aus der Öffentlichkeit. Der Regisseur Ōshima Nagisa fand sie Mitte des Jahrzehnts nach langer Suche in einem buddhistischen Kloster lebend wieder. Ihr genaues Todesdatum ist unbekannt.

Pikanterweise verschwand auch das Beweisstück Nr. 1, Ishida Kichizōs Genitalien. Diese wurden dem Pathologischen Museum der Universität Tōkyō übergeben und nach dem Krieg in einem Kaufhaus ausgestellt. Heute sind sie spurlos verschwunden, die Universität steht vor einem Rätsel.

Der Flaneur Nagai Kafū (1879–1959)

Der Schriftsteller Nagai Kafū wurde geboren als erster Sohn eines besonders patriarchalischen Vaters von Samurai-Abstammung, der als Beamter, Dichter im chinesischen Stil und Geschäftsmann der Familie einen gehobenen bürgerlichen Lebensstil in Koishikawa in Tōkyōs Oberer Stadt *(Yamanote)* ermöglichte. Der junge Kafū konnte auf einen sehr abwechslungs- und auch abbruchreichen Bildungsgang zurückblicken, als er 1900 seine ersten Kurzgeschichten veröffentlichte. Bald hatte der Vater genug von diesem Rebellen und schickte ihn 1903 in die USA. Obwohl Kafū dort seines Vaters Geschäftsinteressen wahrnehmen sollte, versuchte er konsequent seine eigenen Erfahrungen zu machen, die er auf der Rückreise 1907/08 besonders während eines siebenmonatigen Aufenthalts in Paris glücklich erweiterte. Moderne französische Literatur sollte ihn zeitlebens begleiten. Neben den japanischen Klassikern der späten Edo-Zeit bildete sie den prägenden Einfluss auf sein Schaffen. Die Franzosen entsprachen seinem hohen Bedürfnis nach Individualismus, die Japaner brachten ihm den geistreichen Witz und das Stilempfinden nahe, wie es frühere Generationen der Bewohner seiner Heimatstadt Edo / Tōkyō besessen hatten.

Bis auf eine durch Kriegswirren erzwungene kurze Übersiedlung in das provinzielle Okayama 1945 verließ Kafū Tōkyō praktisch nie mehr. Er machte sich, fast wie ein Flaneur, über die Jahrzehnte hinweg immer wieder auf, die Stadt zu entdecken und zu beschreiben. Wie anderen großen Literaten vor ihm, man denke bloß an Goethe, hatte ihn das eigene Erleben des Fremden zum Erkennen des spezifischen Wertes der eigenen Kultur geführt. Doch wurde Kafū nie zu einem Reaktionär; er stellte sich nicht gegen die Moderne an sich, deren Errungenschaften von Kaffee bis Rindfleisch und von Anzug bis Bettgestell er in seinen Alltag integriert hatte. Er beobachtete und kritisierte, wo ihn der Stil enttäuschte, gleich, ob es Veränderungen der Stadt oder ihrer Bewohner waren. So kommentierte er den anscheinend »modernen« Wahlkampf von 1937, zu dem Autos durch die Straßen fuhren und die Wähler mit Slogans volldröhnten: *»Man muss sich den Bauch halten vor Lachen.«* (An dieser Art des lärmenden, inhaltsleeren Wahlkampfs hat sich in Japan bis heute wenig geändert). Dabei war Kafū ganz und gar nicht auf der Seite der zunehmend autoritär regierenden Elite – sein einziger Maßstab war der ästhetische.

Kafū wurde zu einem Chronisten Tōkyōs in bewegter Zeit vor allem durch seine von 1917 bis einem Tag vor seinem Tode 1959 lückenlos geführten, 3.000 Seiten umfassenden Tagebücher, von denen das Jahr 1937 von Barbara Yoshida-Krafft einfühlsam ins Deutsche übertragen vorliegt. 1937 markiert das Jahr des Erscheinens seines bekanntesten Buchs, der *Romanze östlich des Sumidagawa*, aber auch den Beginn des Zweiten Japanisch-Chinesischen Kriegs am 7. Juli. Aus dem Tagebuch geht hervor, dass Kafū nahezu täglich ausgewählte Viertel von Tōkyō besuchte, gleichsam bereiste, ob zu Fuß, mit dem Bus, der Straßen- oder U-Bahn oder in einem der sog. Ein-Yen-Taxis (das aber meistens nur 50 Sen oder weniger kostete). Er hält seine Eindrücke der Szenerie fest, berichtet von alten Tempeln und Friedhöfen und kommentiert alles Mögliche von Frauenmode über Musikstile und Restaurants bis hin zu aktuellen Gerüchten. So wird er zum Autor eines »Reisetagebuchs«, ohne seine Stadt je zu verlassen. Er kombiniert die Insiderperspektive des in Tōkyō Beheimateten mit dem Blick eines skeptischen Besuchers, dem die sich wandelnde Stadt, in Folge des 1923er Erdbebens wie aufgrund politischer Veränderungen, zunehmend entfremdet wird.

Kafūs Tagebuch von 1937 legt auch Zeugnis ab vom Scheitern eines ambitioniert begonnenen literarischen Projekts. In Anknüpfung an den Lebensstil der Bohemiens der Edo-Zeit und auch in Erinnerung an seine eigenen Erfahrungen zu Beginn des 20. Jhs., also noch in der Meiji-Zeit, entschied Kafū, dass das wahre Edo/Tōkyō vor allem in den Milieus der Geisha sowie der Freudenviertel zu finden sein müsse. In Edo hatte es sogar eine eigene Literaturgattung, die *sharebon*, gegeben, die den verfeinerten Lebensgenuss dort feierte (Natürlich nur aus Sicht der männlichen Besucher. Die sozialen Umstände des Lebens der Freudenmädchen interessierten auch Kafū allenfalls am Rande).

Für seine wie stets gründlich durchgeführten Studien vor Ort wurde er zum Stammgast in einigen der Freudenviertel Tōkyōs wie dem Shin-Yoshiwara, Susaki und vor allem Tamanoi im alten Sehnsuchtsort Mukōjima, das ihm das alte Fukagawa ersetzen sollte. Tamanoi lag gerade eine 4-Sen-Busfahrkarte von Asakusa, dem Zentrum der Unteren Stadt, entfernt und bot 1.600 Frauen in 700 Freudenhäusern an. Doch auch hier erfreute nicht alles den Sinn des zweimal nach jeweils kurzer Ehe Geschiedenen, denn es gab *»kaum eine, die sich im Bett geschickt verhält.«* Früher hätten *»Bardamen und Mädchen in den*

Buden zum Bogenschießen in Asakusa zum Teil über ein viel größeres erotisches Repertoire« verfügt (9. Juli 1937, S. 119f.). Vor allem aber ging es Kafū um Genrestudien. Er hielt im Tagebuch und sogar mit der Kamera fest, wie sich die Freudenmädchen inner- und außerhalb des Hauses verhielten, wie ihre Zimmer aussahen und der Tag ablief und wie sie morgens zur Syphilis-Kontrolle gingen. Er plante eine Erzählung um eine gealterte Prostituierte, musste aber erkennen, dass die Freudenviertel der 30er-Jahre nur noch ein Abglanz der alten Tage waren. Es gelang ihm nicht, etwas niederzuschreiben, und so lenkte er Ende 1937 sein Interesse auf das Theatermilieu von Asakusa, das ebenfalls von Außenseitern in der Unteren Stadt, Shitamachi, geprägt war.

Nagai Kafūs Tagebuch ist auch deshalb interessant, weil es zeigt, wie Ultranationalismus und Militarismus ihren Einfluss auf die Tōkyōter nach und nach vergrößerten. Kafū wusste, wie schwierig, aber notwendig der Ausgleich zwischen Alt und Neu, Japanisch und Nicht-Japanisch war. In bester Edo-Tradition ging er privat auf Distanz zur Obrigkeit. Deutlicher noch als seine Autorenkollegen der Vergangenheit kritisierte er die zunehmenden Beschränkungen der persönlichen Freiheit. Er polemisierte 1937 gegen Verdunklungsbefehle (die ihn zum Lesen mit Lampe im Wandschrank zwangen), Kriegs-Sonderbesteuerung, die Reduzierung von Kaufhausöffnungszeiten und die angekündigte Schließung von Revuen. Sogar die Einfuhr vieler westlicher Artikel wurde eingestellt, wobei Kafū der Verzicht auf Colgate-Zahnpasta aus den USA anscheinend mehr traf als die Massenverhaftung von Kommunisten.

Als der Krieg in China offen ausbrach, kam es zu massiven Einberufungen und Einquartierungen. Wiederholt beschreibt Kafū Paraden mit Militärkapellen (*»Getöse«*) und die patriotische Verabschiedung ausrückender Truppen. Am 24. August 1937 hielt er über die Tōkyōter der letzten Zeit fest: *»Auch um die Politik der Militaristen machen sie sich keine Sorgen, sogar den Krieg fürchten sie nicht, im Gegenteil, sie scheinen sich über ihn zu freuen.«* (S. 140). Kafū wurde sein Tōkyō immer fremder, er rückte in Opposition zum Zeitgeschehen. Standhaft weigerte er sich, Institutionen wie dem »Großjapanischen Zentralverband für Kultur« beizutreten oder anders seine Bekanntheit zur Verfügung zu stellen. Im Krieg wählte er, mit Publikationsverbot belegt, die innere Emigration, trotzig im stillen Kämmerlein weiterschreibend. Seine Tagebuch-Manuskripte waren ihm das Wichtigste, sie standen stets gut verpackt griffbereit und begleiteten ihn auch die drei Male, die er ausgebombt wurde. Gegen Kriegsende vermerkte er: *»So gemein und willkürlich sich die Regierung auch verhalten mag, sie kann niemandem die Gedankenfreiheit nehmen. Solange es Leben gibt, wird es Freiheit geben.«*

Biografen haben Nagai Kafū als weder liebenswert noch liebensfähig bezeichnet (Seidensticker 1965). Sicher war er elitär und ein Snob und kein Typ für eine langwährende Beziehung. Aber es waren gerade Kafūs Abstand zu anderen Menschen und sein kompromissloser Individualismus, die ihn gegen die Versuchungen des chauvinistischen und jedes anderen Zeitgeists feiten. Er ging ohne Flecken auf seiner Weste aus der dunklen Zeit hervor. Seine Veröffentlichungen nach 1945, auch der Tagebücher, wurden gefeiert und gaben den Tōkyōtern Antrieb, sich einer neuen Zeit zuzuwenden, ohne die alte zu vergessen.

Der Kriegskaiser Hirohito (1901–1989)

Als der 1901 als Prinz Michi im Palast von Akasaka geborene, später im Westen als Kaiser Hirohito bekannte Kaiser, Oberste Kriegsherr und Lebende Gott 1926 die Devise seiner Regierungszeit bekannt gab, war man sich der ihr innewohnenden Ironie wohl kaum bewusst. »Shōwa« bedeutet »Erleuchteter Friede« – in der Tat stand Kaiser Shōwa seinem Land während des verheerendsten Krieges seiner Geschichte vor, der seiner Hauptstadt Tōkyō die fast vollständige Zerstörung und weit über hunderttausend Tote brachte.

Nach dem Tod seines Großvaters Kaiser Meiji und dem Freitod seines geachteten Erziehers General Nogi (s. Der aufgeschobene Freitod – General Nogi Maresuke, S. 150) 1912 übernahm der andere große Held des Japanisch-Russischen Krieges, Admiral Tōgō Heihachiro, die Verantwortung für die Erziehung des jungen Prinzen. Diese war überwiegend militärisch geprägt: Reiten, Schießen, Karten lesen standen auf dem Lehrplan, der dem eher schmächtigen Blaublüter körperlich alles abverlangte. Seine intellektuelle Ausbildung war stark rechtslastig und enthielt neben nationalistischen Ideen aus dem japanischen Nativismus des 19. Jhs. neuere rassistische Theorien europäischer Herkunft. Der notorische Rechtsextremist Kita Ikki (1883–1937), Gründer eines »nationalen Sozialismus« japanischer Prägung, gehörte später zum Umgang des Admirals. Fragwürdige intellektuelle Positionen, regierungsamtliche Propaganda und mythologische Konstruktionen über das Kaisertum wurden dem Kronprinzen als Tatsachen vermittelt. Demokratische Ideen, die draußen während der Taishō-Zeit diskutiert wurden, wurden sorgfältig von ihm ferngehalten. Die die Erziehung abschließende Europareise 1921, von der Konservative befürchteten, sie würde den zukünftigen Monarchen liberal »vergiften«, brachte ihn auf einige neue Ideen, die aber bald verblassten. Hirohito war nicht der Mann, sich gegen die geballten Ansichten seiner Umgebung durchzusetzen.

Regent für seinen Vater seit Ende 1921, folgte der Kronprinz ihm 1926 auf den Kaiserthron. Neu an diesem Ereignis waren die umfangreichen Medienberichte, sodass es ein großes Ereignis auch für die Tōkyōter wurde. Es gab Tag und Nacht Zeitungs- und Radioberichte von den Feiern und Riten. Am Morgen des 15.11.1928 erschien der neue Kaiser nach einer Nacht im Ise-Schrein mit seinen Ahnen in offizieller Wiedergeburt als Lebender Gott. In Tōkyō wurde die Shōwa-Periode eingeleitet durch eine Militärparade mit 35.000 Soldaten, 251 Schiffen vom U-Boot bis zum Flugzeugträger sowie zahlreichen Kampfflugzeugen.

Bis heute weichen die Interpretationen von Kaiser Shōwas Rolle voneinander ab. War er eher eine Marionette zunehmend militärisch geprägter Gruppen oder selbst ein aktiver Player auf dem Weg in den und im Krieg? Anders als westliche Monarchien war das japanische Kaisertum weitestgehend intransparent. Das entscheidende Gremium war der Geheime Staats-, später Kriegsrat, in dem Fraktionen wie die Armee, die Marine, aber auch der Hof, die zivile Regierungsbürokratie und bis ca. 1940 auch Parlamentsvertreter um den richtigen Kurs rangen. Der Kaiser hörte zu und entschied in der Regel mit wenigen Worten oder Kopfnicken auf das, was die Mehrheit vorgetragen hatte. Die Öffentlichkeit erlebte ihren göttlichen und zu vergötternden Herrscher nur bei sorgsam vorbereiteten Zeremonien. Was Hirohito dachte, erschließt sich nur indirekt aus einigen nach 1945 bekannt gewordenen Episoden. Für die überlebenden Mitglieder des inneren Machtzirkels stand nach der Niederlage die Erhaltung des Kaisertums über allem anderen, deshalb ist bei ihren Berichten zu bedenken, dass sie den Kaiser schützen wollten.

Eine solche Episode ereignete sich im Februar 1936, als die jungen Offiziere einer Fraktion innerhalb der Armee in Tōkyō putschten und wichtige Politiker im Schlaf ermordeten. Als drohte, dass sie auch den Kaiserpalast stürmen könnten, um dessen Bewohner von seinen »bösen Beratern« zu befreien, handelte dieser und rief die Marine zur Niederschlagung des Aufstands auf.

Die höchste Führung des Landes war von organisierter Verantwortungslosigkeit gekennzeichnet. Die Fraktionen, besonders Armee und Marine, befeindeten sich bis auf's Blut, und am Ende ließ man die Dinge treiben. Der formell absolut herrschende Kaiser war nicht der Mann, schwere Entscheidungen zu treffen und dies wurde auch nicht von ihm erwartet. Er war, in den Worten des Historikers Maruyama Masuo (1969) *»wie ein tragbarer Schrein auf den Schultern von Männern, die keine Idee hatten, wohin sie gehen sollten«*, sondern sich immer nach den aktuellsten politischen Wendungen neu ausrichteten. Politik wäre wie das Wetter oder ein Erdbeben – kaum planbar, und keiner ist dafür verantwortlich. Ein Fakt ist, dass auch Kaiser Shōwa sich am 8. Dezember 1941 von der Begeisterung über den japanischen Angriff auf Pearl Harbor anstecken ließ. Vor dem Krieg möglicherweise noch zögernd, spielte er seinen Part im Krieg, wie es von ihm erwartet wurde.

Der Krieg ging seit der Wende von Midway im Juni 1942 nach und nach verloren. Nur ein Mann hätte ihn beenden können, der Kaiser, wie Ian Buruma glaubt, einer der lesenswertesten Autoren zur neueren japanischen Geschichte. Da das Kriegskabinett auch hier uneins war, hätte ein Machtwort vielleicht die Entscheidung bringen können. Aber es verstrich viel Zeit. Im Mai 1945 waren die Amerikaner nicht mehr bereit, eine Garantie für den Kaiserthron zu geben und am 25. des Monats zerstörten Bomben das Hauptgebäude des Kaiserpalastes.

Der Kaiser hatte im März erlebt, wie entmutigt und wenig ehrerbietig die Ausgebombten in Tōkyō waren, als er die Reste der Stadt zu besichtigen gekommen war. Er hatte auch eine – eher fiktive – Angst vor einer kommunistischen Revolution, vor der Fürst Konoe gewarnt hatte. Der Kaiser wurde nachdenklich. Vielleicht war die behauptete Überlegenheit des japanischen Geists doch nicht so groß? Vielleicht musste doch geduldet und ertragen werden, was untragbar schien, nämlich die Niederlage Japans – mit dieser Formulierung sollte er sich später an seine Untertanen wenden.

Im Juli 1945 war klar, dass es für Japan, wie für seinen Verbündeten Deutschland, nur eine bedingungslose Kapitulation geben konnte. Dennoch bereiteten sich die Militärs weiter verbissen auf einen Endkampf bis zum letzten vor. Als am 6. August die erste Atombombe auf Hiroshima und am 9. August die zweite auf Nagasaki fiel, ging es zu Ende. In der folgenden Nacht saß der kaiserliche Kriegsrat in einem Bunker in der Nähe des Kaiserpalastes und redete wie so oft aneinander vorbei. So entschied der Kaiser auf die Annahme der alliierten Bedingungen. Am 15. August hörten die Tōkyōter zum ersten Mal die Stimme ihres Kaisers aus dem Radio und sanken vielfach auf die Knie. Die wenigsten verstanden, dass er in seinem feinen höfischen Ton die bedingungslose Kapitulation verkündete. Eine Epoche war zu Ende gegangen und das Schicksal des göttlichen Kaisers ungewiss. Am 30. August landete General Douglas MacArthur in Atsugi bei Tōkyō. Jahre der amerikanischen Besatzung begannen. Kaiser Shōwa kam schließlich um einen Kriegsverbrecherprozess, sogar um die Abdankung herum. Eine neue japanische Verfassung nahm ihm Oberbefehl und göttlichen Status und machte ihn zum »Symbol des Staats«. Als solches erlebte der Monarch den Wiederaufbau seines Landes und der Hauptstadt. Er starb 1989, nachdem Japan und vor allem Tōkyō einem beispiellosen wirtschaftlichen Aufschwung erlebt hatten.

Was aber hatte sich während des Krieges in Tōkyō abgespielt, das zu der Verhaltensänderung der Bewohner dem Kaiser gegenüber geführt hatte, die ihn so schockiert hatte?

In den 30er-Jahren war die Bevölkerung immer mehr unter propagandistischen Druck geraten. 1937 hatte das Bildungsministerium sie im millionenfach verbreiteten Traktat *Kokutai no Hongi* aufgefordert, ihre »*kleinlichen Egoismen*« aufzugeben und den Kaiser als einzige Quelle ihrer Existenz zu sehen. Japaner seien wegen ihres reinen Geists allen anderen, auch den westlichen Nationen überlegen – viele glaubten das auch, weshalb der langjährige Krieg in China ab 1931 lange Zeit populär war.

Nach dem Angriff auf die Amerikaner in Pearl Harbor forcierte die Regierung auch einen kulturellen Wandel. Englische Wörter, die inzwischen das Japanische vielfach durchdrungen hatten, wurden durch einheimische ersetzt. Statt Hollywood-Filmen gab es solche mit heroischen Samurai, statt des enorm beliebten Baseball (Tōkyō hatte seit 1936 drei Profiteams) wurden japanische Kampfsportarten gefördert. Röcke wurden durch unförmige, aber japanische *Mompe*-Beinkleider ersetzt und seit 1943 mussten Baseballspieler in Khakijacken antreten. Militarisierung und Kaiserverehrung nahmen groteske Züge an. Wenn sein Name nur genannt wurde, musste man strammstehen. Der irrationale Glaube an spirituelle Überlegenheit, die selbst Gewehrkugeln an Soldaten abprallen lassen würde, die sich eine Nationalflagge um den Bauch gewickelt hatten, ging einher mit der offiziellen Forderung nach Selbstverleugnung und Opferbereitschaft auch der zivilen Bevölkerung. Wer sich weiter mit angloamerikanischem Gedankengut befasste oder gar Verbindungen hatte und den allgegenwärtigen Blockwarten auffiel, konnte ein Opfer der *Tokkō*, der Gedankenpolizei, oder schlimmer noch, der berüchtigten Militärpolizei *Kempeitai* werden.

Reis war schon ein Jahr vor Pearl Harbor rationiert. Nagai Kafū berichtete schon 1937 von ersten Einschränkungen bei der Versorgung sowie von massenhaften Einberufungen (s. Der Flaneur Nagai Kafū, S. 189). Steuern stiegen. 1943 wurden alle »gefährlichen« Tiere im Zoo von Ueno getötet, ihre Überreste liegen unter einem Gedenkstein im Zoo. Aber auch die anderen Tiere starben spätestens am 13. April 1945, als der Zoo von 140 Bomben getroffen wurde. 1944 mussten alle Geisha-Restaurants schließen, das weibliche Personal *Mompe* anlegen und in den Munitionsfabriken arbeiten.

Während des Kriegs forderten Tuberkulose-Epidemien allein in Tōkyō jährlich Tausende von Opfern. Theater wurden geschlossen, damit in ihren weiten Innenräumen Ballons gebaut werden konnten, die Amerika in Brand setzen sollten. Zum Mangel an eigentlich allem, was man zum Leben brauchte, kam das Schlimmste, die Bombardierungen. Ein erster, in seiner Wirkung noch bescheidener US-Luftangriff zeigte 1942 die Verwundbarkeit der japanischen Hauptstadt auf, in der man eine rechtzeitig eingehende Warnung ignoriert hatte. Wer würde es wagen, den Sitz des Kaisers zu attackieren? 364 Tōkyōter bezahlten dies mit ihrem Leben. Man rüstete auf, vor allem der Hibiya-Park wurde zur Flakstellung umgebaut, die den Kaiserpalast schützen sollte. Metall, sogar Statuen, verschwand aus dem öffentlichen Raum, um eingeschmolzen zu werden; auf den knappen Freiflächen in Tōkyō wurden Nahrungsmittel angebaut.

Ende 1944 bombardierten Flugzeuge von entfernten Inseln und Flugzeugträgern aus vor allem militärische und industrielle Ziele im Stadtgebiet. Die verheerendsten Angriffe kamen am 9. und 10. März 1945. Die Amerikaner hatten Iwo Jima in die Hand bekommen und ließen über 300 ihrer schwersten Bomber, die B-29, starten. Trockenheit, starke Winde und die – aus Sicht der Bomber – richtige Auswahl der Ziele kreierten einen Feuersturm, der den nach dem Erdbeben von 1923 noch übertraf. Die Stadt und besonders die ärmeren Gegenden von Shitamachi, der Unteren Stadt, waren in weiten Teilen immer noch aus Holz gebaut, das die Brandbomben wie Zunder entflammen ließen. 1665 Tonnen Bomben zerstörten mehr als 4.000 Hektar von Tōkyō, Heimat von rund 1,5 seiner 6,5 Millionen Bewohner. Der Brand war so gewaltig, dass er eine Viertelmillion Gebäude einäscherte und sogar einigen Bomberbesatzungen durch Aufwinde das Leben kostete. Auch Asakusa mit dem Kannon-Tempel, der das große Erdbeben 22 Jahre zuvor überdauert hatte, brannte ab. Beide Katastrophen zusammengenommen, gingen die letzten baulichen Reste des alten Edo für immer verloren. Die Industrieproduktion der Hauptstadt sank auf die Hälfte – fatal, dass Handwerk und Leichtindustrie traditionell in Edo wie in Tōkyō auf die Wohnbezirke der Arbeiter aufgeteilt waren. So kamen im verheerendsten konventionellen Luftangriff der Geschichte rund 100.000 Menschen ums Leben. Zehntausende wurden verletzt und eine Million Tōkyōter wurde obdachlos. Wir können uns vorstellen, was der Kaiser in den Straßen seiner Stadt und in den Gesichtern der Menschen sah, die an ihn als Gott geglaubt hatten und die er nicht hatte schützen können. Der Eindruck war wohlmöglich stark genug, ihn zum Nachdenken über das »Untragbare«, den Frieden, zu bewegen.

Es bleibt eine letzte Frage – warum blieb Tōkyō eigentlich das Allerschlimmste erspart, das im August 1945 die weit weniger bedeutenden Städte Hiroshima und Nagasaki traf?

Die Kriegsleitung der USA hatte Tōkyō als Ziel eines Atombombenabwurfs diskutiert, sich aber schließlich auf eine Zielliste bestehend aus Hiroshima, Niigata (später ersetzt durch Nagasaki), Yokohama, Kokura und Kyōto geeinigt. Diesen Städten ersparte man vorheriges Flächenbombardement. Die alte Kaiserstadt schied aus, weil der US-Kriegsminister sentimentale Erinnerungen an sie hatte. Nagasaki und Hiroshima liegen im Süden bzw. Westen Japans, von wo aus eine amerikanische Invasion kommen würde. Im Übrigen, so wurde argumentiert, was wäre der Sinn der Zerstörung einer bereits zerstörten Stadt wie Tōkyō? Und schließlich gab es auch die kaltschnäuzige Überlegung, dass Tōkyō mit dem Kaiser und allen wichtigen militärischen Führern genau die Leute beherbergte, die man später zum Friedenschließen brauchte – ironischerweise genau dieselben, deren Verantwortungslosigkeit die ganze Katastrophe herbeigeführt hatte.

LITERATUR

Bei der Zusammenstellung der Literatur wurde deutsch- und englischsprachigen Werken der Vorzug gegeben. Japanischsprachige Werke sind vor allem dort genannt, wo es keine andere Literatur zu einer Person/einem Thema gibt. Übersetzungen wurden, sofern nicht anders angegeben, vom Autor vorgenommen.

Kapitelübergreifende Literatur

The Cambridge History of Japan. Band 4: Early Modern Japan. Hg. v. John Whitney Hall. Cambridge ND 1997; Band 5: The Nineteenth Century. Hg. v. Marius B. Jansen. Cambridge 1989; Band 6: The Twentieth Century. Hg. v. Peter Duus. Cambridge 1988., Cambridge University Press.

Cybriwsky, Roman: Historical Dictionary of Tōkyō. Lanham, London: Scarecrow 1997.

Hisamatsu, Sen'ichi: Biographical Dictionary of Japanese Literature. Tōkyō. New York: Kodansha America 1976.

Iwao, Seiichi (Hrsg.): Biographical Dictionary of Japanese History. Tōkyō 2. Aufl. London: Kodansha International 1982.

Krebs, Gerhard: Das moderne Japan 1868-1952: Von der Meiji-Restauration bis zum Friedensvertrag von San Francisco. München: Oldenbourg 2009.

Kreiner, Josef (Hrsg.): Geschichte Japans. Stuttgart: Reclam 2012.

Naitō, Akira / Hozumi, Kazuo: Edo, the City that became Tōkyō: An Illustrated History. New York: Kodansha USA 2003.

Nishiyama, Matsunosuke: Edo Culture. Daily Life and Diversions in Urban Japan, 1600–1868. Honolulu: University of Hawaii Press 1997.

Nouet, Noel: The Shōgun´s City: A History of Tōkyō. London: Routledge 1995.

Richie, Donald: Japanese Portraits: Pictures of Different People. Erstmals 1987, Tōkyō u. a.: Tuttle 2006.

Seidensticker, Edward: Tōkyō from Edo to Showa 1867-1989: The Emergence of the World's Greatest City; Two Volumes in One: Low City, High City and Tōkyō Rising. Tōkyō u. a.: Tuttle 2010.

Tazawa, Yutaka: Biographical Dictionary of Japanese Art. New York: Kodansha America 1982.

Whaley, Paul: Tōkyō: City of Stories. Boston, London: Weatherhill 1991.

Wispelwey, Berend (Hrsg.): Japanese Biographical Archive. München 2007.

Zöllner, Reinhard: Geschichte Japans. Von 1800 bis zur Gegenwart. Paderborn: Schöningh 2006.

Biografische Ressourcen Online

Japanische Biografien online bei der Waseda-Universität:

http://www.wul.waseda.ac.jp/research-navi/find_jinbutsu-e.html

Japanese Biographical Archive (JABA) :

http://www.degruyter.com/view/db/ojaba

Zu einzelnen Kapiteln

EDO

Edo, vom Fischerdorf bis zur Burgstadt

Am Anfang flog ein Kopf – Die Geschichte von Taira Masakado (? – 940); Der erste Stadtgründer Ōta Dōkan (1432–1486)

Friday, Karl: The First Samurai. The Life and Legend of the Warrior Rebel Taira Masakado. Hoboken N.J.: Wiley 2008.

Kuroda, Motoki: Zusetsu Ōta Dōkan. Edo Tōkyō-wo kirihiraita higeki no meishō (Tankobon). Tōkyō: Kaikōshō 2009.

Naitō, Akira: Edo to Edo-jō. Tōkyō: Kōdansha Gakujitsu Bunko 2013.

Die 15 Shōgune von Edo

Auf dem Weg nach Edo – Tokugawa Ieyasu (1543–1616); Der zweite Stadtgründer von Edo – Tokugawa Ieyasu (1543–1616)

Sadler, A.L.: The Maker of Modern Japan: The Life of Tokugawa Ieyasu. Erstmals 1937, Rutland, Vermont: Tuttle 1981.

Totman, Conrad: Tokugawa Ieyasu, Shōgun: A Biography, erstmals 1967. San Francisco: Heian International 1983.

Turnbull, Stephen: Tokugawa Ieyasu. Leadership, Strategy, Conflict. Oxford: Osprey 2012.

Denn sie bauten eine Burg – Tōdō Takatora (1556–1630) und Katō Kiyomasa (1561–1611)

Motoo, Hinago / Coaldrake, William: Japanese Castles. New York: Kodansha America 1986.

Weber, Till: Burgen und Belagerungen, Artillerie, Kleidung und Heraldik (= Die Samurai der Sengoku-Zeit, Bd.2). Berlin: Zeughaus 2012.

Der Ausbau von Edo und die Festigung der Macht – von Ieyasu bis zum vierten Shōgun Ietsuna (1641–1680)

Elison, George: Deus Destroyed: The Image of Christianity in Early Modern Japan. Cambridge, Mass.: Harvard University Press 1973.

Secret Memoirs of the Shōguns. Isaac Titsingh and Japan, 1779-1822. Annotated and introduced by Timon Screech. London: RoutledgeCurzon 2006.

Totman, Conrad: Politics in the Tokugawa Bakufu, 1600–1843. Cambridge Mass. 1967; ND Berkely 1988.

Engelbert Kaempfer aus Lemgo und der Hunde-Shōgun Tokugawa Tsunayoshi (1646–1709)

Bodart-Bailey, Beatrice M.: The Dog Shōgun: The Personality and Policies of Tokugawa Tsunayoshi. Honolulu: University of Hawaii Press 2006.

Haberland, Detlef: Von Lemgo nach Japan. Das ungewöhnliche Leben des Engelbert Kaempfer. 1651–1716. Bielefeld: Westfalen-Verlag 1990.

Kaempfer, Engelbert: Werke. Kritische Ausgabe in Einzelbänden. Hrsg. v. Detlef Haberland/Wolfgang Michel/Elisabeth Gössmann. München: Iudicium 2001, bes. 1/1, Buch 5, Kapitel 15, S. 418–434.

Michel, Wolfgang: Prostratio und Pickelheringsreigen. Engelbert Kaempfers Erlebnisse im Schloss zu Edo und deren Hintergrund. In: Japanische Gesellschaft für Germanistik (Hrsg.): Asiatische Germanistentagung in Fukuoka 1999 - Dokumentation. Tōkyō 2000, S. 124–134. http://catalog.lib.Kyūshū-u.ac.jp/recordID/2850.

Der gerechte Shōgun (1684–1751)

Secret Memoirs of the Shōguns. Isaac Titsingh and Japan, 1779–1822. a. a. O.

Die unfähigen Shōgune Ieshige, Ieharu und Ienari und der »charismatische Bürokrat« Matsudaira Sadanobu (1759–1829)

Iwasaki, Haruko: Portrait of a Daimyo: Comical Fiction by Matsudaira Sadanobu. In: Monumenta Nipponica 38 (1983/1), S. 1–19.

Matsudaira, Sadanobu: Daimyo Katagi. In: Monumenta Nipponica 38 (1983/1) S. 20–48.

Ooms, Herman: Charismatic Bureaucrat: A Political Biography of Matsudaira Sadanobu, 1758–1829. Chicago, London: University of Chicago Press 1975.

Das Bröckeln der Macht - Von den Tokugawa-Shōgunen Ieyoshi bis Iemochi; Der letzte der starken Männer des Shōgun – Ii Naosuke (1815–1860); Zeitenwende und der letzte Shōgun Tokugawa Yoshinobu (1837–1913)

Shiba, Ryōtarō: Der letzte Shōgun. Berlin 1998 (Roman über Tokugawa Yoshinobu).

Totman, Conrad: The Collapse of the Tokugawa Bakufu, 1862–1868. Honolulu: University of Hawaii Press 1980.

Die Stadt der Fürsten und Samurai

Die ersten Fürsten in Edo

Habersetzer, Roland: Die Krieger des alten Japan – Berühmte Samurai, Rōnin und Ninja. Chemnitz 2. Auflage 2011, S. 331–336 über Hattori Hanzō.

Hori, Kazuhisa: Oda Yurakusai. Tōkyō: Kōdansha 1997 (Historischer Roman zum Leben von Oda Yurakusai).

Shinjuku Rekishi Hakubutsukan (Hrsg.): Naitō Kiyonari to Takato Naitō-ke Ten. Tōkyō 2008 (Ausstellungskatalog zu Naitō Kiyonari und der Familie Naitō, hrsg. v. Historischen Museum Shinjuku).

Saito, Fumiko: Oda Yurakusai maboroshi no chaki. Tōkyō: Tankōsha 2003 (Historischer Roman).

Alltag, Zeremonien, Belastungen: Endō Genkan (? bis ca. 1700/1705) und das Menü für den Shōgun

Ishige, Naomichi: The History and Culture of Japanese Food. Abingdon/New York: Routledge 2011.

Nishiyama, Matsunosuke, Edo Culture, a. a. O., S. 144–178.

Rath, Eric C.: Food and Fantasy in Early Modern Japan. Berkely, Los Angeles, London: University of California Press 2010, bes. S. 121–165.

Fürst Asano Naganori (1667–1701) und die Tücken des Hoflebens; Die 47 Rōnin

Allyn, John: 47 Rōnin. Tōkyō, Rutland, Singapur 2012.

Turnbull, Stephen: The Revenge of the 47 Rōnin. Edo 1703. Oxford: Osprey 2011.

Mori Masana (1803–1873), Samurai des Fürsten von Tosa

Vaporis, Constantine Nomikos: Tour of Duty. Samurai, Military Service in Edo, and the Culture of Early Modern Japan. Honolulu: University of Hawaii Press 2008.

Der englische Samurai Will Adams (1564–1620)

Blank, Isabella: William Adams – ein britischer Samurai? In: Historisches Museum der Pfalz Speyer (Hrsg.): Samurai. Ausstellungskatalog. Ostfildern: Thorbecke 2008. S. 122–129.

Kreiner, Josef: Das Yaesu-Stadtviertel und Jan Joosten van Lodenstijn. In: ders.: Deutsche Spaziergänge in Tōkyō. München: Iudicium 1996, S. 16–26.

Milton, Giles: Samurai William: The Englishman Who Opened Japan. Penguin Books 2002. Deutsch als: Samurai William: Ein englischer Navigator im Dienste des Shōgun. Neu-Isenburg: Wunderkammer Verlag 2009.

Satow, Sir Ernest M. (Hrsg.): The Voyage of Captain John Saris to Japan, 1613 (= Hakluyt Society, Second Series, No. V). London 1900.

Ein Samurai als Lebenskünstler und seine Abwege – Katsu Kokichi (1802–1850)

Katsu, Kokichi: Musui's Story. The Autobiography of a Tokugawa Samurai. Übersetzt von Teruko Craig. Tucson: University of Arizona Press 1988.

Ramming, Martin: Die wirtschaftliche Lage der Samurai am Ende der Tokugawaperiode. In: Mitteilungen der Deutschen Gesellschaft für Natur- und Völkerkunde Ostasiens, Band XXII, Teil A, Tōkyō 1928.

Geistesgrößen von Edo

Von Schwertkämpfern und Rettichen – Takuan (1573–1645)

Takuan Sōhō: Das Tor zur heiteren Gelassenheit: Zen und Kampfkunst. Deutsch von Guido Keller und Tarō Yamada. Frankfurt: Angkor 2006.

Yoshikawa, Eiji: Musashi. München: Droemer Knaur 1984 (Historischer Roman).

Die großen Tempel von Edo – Tenkai (1536–1643)

Tōkyō-to rekishi kyōiku kenkyūkai (Hg.): Tōkyō-to no rekishi sampo: Shitamachi. Tōkyō: Yamakawa 2001.

Der Historiker Arai Hakuseki (1657–1725)

Ackroyd, Joyce (Übers. u. Hrsg.): Told Round a Brushwood Fire: The Autobiography of Arai Hakuseki. Zuerst 1980, Princeton: Princeton University Press ND 2014.

Arai Hakuseki: Lessons from History: The Tokushi Yoron. Übers. v. Joyce Ackroyd. New York: University of Queensland Press 1982.

Kemper, Ulrich: Arai Hakuseki und seine Geschichtsauffassung. Ein Beitrag zur Historiographie Japans in der Tokugawa-Zeit. Wiesbaden: Harrassowitz 1967.

Lönholm, L.: Arai Hakuseki und Pater Sidotti. In: Mittheilungen der deutschen Gesellschaft für Natur- und Völkerkunde Ostasiens in Tokio, 5/54. Tōkyō 1894, S. 149–189.

Der Arzt Itō Gemboku (1800–1871)

Franz, Edgar: Deutsche Mediziner in Japan – Ein Beitrag zum Wissenstransfer in der Edo-Zeit. In: Deutschland in Japan. In: Japanstudien. Jahrbuch des Deutschen Instituts für Japan-Studien, 17. Hrsg. v. Annette Schad-Seifert u. Gabriele Vogt. Tōkyō 2005. S. 31–56.

Goodman, Grant K.: Japan and the Dutch 1600–1853. London: Routledge 2015.

Der rastlose Erfinder Hiraga Gennai (1728–1780)

Hiraga, Gennai: Zwei Diskurse über den Furz: Gelehrte Betrachtungen über ein anrüchiges Thema. Hrsg. v. d. Deutschen Gesellschaft für Natur- und Völkerkunde Ostasiens. Vorwort u. Übers. von Rita Briel. München: Iudicium 2010.

Smith, Christopher: Hiraga Gennai: Tokugawa Japan's Creative Genius as Author. In: Virginia Review of Asian Studies 11 (2009), S. 81–96.

Das bürgerliche Edo

Vom Tellerwäscher zum Millionär in Edo – Kawamura, Kinokuniya und Mitsui

Roberts, John G.: Mitsui: Three Centuries of Japanese Business. Boston, London: Weatherhill, 2. Aufl. 1989 (Historischer Roman).

Takekoshi, Yosaburō: The Economic Aspects of the History of the Civilization of Japan, Bd. 2. Zuerst 1930, London: Routledge ND 2003, S. 222–225.

Der Erfolgsautor, der seinen Beruf nicht schätzte – Takizawa Bakin (1767–1848)

Bartels-Wu, Stella: Mitatemono und Kibyō. Edition, Bearbeitung und Übersetzung: »Myō-kinako kogome Dōmyōji« (1805) von Takizawa Bakin. Wiesbaden: Harrassowitz 1994.

Woldering, Guido: Kommunikative und expressive Graphie bei Takizawa Bakin (1767–1848): Untersuchung zweier Abschnitte aus dem japanischen Abenteuerroman Nansō Satomi Hakkenden anhand eines zeitgenössischen Standard-Nachschlagewerkes. Frankfurt/M./New York: Lang 1998.

Zolbrod, Leon M.: Takizawa Bakin. New York: Twayne 1967.

Der Superstar des Kabuki-Theaters Ichikawa Danjūro

Ernst, Earle: The Kabuki Theatre. University of Hawaii Press 1974.

Webseite von Ichikawa Danjūro: http://www.naritaya.jp/english/

Zitat aus: Matsudaira, Sadanobu: Daimyo Katagi. , a. a. O., S. 28, gekürzt.

Die Holzschnittkünstler

Guth, Christine: Art of Edo Japan. The Artist and the City 1615–1868. New Haven, London: Yale University Press 1996.

Kurth, Julius: Sharaku. München: Pieper 1910 / 2., stark bearbeitete Auflage ebd. 1922.

Takahashi, Katsuhiko: Auf der Suche nach Sharaku. Berlin: Bebra 2013 (Kriminalroman).

Yamada, Yoichi (Hrsg.): Hokusai: Manga. Tōkyō 1999.

Der Impressario Tsutaya Jūzaburō (1750–1797)

Nelson Davis, Julie: Tsutaya Jūzaburō. Master Publisher. In: Meech, Julia / Oliver, Jane (Hrsg.): Designed for Pleasure. The World of Edo Japan in Prints and Paintings, 1680–1860. Seattle u. London: University of Washington Press 2008, S. 114–141.

Guth, Art of Edo Japan, a. a. O., S. 108f.

Nishiyama, Edo Culture, a. a. O. S. 64ff.

Der Erfinder des Sushi »nach Edo-Art« Hanaya Yohei (1799–1858)

Baba, Kei´ichi: Hanaya Yohei Nazo no Shogai. Tōkyō 2003 (Biografie in Romanform).

Hanley, Susan B.: Tokugawa Society: Material Culture, Standard of Living, and Lifestyles. In: The Cambrigde History of Japan. Bd. 4: Early Modern Japan. Hrsg. v. John Whitney Hall. Cambridge ND 1997, S. 660–705.

Nishiyama, Matsunosuke: Edo Culture, a. a. O., S. 144–178. Schilderung der Erscheinung des Hanaya Yohei auf S. 171.

Kleine Leute, Gesetzlose und Außenseiter in Edo

Hausbesitzer und Mieter, Handwerker und ihre Frauen

Kondō, Eiko: Die Frauen in der Feudalgesellschaft. In: Lifestyle in der Edo-Zeit: Facetten der städtischen Bürgerkultur Japans vom 17. – 19. Jahrhundert. Hrsg. von Franziska Ehmke und Masako Shōno-Sladek. München: Iudicium 1994, S. 81–100.

Yoshida, Mitsukuni: Die Rolle der Handwerker in der Edo-Zeit. In: Lifestyle in der Edo-Zeit: Facetten der städtischen Bürgerkultur Japans vom 17. – 19. Jahrhundert. a. a. O., S. 71–80.

Iemon und O-Iwa – Von einem gemeinen Ehemann und seinem Rachegeist

Ross, Catrien: Supernatural and Mysterious Japan. Tōkyō u. a.: Tuttle 1996.

Die bürgerlichen Superhelden von Edo – Feuerwehrleute im 18. und 19. Jahrhundert

Shaver, Cynthia: Spectacular Garments and Colorful Customs: The Fire Fighters of Edo. In: Sumi Collection. Hanten and Happi. Traditional Japanese Work Coats: Bold Designs and Colorful Images. Hrsg. von C. Shaver, N. Miyamoto und S. Yoshioka. Kyōto: Shikōsha 1998. S. 138–146.

Die Brandstifterin O-Shichi (1666 o. 1667–1683)

Botsman, Daniel V.: Punishment and Power in the Making of Modern Japan. Princeton, Oxford: Princeton University Press 2005.

Schreiber, Mark: The Dark Side. Infamous Japanese Crimes and Criminals. Tōkyō, New York, London: Kodansha International 2001.

Edos legendärer Richter Ōoka Echizen (1677–1752)

Edmonds, I.G. / Yamazaki, S.: The Case of the Marble Monster and Other Stories. New York u. a.: Scholastic Book Services 1961.

Hrdlickova, Venceslava / Hrdlicka, Zdenek / Wagnerova, Denisa: Japanese Folktales. Stories About Judge Ooka. London: Sunburst 1994.

Danzaemon, der Fürst der Ausgeschlossenen

Amosa, Timothy: Genealogy and Marginal Status in Early Modern Japan: The Case of Danzaemon. In: Japanese Studies 33/2 (2013) S. 147–159.

De Vos, George A. / Wafatsuna, Hiroshi: Japan's Invisible Race: Caste in Culture and Personality. Oakland: University of California 1966.

Groemer, Gerald: The Creation of the Edo Outcaste Order. In: Journal of Japanese Studies 27/2 (2001), S. 263–293.

Rowland, Laura Joh: Das Geheimnis der Konkubine. Bergisch Gladbach: Bastei-Lübbe 2002. Zitat S. 526 (Historischer Roman).

TOKYO

Eine neue Elite für eine neue Zeit

Die Wende von Edo zu Tōkyō – Kaiser Meiji (1852–1912)

Keene, Donald: Emperor of Japan: Meiji and His World, 1852–1912. New York: Columbia University Press 2002.

Pyle, Kenneth B.: The Making of Modern Japan. Lexington, Toronto: D. C. Heath 2.Ausgabe 1996.

Vom Terroristen zum Vater der Verfassung – Itō Hirobumi (1841–1909)

Takii, Kazuhiro: Itō First Japan's Prime Minister and Father of the Meiji Constitution (= Nichibunken Monograph Series No. 16). London, New York: Routledge 2014 (erstmals 2010 auf Japanisch als : Itō Hirobumi: Chi no Seijika). Zitate aus Takii, S. 1–6.

Der aufgeschobene Freitod – General Nogi Maresuke (1849–1912)

Buruma, Ian: Inventing Japan: 1853–1964. New York: Modern Library 2004.

Jukes, Geoffry: The Russo-Japanese War 1904–1905. Oxford: Osprey 2002.

Gedicht zitiert nach: Modern Japanese Literature. From 1868 to the Present day. An Anthology compiled and edited by Donald Keene. New York: Grove 1956, S. 53 f.

Tōkyō wird modern

»Aufzeichnungen über das Prosperieren von Tōkyō« – Die Stadtschreiber und -beobachter Terakado, Hattori und Itō

Schulz, Evelyn: Stadt-Diskurse in den »Aufzeichnungen über das Prosperieren von Tōkyō« (Tōkyō hanjō ki). Eine Gattung der topografischen Literatur Japans und ihre Bilder von Tōkyō (1832–1958). München: Iudicium 2004.

Smith, Henry D. II: The Edo-Tōkyō Transition: In Search of Common Ground. In: Marius Jansen / Rozman, Gilbert (Hrsg.): Japan in Transition: From Tokugawa to Meiji. Princeton: Princeton University Press 1986, S. 347–374

Zitate von Hattori Bushō in: Hattori Bushō: The Western Peep Show (from Tōkyō Shin Hanjō Ki, 1874). In: Modern Japanese Literature. From 1868 to the present day. An Anthology compiled and edited by Donald Keene. New York: Grove 1956, S. 34–36.

Ein neues Theater – Kawakami Otojirō (1864–1911) und Sadayakko (1871–1946)

Anderson, Joseph L.: Enter a Samurai: Kawakami Otojirō and Japanese Theatre in the West. 2 Bände. Tucson: Wheatmark 2011.

Downer, Leslie: Madame Sadayakko: The Geisha who bewitched the West. New York: Gotham Books ND 2004.

Pantzer, Peter: Japanischer Theaterhimmel über Europas Bühnen: Kawakami Otojirō, Sadayakko und ihre Truppe auf Tournee durch Mittel- und Osteuropa 1901/1902. München: Iudicum 2005.

Ein Mann, der das Risiko nicht scheute – Fukuzawa Yukichi (1835–1901)

Fukuzawa, Yukichi: Eine autobiographische Lebensschilderung. Übersetzt von Gerhard Linzbichler in Gemeinschaftsarbeit mit Hidenao Arai u.a. Tōkyō: Keiō-Gijuku-Universität 1971.

Tamaki, Norio: Yukichi Fukuzawa, 1835-1901. The Spirit of Enterprise in Modern Japan. Basingstoke, Hampshire u.a.: Palgrave Macmillan 2001.

Das Mitsui-Imperium und seine Manager – Dan Takuma (1858–1932) und Ikeda Shigeaki (1867–1950)

Morikawa, Hidemasa: Zaibatsu: The Rise and Fall of Family Enterprise Groups in Japan. Tōkyō: University of Tōkyō Press 1992.

Das doppelte Ende der alten Stadt

Der Bürgermeister und das Erdbeben – Gotō Shimpei (1857–1927)

Beard, Charles A.: The Administration and Politics of Tōkyō: A Survey and Opinions. New York: Macmillan 1923.

Mikuriya, Takashi: Jidai no senkakusha, Gotō Shimpei 1857-1929. Tōkyō: Fujiwara Shōten 2004.

Schencking, Charles J.: The Great Kanto Earthquake and the Chimera of National Reconstruction in Japan. New York: Columbia University Press 2013.

Solf, Wilhelm: Nachruf auf Graf Shimpei Goto. In: Yamato 3, Mai/Juni 1929, S.117-119.

Yoshino, Toshihiko: Wasurerareta moto Nichigin sōsai - Tomita Tetsunosuke den. Tōkyō: Tōkyō Keizai Shimpōsha 1974.

Zitat Beard aus: St. Petersburg Times vom 06.10.1923.

Zitate Tanizaki nach: Seidensticker, Edward: Tōkyō from Edo to Showa 1867-1989: a.a.O.

Die »Neue Frau« Yosano Akiko (1878–1942)

Rodd, Laurel Rasplica: Yosano Akiko and the Taishō Debate over the »New Woman« In: Recreating Japanese Women, 1600-1945, hrsg. v. Gail Lee Bernstein. Oakland: University of California Press 1991, S.175-198.

Pauly, Ulrich: Yosano Akiko. Dichterin und Gesellschaftskritikerin. In: OAG-Notizen 05/2010, S.12-41.

Zitat Gedicht aus: Pyle, Kenneth B.: The Making of Modern Japan. Lexington, Toronto: D.C. Heath. 2. Ausgabe 1996, S.143f.

Der Skandal um O-Sada (1905–nach 1970)

Johnston, William: Geisha, Harlot, Strangler, Star: A Woman, Sex, and Morality in Modern Japan. New York: Columbia University Press 2004.

Richie, Donald: Japanese Portraits: Pictures of Different People. Zuerst 1987, Tōkyō u.a.: Tuttle 2006, S.33-35.

Schreiber, Mark: The Dark Side, a. a. O., S.184–190.

Der Flaneur Nagai Kafū (1879–1959)

Nagai, Kafū: Tagebuch. Das Jahr 1937. Übersetzt von Barbara Yoshida-Krafft, mit Erläuterungen von Reinhold Grinda. München: Iudicium 2003.

Ders.: Romanze östlich des Sumidagawa. Frankfurt/M.: Insel 1996 (japanische Originalausgabe Tōkyō 1937).

Seidensticker, Edwin: Kafu The Scribbler. The Life and Writings of Nagai Kafu, 1879–1959 (= Michigan Classics in Japanese Studies). Stanford: Stanford University Press 1965.

Der Kriegskaiser Hirohito (1901–1989)

Bix, Herbert P.: Hirohito and the Making of Modern Japan. New York: HarperCollins 2000.

Kirchmann, Hans: Hirohito. Japans letzter Kaiser. Der Tenno. München: Heyne 1991.

Pike, Francis: Hirohito's War. London: Bloomsbury 2015.

Zitat Maruyama nach: Buruma, Ian: Inventing Japan, a. a. O., S. 117 f.

ABBILDUNGSNACHWEIS

Titelbild: Abb. 1 bis 3. von links: Samurai in Rüstung, Bürgerliche Dame mit Schirm, Dienerin beim Tee servieren © Sammlung R. Johnson; Abb. 4 rechts: Fahrender Händler oder Träger, © Aufnahme von Felice Beato (1870er-Jahre), Public Domain.

Abb. 1 Wikimedia Commons: https://en.wikipedia.org/wiki/Edo_Castle#/media/File:Edo_P2.jpg
Abb. 2 Wikimedia Commons: https://en.wikipedia.org/wiki/Tokugawa_Yoshinobu#/media/File:1867_Osaka_Yoshinobu_Tokugawa.jpg
Abb. 3–6, 8–9 © Till Weber
Abb. 7 Wikimedia Commons: https://commons.wikimedia.org/wiki/File:The_Meiji_Emperor_of_Japan_and_the_imperial_family,_by_Torajir%C5%8D_Kasai,_1900.jpg

Karten © Sascha Lunyakov.

Tōkyō in den 1920er-Jahren

Die Stadtbezirke sind in Großbuchstaben eingezeichnet, z. B. SHIBA-KU, AZABU-KU usw.

1 Kaiserliche Universität
2 Vergnügungsviertel Yoshiwara
3 Keio-Gijuku-Universität
4 Bahnhof Shimbashi
5 Mukōjima
6 Rathaus
7 Zōjōji-Tempel
8 Bahnhof Tōkyō
9 Shinagawa
10 Meiji-Schrein
11 Shinjuku
12 Shibuya
13 Ikebukuro
14 Ryōgoku-Brücke
15 Asakusa
16 Yasukuni-Schrein
17 Ginza
18 Hibiya-Park
19 Kaiserpalast
20 Ueno-Park

Graphik: Sascha Lunyakov, Konzeption: Till Weber